凝聚隧道及地下工程领域的
先进理论方法、突破性科研成果、前沿关键技术，
记录中国隧道及地下工程修建技术的创新、进步和发展。

中国隧道及地下工程修建关键技术研究书系

面向挑战与创新的大盾构隧道修建技术系列

超大直径盾构
穿越地上悬河综合建造技术

许为民　周长进　陈　鹏　历朋林　肖明清　等　编著

COMPREHENSIVE CONSTRUCTION TECHNOLOGY FOR
SUPER LARGE DIAMETER SHIELD TUNNELING
CROSSING SUSPENDED RIVER ABOVE GROUND

人民交通出版社股份有限公司

北　京

内 容 提 要

本书依托济南黄河济泺路超大直径盾构隧道工程实践，聚焦隧道全断面穿越夹钙质结核粉质黏土地层、粉质黏土地层的超大盾构管片上浮控制，盾构穿越地上悬河的变形控制等核心技术难题，总结提出了超大直径泥水盾构穿越地上悬河关键技术。

基于济南黄河济泺路隧道工程地层黏性高、地层夹杂大块钙质结核的特点，本书从盾构装备选型和设计出发，介绍了高黏粒钙质结核地层盾构防泥饼、通滞排技术。针对盾构穿越黄河盾尾管片易上浮的施工难题，清晰阐明了大盾构管片上浮机理及变形控制技术。针对穿越诸多风险源、沉降控制难的工程特点，本书提出了盾构下穿建（构）筑物微扰动控制技术，超深大盾构工作井基坑施工安全控制技术。在科研与技术攻关成果基础上，本书对隧道衬砌结构高精度预制及拼装技术、始发与接收技术、粉质黏土地层废弃泥浆环保处理关键技术进行了详细描述，论述了类似工程的基本修建思路。

本书可供隧道及地下工程及相关领域的专业技术人员参考，也可供高等院校相关专业师生参考学习。

图书在版编目(CIP)数据

超大直径盾构穿越地上悬河综合建造技术／许为民等编著. — 北京：人民交通出版社股份有限公司，2023.12

ISBN 978-7-114-18933-3

Ⅰ.①超… Ⅱ.①许… Ⅲ.①隧道施工—盾构法 Ⅳ.①U455.43

中国国家版本馆 CIP 数据核字(2023)第 154061 号

Chaoda Zhijing Dungou Chuanyue Dishang Xuanhe Zonghe Jianzao Jishu

书　　名：	超大直径盾构穿越地上悬河综合建造技术
著　作　者：	许为民　周长进　陈　鹏　历朋林　肖明清　等
责任编辑：	谢海龙　李学会
责任校对：	孙国靖　刘　璇
责任印制：	刘高彤
出版发行：	人民交通出版社股份有限公司
地　　址：	(100011)北京市朝阳区安定门外外馆斜街 3 号
网　　址：	http://www.ccpcl.com.cn
销售电话：	(010)59757973
总　经　销：	人民交通出版社股份有限公司发行部
经　　销：	各地新华书店
印　　刷：	北京印匠彩色印刷有限公司
开　　本：	787×1092　1/16
印　　张：	17.75
字　　数：	401 千
版　　次：	2023 年 12 月　第 1 版
印　　次：	2023 年 12 月　第 1 次印刷
书　　号：	ISBN 978-7-114-18933-3
定　　价：	168.00 元

(有印刷、装订质量问题的图书，由本公司负责调换)

隧道及地下工程出版专家委员会

主 任 委 员： 钱七虎

副主任委员： （按姓氏笔画排序）

朱合华　严金秀　李术才　何　川　何满潮　陈湘生
林　鸣　梁文灏

编　　　委： （按姓氏笔画排序）

王华伟　王明年　王建宇　王恒栋　田四明　史玉新
史海欧　朱永全　朱瑶宏　关宝树　江玉生　李国良
李建斌　李树忱　杨秀仁　肖广智　肖明清　吴惠明
张旭东　张顶立　陈志敏　陈建勋　罗富荣　竺维彬
赵　勇　洪开荣　贺维国　彭立敏　蒋树屏　喻　渝
雷升祥　谭忠盛

中国隧道及地下工程修建关键技术研究书系
面向挑战与创新的大盾构隧道修建技术系列

学术委员会

总顾问：钱七虎　梁文灏

委　员：杜彦良　杨华勇　王复明　陈湘生　李术才　朱合华　何　川
　　　　　雷升祥　张挺军　吴言坤　周长进　肖明清　袁大军　竺维彬
　　　　　李利平　王华伟　陈　健　陈　鹏　张　哲　王寿强　史庆涛

组织委员会

总策划：李庆民　薛　峰

委　员：张奉春　刘四进　陈建福　舒计城　王晓琼　历朋林　路开道
　　　　　葛照国　赵合全　林尚月　吴　遁　梁尔斌　赵连生　王　军
　　　　　赵国栋　庄绪良　吴玉礼　孙　伟　刘　鹏

本书编委会

主 任 委 员： 许为民　周长进

副主任委员： 陈　鹏　历朋林　肖明清　王华伟　陈　健

委　　　员： 杜昌言　刘四进　陈建福　舒计城　薛光桥　刘　浩
　　　　　　　孙文昊　赵世超　李春林　丁　宁　付常靖　方　勇
　　　　　　　白　坤　夏毅敏　李明宇　闵凡路　苏秀婷　刘　燕
　　　　　　　何应道　张亮亮　周　鹏　王　超　周　祥　李海振
　　　　　　　刘　鹏　白一兵　袁　鹏　闫文博

序一

盾构机被誉为工程机械之王,是国家装备制造业整体实力的集中体现,而大直径盾构机在工程机械领域更是堪称"皇冠上的明珠",它集隧道掘进、出渣、衬砌拼装、导向纠偏等功能于一体,是穿江越海实施大断面隧道施工不可或缺的"国之重器"。

近二十年来,随着城市化进程的发展及交通需求的迅猛增长,隧道工程不断朝着大埋深、大断面、长距离的方向发展,大直径盾构的应用日益增多,隧道断面利用形式也越来越灵活。从长江之滨到黄河两岸,从湖泊浅滩到海湾深处;从"京津冀"到"长三角"再到"粤港澳大湾区"……面向国家重大战略工程需求,面对环境艰险复杂区域、城市核心密集敏感区、江河海峡等高风险的海域的建设挑战,立足"科技自立自强",穿越"江河湖海城"下的大盾构隧道修建技术日益发展与完善。因此,及时对工程项目及科研创新成果进行总结,梳理凝练百花齐放、因地制宜又各具特色的大盾构隧道修建核心技术方法体系,对于推动我国隧道及地下工程技术进步和重大装备的创新发展具有重要意义。

中铁十四局集团有限公司作为我国盾构施工领域的代表性企业,是我国盾构研制及施工技术实现从无到有、从小到大、从弱到强、从"跟跑"到"并跑"到"领跑"华丽转变的见证者和参与者,更是我国水下盾构隧道掘进机制造和复杂地质条件下盾构隧道建造技术达到世界先进水平的攻关者和推动者。从10m级到13m级，再到16m级……不断向更大、更深、更长、更难的盾构隧道发起挑战——攻克了水压最大（深江铁路珠江口隧道，1.06MPa）、埋深最大（深江铁路珠江口隧道，106m）、覆土最浅（常德沅江隧道，4.6m）、岩石最硬（厦门地铁2号线穿海隧道，192MPa）、地质最复杂（南京和燕路隧道，上软下硬、长距离硬岩、岩溶密集、断层破碎带及冲槽叠加段）、距离最长（通苏嘉甬高铁苏州东隧道，11817m）、长距离并行高铁且距离既有构筑物最近（上海机场线盾构隧道，0.7m）、直径最大（济南黄岗路穿黄隧道，17.5m）等施工难题，在铁路、公路、市政、水利、能源等专业领域的大直径盾构隧道工程中，积累了丰富的技术经验和管理实践。

"一代技术带来一代工程的革命"，丛书依托中铁十四局集团有限公司诸多典型工程的科研创新及技术攻关成果，聚焦大直径盾构隧道修建核心技术，秉持"标准化、精细化、智能化、科学化"的发展理念，基于躬身潜行、不断刷新掘进纪录过程中积累的海量数据和技术经验，致力于通过系统凝练诸多基础性理论研究成果和突破性技术，构建具有自主知识产权的大直径盾构隧道修建关键核心技术体系。

大盾构的创新进取之路才刚刚开启，探索地下空间的漫漫征途徐徐铺展，期待系列丛书持续记录大盾构技术发展、突破的历程，系统呈现国家战略科技力量多学科协同攻关的原创性、引领性科技成果，体现人工智能、先进制造、绿色低碳等创新驱动要素在隧道工程"智能、安全、绿色"融合发展的关键作用，为推动隧道及地下工程领域的智能建造开辟新的发展赛道。

中国工程院院士　钱七虎

序二

当前,新一轮科技革命和产业变革突飞猛进,科学研究范式正在发生深刻变革,学科交叉融合不断发展,科学技术和经济社会发展加速渗透融合。大直径盾构作为我国高端产业发展的代表,在广大科研、建设专业技术人员的共同努力下,创新链产业链日益融合,针对各类地质条件、越江跨海等极端复杂工况的修建技术体系日益完善,正在从量的积累迈向质的飞跃、从点的突破迈向系统能力提升。因此,及时对过去一段时期大直径盾构隧道修建技术进行系统的总结,促进知识共享,推动技术进步,对于该领域的安全、有序、高效发展具有重要的推动作用。

中铁十四局集团有限公司作为以大盾构为技术核心的施工企业,依托市场需求、集成创新、组织平台的优势,构建了企业牵头、高校院所支撑、各创新主体相互协同的创新联合体,并以此布局构建了集装备设计、研发、施工于一体的全产业链供应体系。依托其承建的国内长、大、深、险等典型盾构工程,通过推进重点项目协同和研发活动一体化,持续开展原创性、引领性技术攻关,在盾构新型刀具与高效掘进、微扰动掘进控制技术、特殊及复杂地层安全掘进技术、"四超"条件下盾构掘进技术、盾构隧道构件智能拼装技术、盾构隧道同步推拼新技术、盾构隧道智能建造技术、盾构浆渣绿色处理技术等关键核心技术方面不断取得突破。"面向挑战与创新的大盾构隧道修建技术系列"是对上述诸多前沿性、突破性科研成果及工程实践经验的系统凝练。瞄准产业发展的制高点，立足科技自立自强，秉承"共建、共享、共创、共赢"的发展理念，丛书汇聚了以京张铁路清华园隧道、济南黄河济泺路隧道、苏通 GIL 管廊工程等为代表的 100 公里大盾构创新成果，对于引领行业整体技术水平的提升具有重要促进作用。

善学者尽其理，善行者究其难。现代工程和技术科学是科学原理和产业发展、工程研制之间不可缺少的桥梁，衷心期待作者团队与行业同仁一道，依托丰富的工程实践与产业优势，面对更大直径、更大埋深、更复杂工况的挑战，与时俱进，革故鼎新，凝练科学问题，加强多学科融合的现代工程和技术科学研究，带动基础科学和工程技术发展，持续记录、总结，在大直径盾构隧道修建领域形成完整的共性技术供给体系。

是为序。

中国工程院院士

前言

　　黄河流域是我国重要的生态安全屏障,也是人口活动和经济发展的重要区域。连接黄河两岸的交通建设是黄河流域高质量发展的重要保障。黄河流经我国 9 个省(区),途经 4 座省会城市与 20 余座地级市。由于泥沙淤积,黄河在中下游逐渐成为"地上悬河",隧道穿越地上悬河施工风险高,在很长一段时间内只能依靠桥梁来联系黄河两岸的交通。此前,黄河流域上的交通隧道只有上游兰州地铁的穿黄区间隧道,尚未有超大直径盾构隧道穿越黄河的工程案例。

　　作为"万里黄河第一隧",济南黄河济泺路隧道是国内首次采用公铁两用形式穿越黄河,也是当时国内断面最大的公轨合建盾构隧道。

　　该隧道穿越地层以粉质黏土为主,夹杂钙质结核层。盾构开挖直径 15.76m,是已建成最大穿黄隧道工程(南水北调中线穿黄隧道)开挖直径的 1.75 倍,叠加穿越"地上悬河"风险,技术难度以几何倍数提升。在隧道施工过程中面临的技术难题主要有以下三个方面:

　　(1)粉质黏土黏性大,刀盘易结泥饼;钙质结核易导致泥浆泵卡滞;地层细颗粒含量高,易产生大量废浆。

　　(2)隧道开挖断面大,揭露地层多,易发生管片偏转和过大上浮,造成管片错台、渗漏、开裂等问题,大幅降低箱涵和车道板拼装精度。

　　(3)盾构穿越"地上悬河"施工导致的地层开裂易诱发河水倒灌,

盾构掘进的沉降要求高；黄河冲积地层卸荷敏感性高、动力响应大，坑顶超大吨位吊装基坑变形控制难。

为解决上述技术难题，由中铁十四局集团大盾构工程有限公司牵头，联合西南交通大学、郑州大学、中南大学、济南大学、河海大学、中国海洋大学等多家单位共同组成的科研团队开展协同攻关，取得了如下成果：

（1）建立了泥饼评估-泥饼预防-泥饼识别-泥饼处理的成套技术体系；研发了搅拌/碎石出渣结构及冲刷射流防滞排系统，实现了盾构掘进过程中高效稳定出渣。

（2）揭示了粉质黏土地层大盾构隧道管片上浮空间形变特征及环缝力学特性，形成了"地上悬河"高水压条件下的大盾构管片上浮综合控制技术。

（3）揭示了大盾构穿越悬河堤坝地层与结构物的沉降规律，形成了超大直径泥水盾构穿黄掘进沉降控制专项方案，实现盾构平稳穿越地上悬河。

（4）开发了以泥水分离速度和絮团粒径为评价指标的废弃泥浆高效絮凝-浓缩减量技术，研发了废弃泥浆高效绿色处理技术。

（5）提出了改进的MSD基坑开挖动态变形预测方法，建立了吊装短时荷载作用模型和全工序施工荷载演变模型，形成了超大直径盾构干接收安全施工工法。

以上述成果为基础，形成了"黄河下游高黏粒钙质结核地层超大直径泥水盾构穿越悬河施工关键技术"，有效解决了泥水盾构穿越全断面粉质黏土夹钙质结核地层、超大直径盾构隧道公轨合建结构稳定性、首次穿越地上悬河等施工难题，拓宽了盾构工法的适用范围，为后续黄河下游地区类似穿黄工程提供了成功案例及理论支撑。同时，上述成果也已推广应用至济南济泺路穿黄北延隧道工程、北京东六环改造工程、南崇铁路留村隧道工程、南京和燕路过江通道工程等盾构隧道工程，经济和社会效益显著。

本书是对上述科技攻关成果及工程实践的系统凝练，作为"面向挑战与创新的大盾构隧道修建技术系列"之一，入选"十四五"时期国家重点出版物规划项目"中国隧道及地下工程修建关键技术研究书系"。

本书由许为民、周长进、陈鹏、历朋林、肖明清等编写，"面向挑战与创新的大盾构隧道修建技术系列"学术委员会及组织委员会的专家学者也对相关成果的完善和著作编写给予了指导与支持，在此，谨向各位专家表示崇高敬意与由衷感谢。

本书汇聚了大盾构技术发展历程中的阶段性成果，体现了作者团队的共同智慧，衷心希望能对相关技术领域的整体水平提升起到推动作用。需要指出的是，超大直径盾构隧道施工尚处于探索阶段，本书内容涉及盾构基坑开挖、泥饼防治、管片上浮控制、掘进控制、泥浆处理等诸多方面，是专业交叉密集、理论实践性都很强的综合课题，加上缺乏类似的工程经验，在某些问题上目前还难以达成统一的认识，因此，书中难免存在疏漏之处，恳请各位专家和读者批评指正。

作　者
2023年12月

目录

第 1 章　绪论 ·· 001
　1.1　水下盾构隧道现状 ··· 003
　1.2　工程建设背景 ·· 004
　1.3　工程建设条件 ·· 005
　1.4　工程设计方案概述 ··· 010
　1.5　工程建设面临的挑战 ·· 015

第 2 章　盾构装备选型与设计技术 ································· 017
　2.1　盾构选型 ··· 019
　2.2　针对性设计 ··· 019
　2.3　盾构参数配置 ·· 022

第 3 章　高黏粒钙质结核地层盾构防泥饼、通滞排技术 ············ 037
　3.1　高黏粒地层盾构刀盘结泥饼风险评估 ······················· 039
　3.2　盾构防泥饼措施及泥饼识别技术 ······························ 043
　3.3　盾构通滞排施工关键技术 ·· 050

第 4 章　大盾构管片上浮机理与变形控制技术 ····················· 067
　4.1　大盾构管片上浮过程中的空间形变和受力特征 ········· 069
　4.2　大直径盾构隧道管片上浮关联要素分析 ··················· 091
　4.3　大直径盾构隧道管片上浮预测技术 ·························· 102

4.4　大盾构管片上浮期变形控制技术及应用效果评价·········108

第5章　盾构下穿建(构)筑物微扰动施工控制技术·················115
5.1　盾构下穿黄河大堤地表沉降控制技术················117
5.2　盾构近距离侧穿群桩位移控制技术················130

第6章　粉黏土地层废弃泥浆环保处理及资源化关键技术·················141
6.1　废弃泥浆高效絮凝-浓缩减量技术················143
6.2　重力滤水-低压压滤-高压压榨一体化高效泥浆脱水处理技术················148
6.3　脱水泥饼再利用技术················153
6.4　废弃泥浆环保处理及资源化处理方案与现场应用·········157

第7章　隧道衬砌结构高精度预制及拼装技术·················161
7.1　管片和箱涵模具设计················163
7.2　衬砌结构预制技术················165
7.3　衬砌结构高精度拼装技术················171

第8章　始发与接收技术·················177
8.1　盾构始发技术················179
8.2　盾构干接收技术················190

第9章　超深大盾构工作井基坑施工安全控制技术·················209
9.1　黄河中下游典型粉质黏土的工程特性················211
9.2　深大工作井基坑变形预测及工作井开挖渗流分析技术················219
9.3　基坑开挖安全控制技术················234

9.4 盾构超大吨位吊装施工对结构的影响 ……………………… 237
9.5 盾构机吊装安全控制技术 ……………………………………… 241

第 10 章 总结与展望 ……………………………………………… 251
10.1 技术总结 ……………………………………………………… 253
10.2 技术创新 ……………………………………………………… 255
10.3 展望 …………………………………………………………… 255

参考文献 ……………………………………………………………… 257

第 1 章

绪 论

大时代

盾智行

构未来

1.1 水下盾构隧道现状

我国大陆海岸线长达 $1.8\times10^4\,\mathrm{km}$，海岛海岸线长达 $1.4\times10^4\,\mathrm{km}$，拥有岛屿约 6 万多个，面积超过 $500\,\mathrm{m}^2$ 的岛屿有 6536 个，其中有人居住的 455 个。众多海湾和海峡的交通现状造成了区域整体经济发展不协调和成本加大；另外内陆江河发达，较大的河流有 28 条，两岸交通的不便利对城镇化发展空间造成了很大的影响；随着我国经济快速发展，克服江河湖海等天然水道对经济发展的制约已成为当务之急。因此，在跨海通道建设中，水下隧道成为一种更为优越的选择。

隧道工程作为人类克服自然障碍的构筑物，其发展和演变历史与人类文明进程和生存地域的拓展密切相关——既是人类改造自然、适应自然的见证者与亲历者，更是人类对美好生活向往与追求的陪伴者。而盾构法修建隧道因其机械化程度高、安全风险低、对围岩的扰动较小、控制地表沉降优势明显等优点，在我国广泛应用。

1965 年 5 月大陆第一条越江隧道——跨越黄浦江的打浦路隧道开始修建，全长 2761m，隧道江底段长约 600m，于 1971 年 6 月建成通车。此后，我国修建了大量的跨江越海盾构隧道，随着"复杂地质、大直径、高水压、长距离"隧道建设的需要，于 20 世纪末出现了突破单一的软弱地层的现代盾构技术。

南京长江隧道，是当时世界上在强渗透高磨蚀地层中修建的直径最大、水压最高、覆跨比最小的水下盾构隧道，全长 3905m，其中盾构段长 3022m，双向六车道，于 2005 年 9 月开工，2010 年 5 月通车。工程建设面临超大直径($\phi14.93\,\mathrm{m}$)、高水压($0.65\,\mathrm{MPa}$)、地层强渗透性、地层高磨蚀性、长距离掘进、超浅覆土、地形陡变等一系列技术挑战，是当时国内建设难度最大的水下隧道。

苏通 GIL 综合管廊工程，是淮南—南京—上海 1000kV 交流特高压输变电工程的控制工程，采用盾构法施工，盾构段长 5468m，最大水压力 0.8MPa，隧道外径 11.6m，是世界上首条大直径特高压电力隧道，隧道的结构变形及防水能力受到前所未有的考验，且盾构掘进遭遇长距离可燃气体地层，系列技术成果填补了国内外盾构防爆领域的空白。

南京和燕路长江隧道，全长 4215m，其中盾构段长约 2970m，盾构开挖直径 15.07m，穿越长江段最大水深 52.5m，先后穿越长距离砂层、上软下硬地层、全断面硬岩、破碎带及岩溶地层，是国内首例超大直径盾构穿越岩溶区，也是迄今为止长江上建造最困难的过江通道之一。

经过近 60 年的发展，我国已积累了大量的水下隧道工程建设经验，掌握了修建长大水下隧道的全套技术，拥有较强的技术基础与创新能力；无论是在复杂地质条件，还是复杂的环境条件，我国已基本具有修建满足各种功能需求的水下隧道技术水平与能力。

特别是进入 21 世纪以来，随着经济一体化需求日益迫切和地下公共交通网络蓬勃发展，高度自动化的泥水盾构、异形盾构和双模盾构以其施工速度快、成型质量高、安全性能好、对环境影响小等优越性能，已经成为修建城市越江跨河交通隧道的主要施工设备。统计结果表明，截至 2022 年底，仅在我国境内采用盾构法修建的水下隧道已达 140 余座。以南京长江隧道、济南黄河隧道、佛莞城际铁路狮子洋隧道、南湖路湘江隧道、沅江过江通道、上海外滩通道、钱江隧道等为代表,它们广泛分布于长江、黄河、珠江、湘江、沅江、黄浦江、钱塘江等各大水系干支流上,极大缓解了城市交通拥堵,有效促进了区域经济发展。伴随着众多标志性越江跨海隧道工程的建成和投运,我国在江、海底复杂困难地层盾构施工关键技术研究方面已取得长足发展和显著进步。但大多针对某一盾构隧道工程所遇到的具体问题,而对近年来国内水下隧道施工过程中所取得的整体技术突破和未来发展趋势仍缺乏讨论和研究。

1.2 工程建设背景

济南南山北水,城市东西狭长、南北狭窄,自东向西,一条长长的经十路已有90km,而南北最宽处仅有10km左右,唯有跨过黄河,济南才能破解目前带状发展困局。因此,对济南而言,北跨不单单是交通瓶颈的突破,还有城市扩展、产业升级等更深层次的含义。基于上述背景,济南城市建设集团有限公司组织实施了济南黄河济泺路隧道项目建设,由中铁十四局集团有限公司进行隧道施工。济南黄河济泺路隧道首次采用超大直径泥水平衡盾构(以下简称泥水盾构)工法建造,是山东省济南市境内位于黄河河道之下的过河通道。济南黄河济泺路隧道北起鹊山龙湖桥,下穿黄河水道,南至泺安路;隧道线路全长4.76km,隧道部分全长3.89km;隧道上层为双向六车道城市主干道,设计速度60km/h,下层为双向二线城市轨道,设计速度100km/h;项目采用设计、施工总承包(EPC)模式,总投资66.68亿元人民币,为国内外首座超大直径盾构穿越"地上悬河"工程,被誉为"万里黄河第一隧",工程实景如图1.2-1、图1.2-2所示。

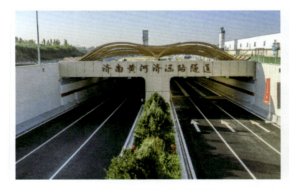

图1.2-1 济南黄河济泺路隧道

图1.2-2 隧道内景

工程于2018年3月28日动工,于2019年8月31日盾构始发(图1.2-3),2021年1月23日隧道贯通(图1.2-4)。

济南黄河济泺路隧道是国内第一条穿越黄河的大型交通隧道,也是黄河上第一条公轨合建的盾构隧道,具有工程规模大、技术难度高、系统接口多、施工工期紧等特点。作为济南新旧动能转换先行区建设的标志性工程,该隧道的建成对于助推携河北跨战略的实施具有重要意义。

图1.2-3 盾构始发

图1.2-4 隧道贯通

1.3 工程建设条件

1.3.1 工程地质

隧址地层共分15大层,主要为第四系全新统冲积、冲洪积粉质黏土、粉土、砂层及中生代燕山期晚期侵入岩辉长岩。表层局部为人工填土,盾构隧道覆土11.2~42.3m,距离黄河最大冲刷包络线14.9~30.7m,最大水压0.65MPa。另外,地层多为夹砂层及钙质结核层,其分布不均匀,局部富集成层;同时,在砂层中发现少量砂结石,局部砂层中含砾卵石。母岩成分主要为砂岩,粒径一般为5~20mm,较大的为30~45mm,个别大于110mm。砂层局部钙质胶结,胶结较好,取芯呈短柱状,锤击较难击碎,隧道地质纵剖面如图1.3-1所示,自上而下分层描述如下:

①杂填土、素填土、冲填土;②黏质粉土、粉质黏土、砂质粉土、粉砂;③粉质黏土、黏质黏土、砂质粉土、粉砂;④粉质黏土、砂质粉土、细砂;⑤粉质黏土、黏质粉土、粉质黏土、细砂;⑥粉质黏土、细砂、钙质结核;⑦粉质黏土、钙质结核、细砂;⑧粉质黏土、钙质结核、细砂、中砂;⑨粉质黏土、钙质结核、粉砂、细砂;⑩粉质黏土、钙质结核、粗砂;⑪中砂、粉质黏土、粗砂;⑫粉质黏土、细砂;⑬全风化辉长岩石;⑭强风化辉长岩;⑮中等风化辉长岩。

1.3.2 水文地质

1)地表水

黄河:济南市属黄河下游,来水来沙不平衡,含沙量大;流量、含沙量变幅大;年内来水量集中,年际变化大。据下游济南泺口水文站水文资料,自1949年以来,黄河多年平均径流量437.09亿m³,最大为961.4亿m³,最小为105.8亿m³,来水量在长期年际变化上呈周期变化,年内来水量多集中在7月至10月份,多年平均汛期来水量266.3m³。洪峰以1958年7月23日11940m³为最大。每年的最大洪峰多出现在7月至9月份,10月较少。枯水流量多在12月至次年2月间。多年平均输沙量10.43亿t,多年最大输沙量21.50亿t,最小2.82亿t,多年平均含沙量23.6kg/m³。由于黄河水沙异源,不同地区的来水来沙形成了下游的丰水丰沙、丰水少沙、枯水丰沙现象。丰水丰沙年,大水浸滩,出现淤滩刷槽;丰水少沙年,下游河槽普遍冲刷;枯水丰沙年,下游河道普遍淤积。

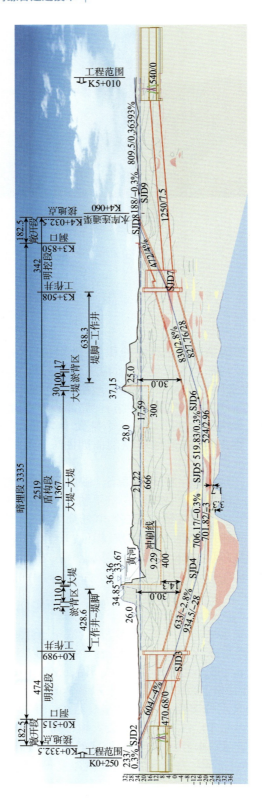

图 1.3-1 隧道地质纵剖面示意图(尺寸单位:m)

鹊山水库:该水库位于天桥区黄河北岸济南段北展区末端,占地 7.4km², 水库围坝长 11.6km,总库容量 4600 万 m³。工程设计由大王庙引黄闸取水后经 1 号泵站提水送入沉沙条渠,黄河水在条渠沉沙后,经地下输水涵洞至 2 号泵站提水或自流入库。库水经 3 号泵站提水,通过长 10 余公里、内径 1.8m 的输水管道送至黄河南岸的沙王庄水厂。

2) 地下水

济南市地下水的赋存与分布均受地质构造、地层岩性、地貌及气象水文等自然因素综合控制。南部隆起区基岩裸露;北部沉降带广布巨厚的黄河冲积层;中部山前过渡带冲洪积物向北延展并与黄泛冲积层交错相接。区内地势自南而北由低山、丘陵过渡到平原,地下水赋存于各水文地质单元之中。

3) 地下水及补排方式

工程区地下水主要分布在第四系地层中,地下水类型为孔隙潜水,水位埋深 0.94 ~ 11.31m,相应高程 22.50 ~ 23.95m。含水层主要为粉土、粉砂层。地下水补给来源主要为大气降水及河水,孔隙潜水排泄以蒸发及开采、侧向径流为主。

4) 冰凌

工程区位于黄河下游典型的弯曲性窄河段,两岸工程对峙,容易发生卡冰现象,在 1950—2005 年的 56 年间有 37 年封冻至济南北店子以上,占封冻年份的 66.1%,封冻厚度 15 ~ 30cm,最大冰厚 48cm,最大冰速 2.67m/s,冰块尺寸最大可达 100m × 100m(长 × 宽)。河道呈西南东北走向,开河自上而下,工程区畸形河道不利于冰通行,会造成较大的阻力,甚至产生冰塞冰坝。

1.3.3 主要环境敏感点

黄河南北岸地带的盾构施工必须在严格的环境约束下进行,以应对其特有的工程挑战。南岸区域不仅包含着重要的黄河临黄堤,还有百里黄河风景区等众多景观点,以及居民生活区和各类公共设施。北岸则邻近黄河森林公园和其他住宅区,同样拥有自己的生态和社会环境要求。这些区域的共同特点是对沉降控制的严格要求,对地质变形的高度敏感性,以及对施工质量和安全性的高标准。施工不仅需要考虑到堤坝的结构安全,还要保护景区的生态环境,同时最小化对居民区的影响,确保施工期间社区生活的正常进行。因此,盾构施工必须采取高度精密的技术方法和周密的管理策略,以满足这一复杂环境下的多重挑战。

根据《城市轨道交通地下工程风险管理规范》相关风险划分依据,对黄河隧道工程 EPC 盾构段工程进行工点进行风险辨识、分析和评估。明挖段共计辨识出 Ⅱ 级以上安全风险点 15 个,其中,Ⅱ 级风险 1 个,Ⅳ 级风险 14 个,Ⅱ 级风险源为盾构进洞,是否安全进洞非常重要,且若发生事故影响较大,为此风险评估为 Ⅱ 级;其余 Ⅳ 级风险包括吊装安全风险、人为操作不当、常压换刀等可控风险种类。

盾构施工过程中下穿南岸、北岸防洪大堤、泺口水文站、北绕城高速公路对施工沉降要求较高,考虑到在设计中采用加固措施来降低施工风险,为此盾构施工周边建筑风险评定为 Ⅳ 级。

1) 黄河南岸

黄河以南地区居住用地占近 50%,其次为工业用地,占总建设用地的 17.77%,公用设施及绿地占地比例较小。南岸大堤上主要有百里黄河景区、休闲娱乐设施、泺口水文站等用地。

济泺路(二环北路—泺口南路段)两侧多为 1 ~ 2 层的建筑,有少量 3 层以上建筑,主要有汽修、物流中心及其他沿街商铺。济泺路(泺口南路—泺安路段)沿线两侧主要有黄河医院、泺口环卫所、山东黄河职业专修学院以及物流公司等用地。

(1) 南岸大堤

黄河堤顶路线形曲折复杂,行车条件较差,如图 1.3-2 所示。泺口水文站为国家基本水文站和黄河重点报汛点,主要检测流经泺口断面的水、沙等水文数据。隧道主要位于⑥~⑨粉质黏土层,埋深约 33.5m,线间距约为 36.3m。沿线景点有玉符河湿地、玉清湖水库沉沙池、美里湖湿地公园、济南百里黄河风景区、药山、泺口百年铁路桥等,有险工 12 处。

图 1.3-2 济南黄河南岸大堤

泺口位置的黄河南岸大堤宽 100~130m,实景如图 1.3-3 所示,堤顶上有百里黄河景区、泺口水文站、游乐设施、山东省水文局等部门及设施,大堤两侧有坡道供机动车及行人通行,连接大堤外侧与泺口浮桥。

图 1.3-3 泺口浮桥位置南岸大堤

(2) 百里黄河风景区

百里黄河风景区紧邻济泺路与二环北路,如图 1.3-4 所示,以景观、生态旅游、文化旅游、运动健身旅游为主体,集工程景观、水域景观、生态景观、自然景观、人文景观于一体,为生态型文化主题园林。其工程景观(黄河堤防、险工、涵闸等)被誉为中国"水上长城"。

图 1.3-4 百里黄河风景区

(3) 北绕城高速公路

北绕城高速公路为东西向高架形式,双向四车道。该路段是济青高速公路与京福高速公路连接线,并属于济广高速公路的济南段。北绕城高速公路位于黄河南岸大堤以南,高架下方为二环北路,高速公路上跨二环北路与济泺路交叉口,如图1.3-5所示。

图1.3-5 北绕城高速公路

(4)泺口水文站

泺口水文站位于通道上游约268m,设立于1919年,是黄河干流最早设立的水文站,见证了泺口百年渡口的历史沧桑。岸边设有水文观测船,如图1.3-6所示,检测流经泺口断面的水位数据。泺口水位站是国家基本水文站和黄河重点报汛站。根据《关于印发〈黄河河道管理范围内建设项目技术审查标准(试行)〉的通知》(黄建管[2007]48号)要求,桥位选择应在水文、水位站基本断面影响范围以外,并尽量减小对测流断面、地形测验断面的影响。桥位位于水文监测环境保护范围内,影响水文监测、水文测站需迁移的,按《中华人民共和国水文条例》第三十条执行;不需迁移但需采取保护措施的,按《中华人民共和国水文条例》第三十三条执行。

图1.3-6 黄河水文观测站与泺口浮桥

泺口水文站为百年水文站,历史悠久、观测时间序列长,且地位特殊,不具备迁移条件。

2)黄河北岸

黄河以北大堤内侧为黄河森林公园和少量住宅。大堤外侧鹊山片区现状城市建设用地较少,仅有一处办公用地位于国道309线以南,其余为村庄、农林以及自然水域等用地。村庄主要分布在黄河北大坝与黄河二道坝附近。

隧道主要位于⑦、⑧、⑨粉质黏土层,与北河侧堤脚竖向净距为30m,与临河侧堤脚竖向净距约为33.5m,堤顶处埋深约41.5m,线间距为36.3m。

北岸主要风险点为明挖段施工,由于管线施工风险较小,施工技术成熟,施工经验丰富,为此施工风险评估为Ⅳ级。

009

(1)北岸大堤

黄河堤防临河有宽30m的防浪林,堤顶宽12m(其中硬化道路宽6m),如图1.3-7所示,堤防淤背加固区一般宽100m(最小60m),背河护堤底宽10m。堤顶道路高出堤防淤背加固区4.1~6m,堤防淤背加固区高出北侧用地约7m。沿线有龙湖公园、鹊山、泺口百年铁路桥、鹊山水库等景点,有险工6处。

图1.3-7 北岸大堤堤顶路

天桥北岸大堤为黄河大堤左岸,左岸上起桑梓店镇西秦村,下止大桥镇吉家庄村,堤防长20.121km。起点处堤顶高程38.276m;止点处堤顶高程36.412m,顶宽12m,临背边坡均为1:3。2000年对左岸不足设计堤防标准、差值在0.5m以上的堤防进行了帮宽加高,加高后堤顶宽8~10m,2010年对左岸堤顶道路路面进行了铺装。

(2)鹊山民居

在黄河大堤以北为淤背区,宽80~100m。在淤背区范围及以北,西侧为鹊山西村、鹊山小学、鹊山市场、鹊山农业园等,东侧为梅花山居委会、天桥区机械厂、鹊山南居委会等。

1.4 工程设计方案概述

结合工程建设环境、隧道修建安全与风险等因素,对隧道平纵断面及横断面设计、隧道结构选型、环境风险控制与施工组织等总体设计方案进行分析研究,确定了以下超大直径盾构隧道工程设计方案。

1.4.1 隧道平面

隧道线位设计时,着重考虑减少对北绕城高速公路、泺口水文站(文保单位)、鹊山水库(一级水源保护地)、国道309线和既有建筑物等的影响,以降低施工风险与施工难度,同时兼顾隧道区域的上位规划和增强周边交通疏解能力。

隧道南起济泺路与泺口南路交叉口以南,沿济泺路向北下穿北绕城高速公路,从交叉口中跨和东配跨下分跨通过,穿越黄河段左右线盾构之间净距不小于$1D$(D为盾构直径),盾构自泺口浮桥下游穿越黄河,穿过北岸大堤之后,线位向左偏,沿沉沙池接顺现状道路,与国道309线相衔接。隧道平面布置如图1.4-1所示。

北岸盾构井布置于北岸大堤、淤背区以及村庄等用地北侧的空地,距离大堤约638.3m;南岸盾构井布置于济泺路上,泺口南路与二环北路之间,距离大堤约428.6m。布置"八"字形出入匝道于横向道路上,服务近河交通。

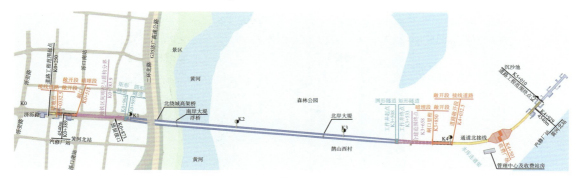

图 1.4-1 隧道平面布置示意图

隧道平面包括两段明挖段、一段盾构段,其中盾构段长 2519.2m,最大平曲线半径 7000m,最小平曲线半径 1000m;明挖暗埋段长 786m,明挖敞开段长 369.5m,最大平曲线半径 4500m,最小平曲线半径 750m。

1.4.2 隧道纵断面

隧道纵断面设计主要考虑地质条件、黄河河床设计年限内的极限冲刷、黄河大堤穿越及防洪要求、盾构施工的最小覆土厚度、洞口与规划路网的关系、轨道交通纵坡、湿地环保要求以及地下连通渠保护等控制要素。隧道纵坡最大为 4%,最小为 0.3%。隧道最小覆土厚度 11.2m,最大覆土厚度 42.3m,穿黄段覆土厚度 25~38m,隧道顶距离最大冲刷包络线 14.9~30.7m,隧道纵断面如图 1.4-2 所示。隧道分别在南、北接地点附近设置反坡以形成"驼峰",相对市内涝水位 25.69m 基础上抬高 0.5m 以上,以防运营期间外部雨水倒灌。

1.4.3 隧道横断面

盾构隧道采用公轨合建方式,其横断面设计既要满足各种设备布置的工艺要求及各功能区的建筑限界,也要兼顾维修的便利性和防灾疏散等要求。隧道横断面布置如图 1.4-3 所示,该隧道盾构管片外径为 15.2m、内径为 13.9m;隧道上层为道路隧道行车层,采用纵向通风排烟系统;下层为轨行区,中间为市域铁路 S2 线,在轨行区的行车方向左侧布置火灾工况下使用的疏散通道,其右侧则布置地铁排烟道和电缆廊道(上部为排烟道,下部为电缆廊道)。

1.4.4 结构设计

北岸盾构工作井(及后续始发段)为盾构始发井,兼做隧道设备用房,具有隧道排风、补风、重点排烟、消防给水、雨污水收集、供电照明、监控信号和救援逃生等功能。其选址主要考虑隧道接地点、盾构始发点埋深、工作井规模、与北岸大堤消防站距离等因素,工作井剖面如图 1.4-4 所示。北岸工作井长 25m、宽 47.6m、深 29.5m,地下 4 层双孔矩形框架箱形结构。为适应盾构机后配套台车工作(盾构机总长 143m),在工作井北端设长 125m 的基坑作为盾构机整体始发段,工作井宽 32~37m、深 26.5m,为地下 3 层框架箱形结构。南岸盾构工作井为盾构接收井,兼做隧道设备用房,具有隧道排风、补风、重点排烟、救援逃生等功能服务。其位置主要受远期环城路上的"八字形"匝道接入条件控制。南岸工作井长 25m、宽 44.2m、深 33.7m,为地下 5 层框架箱形结构。

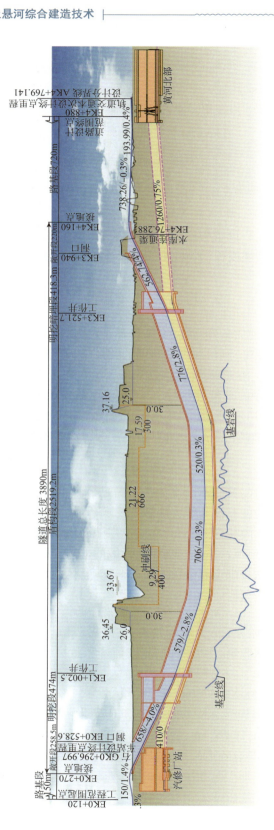

图 1.4-2 隧道纵断面布置示意图

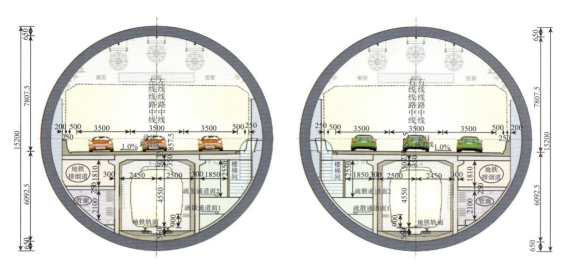

图 1.4-3　隧道横断面布置示意图(尺寸单位:mm)

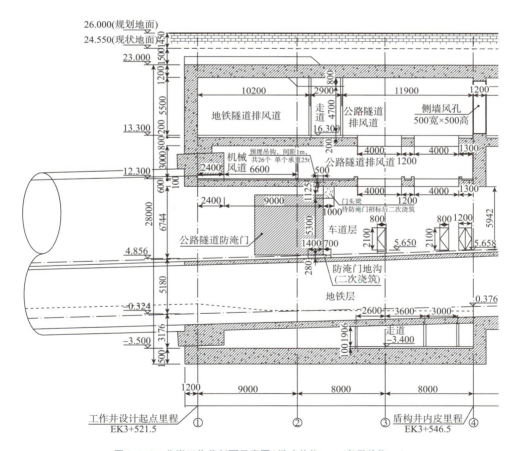

图 1.4-4　北岸工作井剖面示意图(尺寸单位:mm;高程单位:m)

由于南岸轨道交通线路位于道路隧道正下方,受道路两侧建设条件限制,市政道路与轨道交通在空间上无法分离。考虑工期条件,在南岸道路与轨道交通合建段采用明挖法施工,工作井剖面图如图1.4-5所示。基坑长515.2m、宽29.7～44m、深20.8～32.5m,为地下3层矩形框架结构,采用厚1.2m地下连续墙与内支撑进行支护。设计过程中尽量采用钢支撑、明挖顺作法施工,并通过高压电线下安全施工、槽壁加固、管井降水与回灌、封堵墙合理布置、敏感建筑物和地下管线的监控量测等手段,严格把控基坑自身与环境安全风险。

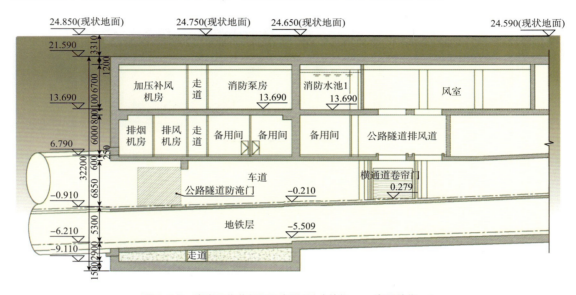

图1.4-5 南岸工作井剖面示意图(尺寸单位:mm;高程单位:m)

南、北岸工作井结构外表面均设置柔性防水卷材全包防水,采用厚1.2m型钢接头式地下连续墙+内支撑围护形式,墙缝处设置"品"字形直径0.8m的三重管高压旋喷桩加强止水,基坑范围内设置疏干井。依据工程与水文地质勘察资料及基坑抗突涌稳定性验算,南岸工作井基坑需降低承压水头约7.4m,为此,结合基岩起伏和相对隔水层情况,在未能增加地下连续墙深度情况下,布置了6口承压井以及4口回灌井,并设置承压水、第四系潜水观测井。

该隧道盾构段采用"管片衬砌+非封闭内衬"的结构形式,如图1.4-6所示。即在单层衬砌方案的基础上,利用行车道两侧和隧道底部的富余空间设置非封闭的现浇钢筋混凝土二次衬砌,并与车道板及竖向支撑墙等内部结构共同组成非封闭二次衬砌结构,以达到防撞、防水、防爆等目的。隧道衬砌采用强度等级为C60的混凝土通用楔形环管片,双面楔形量52mm,采用"9+1"的分块方式、错缝拼装,并设置分布式圆端凹凸榫。隧道中间箱涵和两侧车行道板均采用预制装配式混凝土结构,从而杜绝了类似现浇内部车道板框架方案存在的施工工序多、作业面较窄、对盾构掘进所需物资(管片、砂浆)运输干扰较大、总体工效较低的缺点。其中,在鹊山村下方轨道交通区间设置钢浮置板道床减振地段,通过在预制箱涵("门"形结构)底部设置高度调节螺栓,实现路面板结构高度的调节,消除盾构隧道的施工累积误差,与常规预制箱涵相比,可减小隧道内径20cm,降低了工程造价。

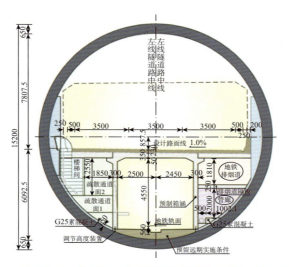

图 1.4-6　管片衬砌＋非封闭内衬的双层衬砌横断面示意图(尺寸单位:mm)

1.5　工程建设面临的挑战

综上济南黄河济泺路隧道作为黄河上第一条公轨合建的隧道,具有大直径、深基坑、长距离、高风险、浅覆土、高水压等特点。其建设面临的挑战主要表现为以下方面:

1)超大直径盾构隧道首次穿越地上悬河,施工风险高

万里黄河从河南境内到出海口逐渐形成地上悬河,济南泺口段河床高出南岸天桥区地面5m,最大洪水位高出11.62m,隧道最低点位于河床下54m,最大水土压力为650kPa,施工风险高。

2)隧道穿越全断面粉质黏土,盾构施工难度大

该工程穿越地层主要为黏土和粉质黏土层,细颗粒含量高,盾构在全断面粉质黏土地层掘进会造成泥浆体积质量增大,产生大量的废浆,土质黏性高,刀盘易结泥饼,排泥吸口易堵塞。

3)盾构长距离穿越钙质结核层,易引起卡泵和滞排

盾构段最低点位于土石结合面上,部分段落有基岩突起侵入隧道断面。在隧道土石结合面处,地层夹杂大块钙质结核,强度最高达90MPa,粒径大(最大达75cm,大部分为30～40cm),分布范围广(严重段落约1km),易引起管道磨损和卡泵;盾构在钙质结核地层掘进中,易造成刀具磨损、刀齿崩断、出浆管磨损;较大钙质结核易造成吸口及出浆泵堵塞,排浆困难。

4)隧道沿线穿越多所建(构)筑物,沉降控制要求高

本工程穿越鹊山片区低矮房屋群、黄河南北岸大堤,侧穿绕城高速公路桥桩,最小净距仅为3.9m,南岸紧邻主干道、居民区,沉降标准要求高;且隧道所在河段的泺口水文站是国家基本水文站和黄河重点报汛站,隧道工程建设会引起大堤及附近地面一定的沉降,从而影响水文观测设施正常运行。

5)公轨合建隧道首次采用 π 形箱涵同步施工,精度控制要求高

盾构段隧道设计为双管双层隧道,上层为双向六车道的市政公路,下层为轨道交通预留工程。该项目 π 形箱涵尺寸为 5.42m×6m×2m(长×高×宽),是国内超大 π 形箱涵首次采用同步安装工艺,面临预制、吊装、运输、安装等一系列难题。受轨道交通限界影响,盾构施工、管片拼装及后期轨道施工累计最大偏差不能超过 15cm,对盾构姿态控制、箱涵预制拼装精度要求高。

6)公轨合建盾构隧道接收段地铁车站工期紧张,盾构接收保障难

盾构接收时,由于盾构段与明挖暗埋段相连,接收处不具备封闭的湿接收环境,采用水中接收时施工成本高,工艺复杂,施工周期长。采用干法接收时,由于盾构井深度较大,微承压水水头较高,与黄河水力连接性好,盾构到达时仅通过在加固体外设置地下连续墙隔离难以消除盾构井内外的高水压差,因此需制定针对性盾构接收方案。

7)临近地上悬河超深基坑施工,施工难度大、风险高

工程位于一级黄河阶地,所在场区地下水丰富,地下水位较高,基坑开挖深度最大达 35m,宽度达 50m,是济南地区开挖深度、宽度最大的基坑,无工程类比经验,存在基坑涌水、支护失稳等风险。

第 2 章
盾构装备选型与设计技术

大时代

盾智行

构未来

盾构选型是盾构法施工的关键环节。本章结合穿黄工程特点、难点,综合考虑技术和经济各项指标,介绍盾构选型依据及原则、盾构工程难点的针对性设计、盾构参数配置等,以期为类似地层的其他工程盾构选型与设计提供参考。

2.1 盾构选型

盾构选型主要依据济南黄河隧道工程施工总承包招标文件、工程勘察报告、隧道设计相关标准和规范,针对工程特点及难点、隧道设计参数、盾构施工工艺、进度要求等因素进行分析,对盾构类型、功能要求、主要技术参数、辅助设备的配置等进行研究。

盾构选型原则主要从安全性、可靠性、适用性、先进性、经济性等方面综合考虑,所选择的机型要能尽量减少辅助施工法,并能确保开挖面稳定以适应该标段工程的地质条件。

泥水平衡盾构机在稳定开挖面、适应地质条件、抵抗水压、压力波动敏感程度、控制地表沉降、渣土处理、施工场地、工程成本等方面有其独特的适应性。其主要性能指标评价分析见表2.1-1。

泥水平衡盾构主要性能指标分析   表2.1-1

比较项目	泥水平衡盾构简要说明	评价
稳定开挖面	有压泥水使开挖面地层保持稳定	优
地质条件适应性	适应性较强	优
抵抗水土压力	靠泥水在开挖面形成的泥膜抵抗水土压力	优
控制地表沉降	控制泥浆质量、压力及推进速度,保持送排泥量的动态平衡	优
隧道内的出渣	用流体形式出渣,效率高	优
渣土处理	进行泥水分离处理	复杂
施工场地	要有较大的泥水处理场地	差
设备费用	需设置泥水分离站	稍高
工程成本	增加了泥水制作、输送及泥水分离设备,设备及运转费用高	高

泥水平衡盾构机根据对泥浆压力控制方式的不同,分为直接控制型和间接控制(气垫式)型。

与直接控制型相比,间接控制型泥水平衡盾构机操作控制更为简化,泥水压力波动小,控制精度高,对开挖面土层支护更为稳定,对地表变形控制也更为有利。因此,本工程采用间接控制型(气垫式)泥水加压平衡盾构。

2.2 针对性设计

2.2.1 泥水平衡盾构机基本功能

泥水平衡盾构机由掘进系统、同步注浆系统、泥水输送系统、集中润滑系统、导向系统、数据采集及分析系统、泥水分离系统等组成;具有泥水压力平衡、泥水输送及管路延伸、自动控制及故障显示、方向控制、数据采集处理和分析、管片安装、同步注浆、泥水分离等基本功能。

针对本工程的建设条件及工程地质特点,泥水平衡盾构机还应进行黏土地层、高水压条件下的针对性设计。

2.2.2 针对粉质黏土及钙质结核地层的适应性要求

盾构施工所穿越地层主要为黏土、粉质黏土、夹杂细砂、钙质结核层。其中,粉质黏土地层黏性大,易堵塞泥水管路,出渣困难;粉砂地层透水性强,在盾构施工扰动下易产生流砂,钙质结核地层强度大,易对刀盘产生磨损。针对上述地层特征,盾构设计重点考虑了以下要求:

(1)具备平衡掌子面水土压力的能力。
(2)刀盘、刀具、泥浆管路的高耐磨性,刀盘、刀具应具备磨损自动监测功能。
(3)合理的刀盘及刀具设计,恰当的刀盘开口率,合理的开口位置。
(4)盾构本体在高水压状态下的防水密封性能,同步注浆系统应能适应高水压。
(5)具备带压进仓功能。
(6)泥水进排泥管的防爆要求和通风、检测要求。
(7)盾构排泥吸口刀盘中心及面板正面配置冲刷系统,确保排渣顺畅。
(8)能够对较大的抛石或障碍物进行破碎,有效防止堵管情况的发生。
(9)泥水分离系统应具备压滤功能,实现泥水"零污染"排放。

2.2.3 适应高水压的要求

由于济南黄河济泺路隧道工程水头压力较高,盾构施工时易引起突发性涌水和流砂,进而导致塌陷。隧道底部最高水压力为0.45MPa,对泥水平衡盾构机的主轴承密封、盾尾密封等都提出了更高的要求。

1)主轴承密封

主轴承内外密封采用唇形密封,具有自动润滑功能、自动密封功能、自动检测密封工作状况的功能以及密封磨损后继续使用的功能,如图2.2-1所示。

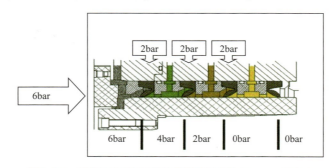

图 2.2-1 盾构机主轴承唇形密封形式示意图(1bar=0.1MPa)

2)盾尾密封

为了提高盾尾的止水性,盾尾密封采用4道钢丝刷密封并设置应急冷冻管,如图2.2-2所示。当钢丝刷密封失效时,采用冷冻方式封水,以防止涌水从盾尾漏入隧道内,并且可在隧道内安全更换前两道钢丝刷密封。

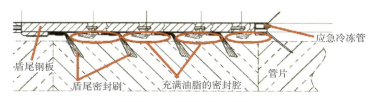

图 2.2-2　盾尾密封示意图

2.2.4　精确方向控制要求

盾构法施工要求盾构具有良好的方向控制能力和高精度的导向系统,以保证线路方向误差控制在规定的范围内。盾构方向的控制包括两个方面:一是盾构本身能够进行纠偏、转向;二是采用先进的激光导向技术,保证盾构掘进方向的正确。本工程盾构机采用 VMT 导向系统,其工作原理如图 2.2-3 所示。

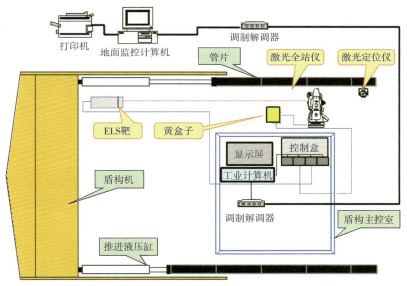

图 2.2-3　VMT 导向系统工作原理示意图

VMT 导向系统能够在掘进中对盾构的各种姿态以及盾构的线路和位置关系进行精确的测量和显示,操作人员可以及时根据导向系统提供的信息,快速、实时地对盾构掘进方向及姿态进行调整,以保证盾构掘进方向的正确。

2.2.5　掘进速度满足工期进度要求

盾构的可靠性和掘进速度应能满足工程总工期的需求,盾构的平均完好率不低于90%,盾构有能力达到日进度 5 环,平均掘进速度不低于 2.5cm/min,最大掘进速度不低于 4.0cm/min,确保 240m/月的平均施工进度要求。

2.2.6 高效安全的带压换刀要求

为了保证刀具检修更换及处理障碍物作业的特殊空间需要,需配备双气路的双室人舱,以便在高气压下进入开挖室和隧道掌子面,确保换刀或处理开挖面障碍物时的施工安全和快速作业。此外,在泥水平衡仓的中隔墙上需设置隔板安全门,以保证在常压下进入气压调节仓维修破碎机和对吸泥管排堵。

2.2.7 安全及环境保护要求

盾构施工时应能保证人员及设备的安全。盾构的可靠性是工程施工的重要保障,其表现在以下方面:对地质的适应性,整体设计的可靠性;设备本身的性能、质量、使用寿命等的可靠性;在盾构设计时,充分考虑应用先进的技术来确保施工安全及人员和设备的安全。

环境保护包括三个方面:一是盾构施工时对周围自然环境的保护,使用的辅助材料如油脂、泥浆添加剂等不对环境造成污染;二是盾构及配套设备无大的噪声、振动等;三是施工现场环境管理,隧道内的施工污水通过1台低压排污泵抽到污水箱,再通过污水箱中的高压输送泵泵送到泥浆回路,而盾构掘进排放的泥水通过泥水分离设备分离后再进行压滤,以实现泥水的"零污染"排放。

2.3 盾构参数配置

泥水平衡盾构机由主机和后配套设备组成,在功能上包括掘进系统、同步注浆系统、泥水输送系统、导向系统、数据采集与管理系统、综合管理系统、集中润滑系统、泥水分离系统等。

2.3.1 刀盘、刀具

不同的地质情况应采用不同的刀盘结构形式和刀具布置形式,以保证刀盘、刀具能适应地质情况的要求,不致发生非正常磨损而导致无法掘进。

1)刀盘布局

刀盘的结构如图2.3-1所示。刀盘是软土型刀盘,其表面和开口部位焊接有耐磨层,外圈焊接有耐磨板。通过刀盘旋转,挖出的渣土从刀盘的开口导入土仓。为了维持对掌子面的良好的机械支撑,刀盘的开口率设计为46%,中心部位的中心冲刷系统将渣土冲入开挖仓以防止中心部位黏结泥饼。刀盘开口部分设计为便于流动的楔形结构,开口逐渐变大,利于渣土流动。在刀盘背面的支撑臂和搅拌臂将注入的泥水和开挖渣土进行充分搅拌。

刀盘通过法兰安装在主轴承的内齿圈上,通过变频电机驱动。刀盘设计为双向旋转,其转速可无级调节。为了换刀作业的安全,所有刀具都采用背装式,在刀盘背面进行更换。

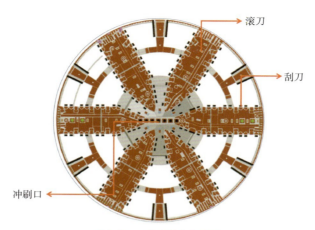

图 2.3-1　刀盘结构示意图

2) 刀具形式

盾构机的刀具形式分为撕裂齿刀、背装式刮刀和边缘铲刀等,如图 2.3-2 所示。

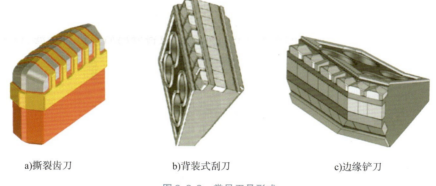

a) 撕裂齿刀　　　　b) 背装式刮刀　　　　c) 边缘铲刀

图 2.3-2　常见刀具形式

(1) 撕裂齿刀

撕裂齿刀共安装 11 把可更换先行刀、42 把固定焊接式先行刀,撕裂齿刀切削地层,对卵石、圆砾、砾砂地层进行破碎,使其失去整体性,方便刮刀开挖,对刮刀起保护作用。每把撕裂齿刀的切削宽度为 60mm,切削宽度较窄,可以使撕裂齿刀在卵石、圆砾、砾砂地层中具有更高的切削效率。撕裂齿刀按刀盘双向转动设计。

(2) 刮刀

刮刀布置在辐条两侧,包括 68 把可更换刮刀、128 把背装式刮刀。刮刀用于切削未固结的土层,并把切削土渣刮入土仓中。刮刀的切削宽度为 100mm,采用双层碳钨合金刀刃以提高刮刀的耐磨性,双层刀刃的最大磨损高度为 64mm(2×32mm)。在第一层刀刃磨损了之后,第二层可以代替第一层继续发挥作用,刮刀背部设有双排碳钨合金柱齿。在不同区域的 3 把刮刀上配备有磨损量检测装置,能够及时掌握刀具的磨损情况,保证刀具正常工作。

(3) 铲刀

铲刀安装在刀盘的外圈,共 12 把,其采用单层碳钨合金齿和双排碳钨合金柱齿,以确保刀具的高耐磨性。

2.3.2 主机

1) 盾壳

盾壳由盾体及盾尾构成。盾体遮罩刀盘后部、主驱动、人舱、推进液压缸并支承管片拼装机,盾尾提供管片周边的密封性,确保盾构隧道的防水。盾壳结构设计可以承受10bar 静态和7.5bar动态的流体压力(1bar = 0.1MPa)。盾壳由钢板焊接制成,盾体各个部分均用螺栓组装。

2) 主驱动

主驱动包括主轴承、变频电机、减速箱和安装在后配套台车上的变频控制柜。刀盘的法兰通过螺栓和主轴承的内齿圈连接在一起,主驱动系统通过变频电机驱动主轴承的内齿圈来带动刀盘旋转,主驱动结构如图2.3-3 所示。

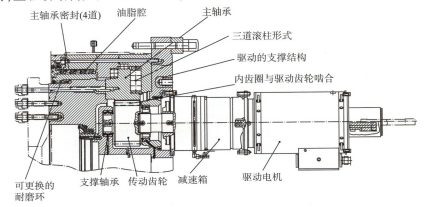

图 2.3-3　主驱动结构示意图

主轴承有内外两套密封系统,结构类似,如图2.3-4 所示。外密封采用4 道唇形密封 + 1 道迷宫密封的形式。密封系统具有自动润滑、自动密封、自动检测密封的功能。内密封采用了优化的设计方案,不像传统设计一样在开挖仓内直接面对土压力,而是缩回盾构机内部,与刀盘中心空腔相接触,大大提高了内密封的安全性,因此内密封采用2 道唇形密封。

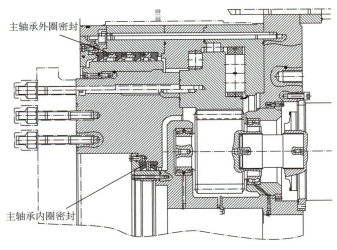

图 2.3-4　主轴承密封示意图

3）推进系统

推进系统提供盾构机向前推进的动力，包括推进液压缸和相应的液压泵站。推进液压缸的后端顶在管片上以提供盾构前进的反力，推进液压缸按照在圆周上的区域分为6组。每组液压缸均有单独的压力调整，为使盾构机沿着正确的方向开挖，操作手可以单独调整6组液压缸的压力和行程，对盾构机进行纠偏和调向。6组推进液压缸装有行程测量检测器，推进速度通过控制按钮在主控室进行调整。管片安装过程中，正在安装管片的对应液压缸缩回，其他液压缸的撑靴保持压紧状态以足够的推力与管片接触，防止盾构机后退。

4）人舱

人舱是在泥水仓保压期间，人员出入泥水仓进行维修和检查的通道，出入泥水仓的工具和材料也可由此运送。人舱包括主舱和准备舱，由压力门隔开。压缩空气调节装置安装在中盾上，可提供两路可呼吸压缩气体。

5）搅拌器

始发阶段及接收阶段穿越以粉质黏土为主的地层，地层黏度大，细颗粒多，容易在盾构泥水仓底造成二次堆积，从而造成出渣困难。并且在整个隧道穿越地层中存在钙质结核等大颗粒，为此，在盾构排泥吸口左右两侧各安装一个四叶片式搅拌器（图2.3-5），叶片表面堆焊耐磨材料，由安装在压力仓板后方的电机驱动。

6）管片安装系统

管片安装系统主要由管片吊机、管片输送机、管片拼装机、升降平台等组成，其作用是吊运、平移和拼装管片。

采用真空吸盘式管片吊机和管片拼装机（图2.3-6）。管片拼装机由两个主要部件组成，即用以支撑管片抓取装置的固定框架和用以支撑旋转和提升装置的转动体。转动体由液压齿轮马达和小齿轮驱动，在固定于拼装机定子上的环形齿圈上转动。

图2.3-5 安装在排泥吸口的搅拌器

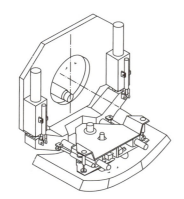
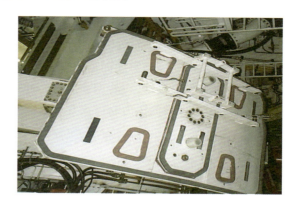

图2.3-6 真空吸盘式管片拼装机

管片拼装机的所有运动均为液压驱动,采用无线控制。提升和平移运动具有两种速度,最低速度仅用作管片的精确定位。

2.3.3 后配套台车

1)动力设备

除盾构刀盘和送排泥泵由变频电机驱动外,其他功能系统的动力主要由液压系统提供,包括推进装置、管片拼装机及辅助液压系统。主驱动单独使用变频控制,变频器安装在台车上。推进装置和管片拼装机共用一个泵站。

2)同步注浆系统

盾尾同步注浆系统的主要目的是控制地面沉降,防止地下水或地层的裂隙水向管片内泄漏,使土压力作用均匀并使管片组成的衬砌环及早稳定,防止地面下沉,保证隧道的施工质量。根据类似工程施工经验及该工程区间地质情况,采用单液注浆系统。

后配套台车上配有砂浆罐和三台注浆泵,在掘进过程中,砂浆罐中的砂浆通过注浆泵从盾尾压入管片的背部缝隙中。注浆泵为双活塞泵,如图2.3-7所示。

图2.3-7 活塞式注浆泵

注浆泵由两个独立的工作装置组成,通过一个比例流量控制阀对注浆活塞的速度及容量进行调整;利用控制手柄,可以将泵从向前运动切换到向后运动,这一操作是用于排空注浆管路以及维修或更换活塞。

注浆泵既可采用人工操纵模式,也可以采用程序自动控制模式。当使用人工操纵模式时,操作者可以单独选择每一个注浆点并且靠电位器控制注浆量。每个注浆点都装有电子显示器和计程器,该系统的行程总数和每环的注浆量都能显示,单个注浆点的注入量和注浆压力信息也可以在主控室看到。自动控制方式即预先设定注浆压力,由控制程序自动调整注浆速度,注浆量通过注浆同步监测系统自动监控,系统的每个注浆点都有两个限定值。当达到最高注浆压力时断开活塞泵,当低于最低压力时再次开启活塞泵。

2.3.4 泥水输送系统

1)概述

泥水输送系统具有两个基本功能:一是稳定掌子面,二是由排泥泵将开挖渣料从泥水仓通过排泥管输送到分离站。掌子面的稳定性靠膨润土泥浆对掌子面的压力以及膨润土泥浆的流变特性来确保。泥水循环系统由送排泥泵、送排泥管、延伸管线、辅助设备等组成。送泥泵将调制好的泥水通过送泥管输送到泥水仓;而排泥泵则将挟带渣土的泥水排出,通过排泥管输送到地面的泥水处理设备进行分离。

根据盾构机的切削断面、送泥比重、掘进速度、排泥比重计算送排泥流量,再根据流体能输送的砾石大小及排出土砂的沉积临界速度以上的流速来决定排泥管径。在施工中,排泥泵的流量应达到 3000m³/h;送排泥管选用直径 500mm 的输送管。送泥泵 P1.1 位于地面上,位置固定;主排浆泵站 P2.1 位于盾构机 1 号台车上,随盾构掘进而前进;中继排浆泵站 P1.2、P2.2、P2.3 在盾构掘进至隧道中部时安装。

2) 开挖模式

开挖模式的泥水循环回路见图 2.3-8。根据气垫室里泥浆的高程以及所要求的排渣流量,对伺服泵 P1.1 和 P2.1 的转速分别进行调整。调整 P1.1 泵的转速可校正泥水平衡仓的液面高程,使其达到所要求的值。调整 P2.1 泵的转速可校正排渣流量,使其达到所要求的排渣量,同时确保沿程的下一个泵的超载压力大于所要求的净吸压力。P2.2 泵的转速必须能确保排渣的流体能被泵送到地面的分离厂。调整 P2.2 泵的转速以便在泥浆分离厂入口处达到必要的压力。

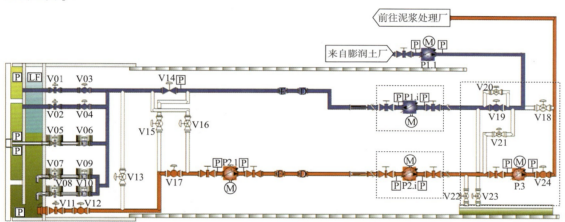

图 2.3-8 开挖模式回路

3) 旁通模式

旁通模式(图 2.3-9)是一种待机模式,主要用于盾构机从一种功能切换到另一种功能,尤其是在安装管片的过程中。在这种模式下,泥浆的流向为从一个泥浆池流向另一个泥浆池。这种模式对于保证盾构机的正常运行和施工效率至关重要。

4) 隔离模式

隔离模式(图 2.3-10)使隧道里的泥浆管道系统与地面系统处于完全隔离的状态,设在地面的分离厂和调浆池之间的回路仍保持连通,这种模式常用于泥浆管道延伸时和泥浆池调整泥浆质量时。各排泥泵停止运转,送泥泵 P1.1 仍保持运行。

5) 逆洗模式

在逆洗模式(图 2.3-11)下,泥水在盾构机旁通站处的流向改变,原进浆管变为泥浆流出管,原出浆管变为泥浆流入管。该模式仅用于一些特殊情况,如用于清理排渣管道的堵塞。

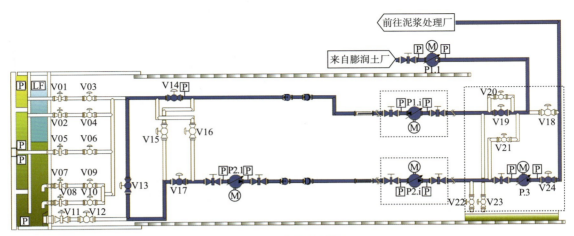

图 2.3-9 旁通模式回路

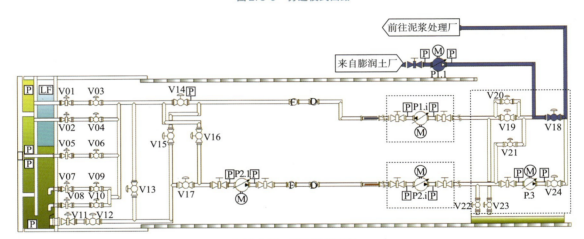

图 2.3-10 隔离模式回路

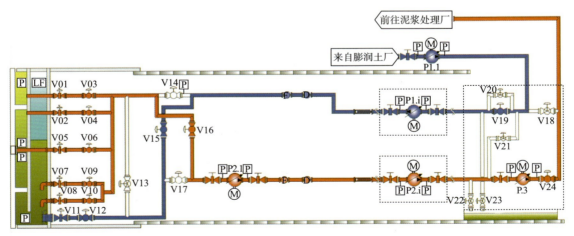

图 2.3-11 逆洗模式回路

6）停机模式

在停机模式（图 2.3-12）下，所有送排泥泵都停止运转，P1.1 泵处于待命状态。掌子面压力由压缩空气回路来控制。当气垫室泥浆的液面高程低于预定的低限时，便自动启动 P1.1 泵向开挖仓内补充浆。

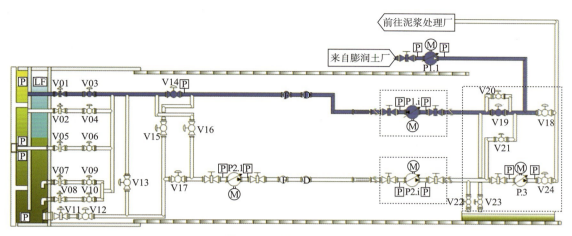

图 2.3-12　停机模式回路

7）泥浆管延伸

泥浆管延伸系统由两个伸缩管、换管单元及一个远程控制柜组成。其中，换管单元用来控制调整伸缩管，以便连接固定在隧道里的泥浆管。

延伸泥浆管路时，首先将伸缩管两边的液压球阀、闸板阀关闭，泥浆回路切换到隔离模式，之后断开伸缩管与隧道内管路的连接，将换管单元沿其轨道将伸缩管收回，安装延伸管路，再调整伸缩管与延伸管路位置并连接，打开之前关闭的阀门并切换到开挖模式。

2.3.5　集中自动润滑系统

盾构机的主轴承、管片拼装器的大齿圈以及各个活动部位、砂浆罐的回转密封及润滑、喂片机各个运动部件等均需通过集中自动润滑系统。该系统可以根据每处润滑点设定的润滑周期按时、准确地对其进行油脂注入，以保证这些重要部位能严格按照设计要求得到润滑，避免故障发生。

2.3.6　导向系统

盾构机采用的导向系统为德国 VMT GmbH 公司开发的 SLS-SL 自动测量系统，该系统具有很多优化的重要功能，且不需要繁杂的电缆连接及硬件设施，其主要特点如下：

（1）通过数字及图像两种方式简洁明了地将盾构机的位置显示出来。

（2）可以连续地显示机器的即时位置和方位，以便操作人员精确地操作盾构机。

（3）显示盾构机的趋向，以便下一步的掘进。

（4）将掘进过程中产生的各种数据保存在系统的数据库中以备将来分析。

（5）由软件控制的激光全站仪为系统提供基准。

(6)连续追踪活动电子激光靶。

(7)配备盾尾间隙自动测量系统及管片选型辅助计算系统。

2.3.7 数据采集与管理系统

数据采集系统具有数据采集处理和故障自动显示功能,可以采集、处理、储存、显示、评估盾构机操作全过程的所有参数。所有测量数据均通过与盾构机自动控制系统(Programmable Logic Controller,PLC)的通用数字传输接口传输到单独的数据记录电脑上进行存储。通过特别设计的软件将所有必须记录的测量值以图形的形式显示在数据采集系统的监测器上。数据分析界面如图2.3-13所示。

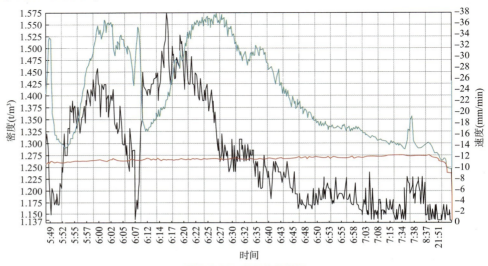

图 2.3-13 数据分析界面

2.3.8 盾构参数配置

盾构机各主要部件参数见表2.3-1。

盾构机各主要部件参数 表2.3-1

主部件名称	细目部件名称	参数
适应工作条件	地层土质种类	粉质黏土,细砂,钙质结核和全风化辉长岩
	最小转弯曲线半径	750m
	最大坡度	约5%
整机综述	主机总长	约13.1m(不含刀盘) (取决于最终设计)
	总质量	约2000t (取决于最终设计)
	开挖直径	15760mm
	前盾外径	15710mm
	中盾外径	15680mm

续上表

主部件名称	细目部件名称	参数
整机综述	尾盾外径	15650mm
	前盾盾壳厚度	80mm （取决于最终设计）
	中盾盾壳厚度	60mm （取决于最终设计）
	尾盾盾壳厚度	120mm （取决于最终设计）
	盾尾间隙	取决于最终设计
	装备总功率	约8500kW
	最大掘进速度	45mm/min
	最大推力	199504kN
	盾尾密封	4×钢丝刷,1×钢板束和1×止浆板
	土压传感器	7个(5个在开挖仓+2个在工作仓)
	液压传感器	1套
	主轴承寿命	10000h
	最大工作压力	7.5bar
	最大设计压力	7.5bar
	包括后配套总长	约135m(不含调车平台) （取决于最终设计）
刀盘	类型	常压进仓式刀盘
	开挖、超挖直径	15760mm
	开口率	约50%
	切刀	11×常压更换中心齿刀,68×常压更换刮刀, 128×带压更换刮刀,42×带压更换先行刮刀
	周边刮刀	12×周边铲刀
	仿形刀	2把
	仿形刀形式	软土式
	最大超挖量	50mm
	滚刀（如果有）	不适用
	刀盘磨损检测装置	6×正面钢结构磨损检测装置,1×后方钢结构磨损检测装置
	刀具磨损检测装置	13×刀具磨损探测器
	换刀方式	刀具是背装式的,可在刀盘内/后方进行刀具更换
	中心刀的类型	常压可更换式

续上表

主部件名称	细目部件名称	参数
刀盘驱动	驱动形式	电驱动
	转速	2r/min
	额定扭矩	37594kN·m
	脱困扭矩	50751kN·m
	扭矩系数	约12
	驱动功率	4900kW
	主轴承寿命	10000h
	工作压力	7.5bar
	主轴承密封形式	4×外密封,3×内密封
盾壳	盾壳形式	锥形
	前盾直径、厚度	15710mm/约80mm（取决于最终设计）
	中盾直径、厚度	15680mm/约60mm（取决于最终设计）
	盾尾直径、厚度	15650mm/约120mm（取决于最终设计）
	钢丝刷密封数量	3×螺栓固定,1×焊接式
	钢板束密封数量	1道钢板束
	盾尾间隙	取决于最终设计
推进系统	最大总推力	199504kN
	液压缸数量	56根(28组双缸布置)
	液压缸行程	3000mm
	最大推进速度	45mm/min
	最大回缩速度（同时回缩液压缸数）	1600mm/min
	位移传感器数量	6个
	推进液压缸分区数量	6区
人舱	舱室数量	2个
	容量	(6+2)人
	舱门数量	3个
	工作压力	7.5bar
材料仓	尺寸	600mm×800mm(备选)
	工作压力	7.5bar(备选)

续上表

主部件名称	细目部件名称	参数
同步注浆系统	注浆管路数量(一用一备)	8根+8根
	能力	80m³/h
	储浆罐容量	2×23m³
	压力传感器数量	8个
二次双液注浆系统	储浆罐/搅拌罐容量	A液储浆罐带搅拌器:4m³； B液储浆罐:1m³
	功率	A液泵:7.5kW； B液泵:1.5kW
	注入口数量	1个
	能力	A液泵:6.90m³/h； B液泵:0.6m³/h
膨润土注入系统	膨润土泵数量	1个
	注入口数量	1套
	能力	10m³/h
超前钻探和注浆系统	钻孔位置	在前盾和中盾的位置
	钻孔数量和直径	3×水平超前钻机,ϕ100mm 管线 10×倾斜超前钻机,ϕ100mm 管线
	功率和注浆能力	不适用
管片拼装机	起吊能力	20t (取决于最终设计)
	形式	中心旋转式
	驱动方式	液压驱动式
	自由度	6
	移动行程	3500mm
	旋转角度	±200°
	控制方式	2×无线遥控器带线控功能
	旋转速度	1.5r/min(空载)
管片吊机	形式	机械式和真空吸盘式
	数量	1台
	起吊能力	20t (取决于最终设计)
	控制方式	无线遥控器
	驱动功率	取决于最终设计

续上表

主部件名称	细目部件名称	参数
管片输送机	形式	喂片机
	输送载荷（能力）	1环
	驱动功率	取决于最终设计
	是否集中润滑	是
泥水循环系统	管路直径	500mm
	进泥泵参数	Warman 300 SHG（或同等能力）：1100kW，2600m³/h
	排泥泵参数	Warman 300 SHG（或同等能力）：1100kW，2800m³/h
	中继泵参数	1×进浆泵（P1.2）Warman 300 SHG：1100kW，2600m³/h； 2×排浆泵（P2.2，P2.3）Warman 300 SHG：1100kW，2800m³/h
	中继泵数量	1×进浆泵在隧道内，2×排浆泵在隧道内
	最大进排泥流量	2800m³/h
换管单元	形式	伸缩管延伸
	驱动功率	取决于最终设计
	控制方式	液压控制
	换管长度	10000mm
导向系统	形式	VMT TUnIS 激光导向系统
	精度	1s
监视系统	摄像头数量	1个安装在人舱，4个安装在盾体/后配套
	显示屏数量	2个
后配套台车	台车数量	1×闭式台车，1×连接桥，4×开式台车
	后配套轨距	进一步讨论
	列车通过尺寸	3400mm×6350mm
冷却水系统	流量	工地供水：120m³/h； 温度：25°C
	水管卷筒规格	150mm
	水管卷筒容量	2×40m
	水管卷筒配备水管长度	2×40m
	内循环冷却水流量	120m³/h
	内循环冷却水软化装置规格型号	825ECD
气压平衡控制系统	空压机规格型号	4×90kW
	总排气量	4×12m³/min
	储气罐总容量	4×4m³
	气压调节装置调节范围	0~7.5bar
	气压调节装置灵敏度	0.1bar

续上表

主部件名称	细目部件名称	参数
通风系统	通风机流量	约45m³/s
	通风机功率	2×30kW
	储风筒容量	100m³
	储风筒容纳风管的直径	1300mm
电力系统	初次电压	10000kV
	二次电压	400V
	主变压器	总变压器容量约11000kVA
	辅助变压器	总变压器容量约11000kVA
电力系统	变压器防护等级	IP55
	高压电缆存放平台存放电缆的长度	400m
	应急柴油发电机	500kV
控制系统	型号	Siemens S7
	数据记录与分析系统	VDMS
	远程实时监控系统	VDMS process

第 3 章
高黏粒钙质结核地层盾构防泥饼、通滞排技术

大时代

盾智行

构未来

济南穿黄隧道盾构开挖直径高达15.76m,长距离穿越黄河底部,盾构段埋深26.3~54.6m,穿越地层主要以粉质黏土为主,其中部分地层多呈可塑硬塑状,含10%~20%的钙质结核,局部富集,同时在砂层中含少量砂结石。钙质结核粒径大(最大750mm)、强度高(45MPa)、距离长(1000m),对施工造成了较大影响。盾构在钙质结核地层掘进中,易造成管道磨损、卡泵、吸口堵塞等问题,开挖产渣具有"强黏性、大方量"的特点,盾构机面临刀盘"结泥饼"和环流系统"滞排"的严峻挑战。针对上述工程特点及难题,本章从高黏粒地层盾构刀盘结泥饼风险评估、盾构防泥饼措施及泥饼处置技术、盾构通滞排施工技术三个方面阐述在济南黄河济泺路隧道建设中形成的防泥饼、通滞排技术,并简述了其在现场施工中的应用与成效,以此为盾构在高黏粒地层开挖时防治泥饼、高效出渣提供借鉴。

3.1 高黏粒地层盾构刀盘结泥饼风险评估

盾构结泥饼会对隧道施工产生严重的负面影响,合理准确地预测盾构结泥饼风险可为盾构的设计施工提供重要决策依据。

3.1.1 高黏粒地层基础物理力学特性

地层的物理力学性质是影响盾构结泥饼的重要因素。济南黄河济泺路隧道盾构段主要穿越粉质黏土地层、砂层等,其中粉质黏土黏粒含量高,平均含量为26.9%,存在刀盘结泥饼风险。粉质黏土矿物成分分析结果见表3.1-1。

粉质黏土矿物成分分析结果　　　　　　　　　　表3.1-1

成分	化学式	质量分数(%)
二氧化硅	SiO_2	38.8
钙长石	$CaAl_2Si_2O_8$	17.3
云母	$K_{0.77}Al_{1.93}(Al_{0.5}Si_{3.5}O_{10})(OH)_2$	13.3
斜绿泥石	$Mg_{2.5}Fe_{1.65}Al_{1.5}Si_{2.2}Al_{1.8}O_{10}(OH)_8$	13.3
钠长石	$NaAlSi_3O_8$	10.0
碳酸钙	$CaCO_3$	7.4

黏性土的自然含水率和界限含水率对其黏附性有显著影响,济南黄河济泺路隧道主要穿越⑤、⑥、⑦、⑧、⑨层粉质黏土地层,各试验土样的土体物理性质相似。土样含水率参数见表3.1-2。

土样含水率参数　　　　　　　　　　表3.1-2

地层编号	自然含水率w(%)	液限w_L(%)	塑限w_p(%)
⑤	24.6	31.3	19.0
⑥	24.5	32.6	19.4
⑦	24.5	33.1	19.7
⑧	24.5	32.1	19.3
⑨	24.3	32.9	19.7

3.1.2 金属-土体黏附力试验

盾构泥饼产生的首要条件是土体与刀盘之间产生黏附。盾构隧道施工时，金属刀盘与开挖土体之间的界面黏附可以分为法向黏附和切向黏附。通过两组室内试验，来测试粉质黏土与金属之间的黏附性质。

1）法向黏附力-拉拔试验

法向黏附力是评估金属-土体之间黏附力的常用指标，法向黏附力一般定义为使土体与金属接触面垂直方向分开的拉脱力与垂直方向接触面积的比值。

(1) 试验装置

该试验装置主要包括电机、顶部平台、支架、固定部件、压力传感器、传感器放大器、压锤、土盒、底座等部件，如图3.1-1所示。电机下方与旋转螺栓连接，通过旋转驱动固定部件以一定速度向下运动，压力传感器连接在压锤上方，并外接到放大器，可以连接到计算机记录压力变化，土盒由下方螺栓固定在平台上，土盒内装有试验土样。土盒的内径为6cm，高度为1.5cm，压锤的直径为3cm，压锤与土壤接触面的表面粗糙度为10μm。压力传感器最大量程为10kg，精度为3‰，配套的数据处理软件数据记录频率为30Hz。电机转速最大为50r/min，在标定后可以确定压锤沿垂直方向运动的速度。

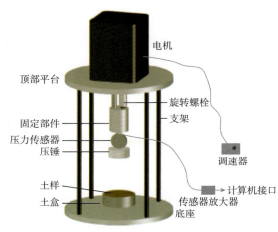

图3.1-1 界面黏附试验设备示意图

(2) 试验流程

使用过筛烘干后的粉状原料与蒸馏水按照自然含水率的比例拌和来制备土样，拌和后用密封袋将土样密封12h以上再用于试验。

在土样制备完成后即可正式开始试验，试验的具体步骤如下：

①从密封袋内取出制备好的特定含水率土样，将土样分三次填入土盒中，每次填入后压实土样，填满土盒后刮去表面多余土样，使土样表面平整。

②将压力传感器连接线插入计算机，使用传感器数据处理软件开始记录压力数据。

③打开电机开关，使金属压锤向下移动，直至达到设定的参数（16N，22.6kPa），开始记录，在设定的压力下保持一定时间。

④将电机设定到特定的转速，使金属压锤以设定的速度（5mm/min）向上移动，直至压锤及黏附土体完全脱离土盒中的土样表面，传感器输出的压力数据不再变化，关闭电机，停止记录压力数据。

⑤多次重复上述步骤1～4，去除异常数据取平均值。

(3) 试验结果

本次试验压锤与试验土样的接触面积为$7.065cm^2$，4次界面拉拔试验压力传感器测试值分别为0.1N、0.074N、0.088N、0.101N，换算为法向黏附力分别为1.39kPa、1.03kPa、1.22kPa、1.40kPa，取4次试验的平均值1.26kPa为试验土样的法向黏附力。

2）切向黏附力-改良直剪试验

在盾构施工过程中，刀盘相对于土体的运动以切向运动为主。如果界面剪应力大于黏土剪切强度（即黏聚力加上摩擦成分），但是小于黏土与金属的黏附剪切强度（即黏附力加上黏附摩擦成分），结泥饼就会发生。使用改良传统直剪试验装置，可测出土壤-金属界面切向黏附力值。

(1) 试验装置

传统的直剪试验装置用于测定土与土之间的抗剪强度，因此需对传统的直剪仪进行改装，具体方法为在剪切面下部剪切盒放置金属块，如图3.1-2所示。

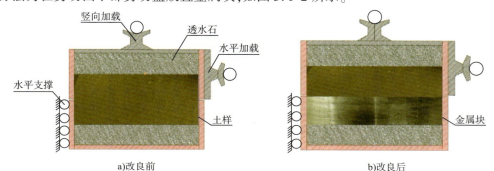

图 3.1-2　直剪装置示意图

土壤沿非土壤固体材料表面滑动，或非土壤固体材料在土壤上滑动，如图3.1-3所示。

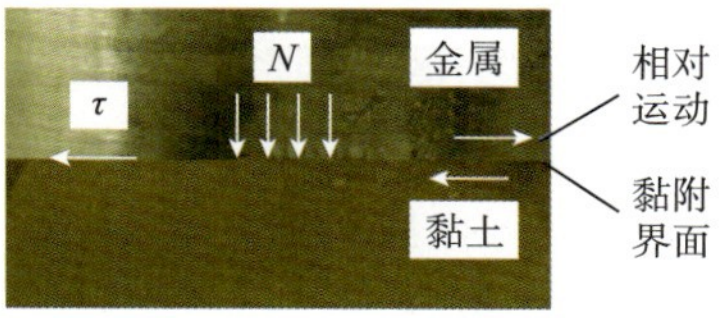

所受到的土壤阻力τ为：

$$\tau = C_a + N\tan\varphi \quad (3.1-1)$$

式中：C_a——土壤黏附造成的阻力（kN），即切向黏附力；

N——单位面积法向正压力（kPa）；

φ——土壤对非土壤固体材料的摩擦角（°）。

图 3.1-3　切向黏附力示意图

(2) 试验流程

土样制备同法向黏附力-拉拔试验，土样制备完成后正式开始试验，试验过程与直剪试验类似，具体步骤如下：

①对准剪切盒后插入固定销，剪切容器下盒放置金属块，环刀取土样后缓慢压入剪切容器上盒，并在试样上依次放置滤纸、透水板、压板和加压框架。

②进行初始位移量调零。

③对垂直压力进行分级施加，并观察垂直变形，直至试样固结变形稳定（垂直变形每小时不大于0.005mm）。

④拔去固定销，匀速转动手轮，以0.8mm/min速率施加水平推力，记录破坏值。

⑤剪切结束后退去剪切力和垂直压力，取出试样，观测接触界面黏附情况。

⑥进行不同垂直压力下的剪切试验，计算出切向黏附力。

3) 试验结果

取4个试验土样，含水率为24.5%，分级施加100kPa、200kPa、300kPa、400kPa的垂直压力，共进行4次试验，取剪应力峰值为土壤阻力τ。以N（单位面积法向正压力）为横坐标，

τ（土壤阻力）为纵坐标，4次试验的土壤阻力分别为39.07kPa、58.20kPa、77.32kPa、93.11kPa。绘制τ-N关系曲线图，如图3.1-4所示，该直线在τ轴上的截距即为切向黏附力。线性回归的决定系数$R^2=0.998$，即土壤阻力与法向正压力的线性相关性较强，经过线性拟合可得到试验土样本次测试出的切向黏附力为21.62kPa。

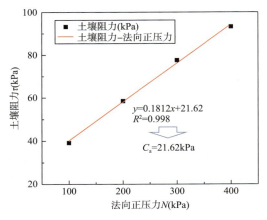

图3.1-4 改良直剪试验测试数据

3.1.3 盾构刀盘结泥饼风险评估方法

盾构结泥饼风险可以通过土体的物理参数进行风险判断。Hollmann和Thews提出了适用于多个盾构类型经验性的盾构刀盘结泥饼风险预测图。该图通过对土体的液限、塑限、含水率的测量，可在盾构施工前预测结泥饼风险，提前采取措施预防盾构机械结泥饼问题。代入粉质黏土的相关参数，得到评估结果如图3.1-5所示。从图中可以看出各试验土样的分布较为集中，整体处于预测图的右下角，其结泥饼风险位于高风险与低风险的过渡区域。此处的判断结果对土样的物理参数十分敏感，略微的差别便会影响到风险判断结果，所以基于界限含水率的盾构风险预测图难以准确判断济南黄河地区粉质黏土地层的刀盘结泥饼风险。

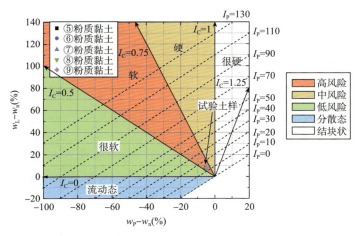

图3.1-5 基于界限含水率的盾构结泥饼风险预测图

基于金属-土体黏附力的测试结果也可以评估盾构结泥饼风险,该风险预测图以法向黏附力为横坐标,切向黏附力为纵坐标,以法向黏附力1kPa、3.75kPa为法向黏附力低、中、高风险分界线,以切向黏附力7.5kPa、30kPa为切向黏附力低、中、高风险分界线,绘制盾构结泥饼风险分区图,如图3.1-6所示。4条分界线将其分为9个区域,并分别对各区域计分,低、中、高风险分别对应1、2、3分,各区域得分则为横纵坐标风险分值之和,如"低高"为4分,即低+高(1+3),将各区域分值由低到高依次排列,可将其分为Ⅰ~Ⅴ级,5个风险等级。

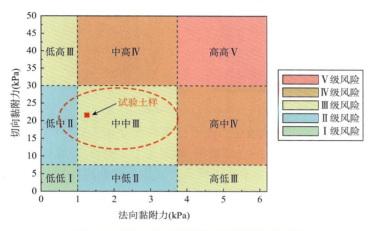

图3.1-6 基于黏附试验的盾构结泥饼风险分区图

粉质黏土的拉拔试验与改良直剪试验测得的法向黏附力与切向黏附力,试验土样的法向黏附力为1.26kPa,切向黏附力为21.62kPa,代入基于黏附试验的盾构结泥饼风险分区图,可判断济南地区粉质黏土地层的盾构刀盘结泥饼风险处于中-中风险区域,即Ⅲ级风险。

通过上述研究可以看出,基于土体物理性质对盾构结泥饼风险的判断方法,试验土样处于高风险与低风险的过渡区域,判断结果不明晰,难以准确地预测盾构机械的结泥饼风险;基于黏附试验的盾构结泥饼风险处于中-中风险区域,十分直观,可以较为准确地反映盾构结泥饼风险,有利于后续制定相应的泥饼防治措施。

3.2 盾构防泥饼措施及泥饼识别技术

当盾构刀盘结泥饼时,会带来掘进参数突变、刀盘温度上升、刀具异常磨损等严重危害,因此合理预防泥饼、及时发现泥饼、高效处治泥饼对于保障盾构安全、高效掘进具有重要意义。

3.2.1 防结泥饼刀盘选型

刀盘结构形式通过影响仓内挟泥渣流场特性和压力分布来影响排渣能力以及掌子面稳定性,而排渣能力与刀盘结泥饼风险息息相关,因此需探明刀盘开口率、开口分布、刀盘厚度对仓内流场特性和压力分布的影响规律,以此指导刀盘的选型。

1)计算模型建立

依据济泺路隧道工程盾构刀盘结构1:1建模,如图3.2-1所示。

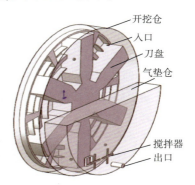

图3.2-1 几何模型

防结泥饼刀盘结构设计主要从改变刀盘开口率以及刀盘厚度两个方面展开。建立刀盘开口率分别为30%、40%、50%、60%的仓体模型,如图3.2-2所示,采用CFD仿真软件对这四种模型进行仿真模拟,研究了刀盘开口率在不同入口速度下对仓内流场特性的影响以及刀盘受力与刀盘开口率的关系;建立刀盘厚度分别为1200mm、1400mm、1600mm、1800mm的仓体模型,如图3.2-3所示,对其进行仿真模拟得到了刀盘厚度对仓内流场和压力的影响。

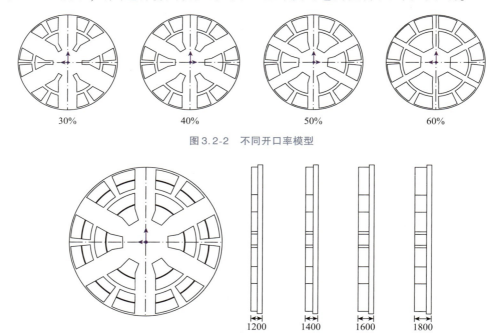

图3.2-3 不同刀盘厚度示意图(尺寸单位:mm)

2)泥水盾构开挖仓流场流动特性分析

(1)刀盘开口率对流场流动特性影响

不同速度下开挖仓内速度与刀盘开口率的关系,如图3.2-4所示,由图可知,随着开口率的增大,仓内的平均速度呈现线性下降;开口率一定时随着入口速度的增加仓内的平均速度呈增长趋势且增幅随着入口速度的增大而增大。流体速度越大越容易带动渣土运动,防止渣土堆积;反之,流体流速越小仓内渣土越容易堆积,从而影响施工效率,因此刀盘开口率应避免过大。

(2)刀盘厚度对流场流动特性影响

经分析,不同速度下仓内速度与刀盘厚度关系如图3.2-5所示,由图可知,当刀盘厚度低于1600mm时,仓内平均速度大小随着刀盘厚度的增加而增加;而刀盘厚度分别为1600mm、1800mm时仓平均速度大小基本相同。在刀盘厚度一定时,随着入口速度的增加各个厚度的方案中仓内流体的平均速度呈增大的趋势。流体的速度较大时更有利于仓内渣土的运输,故1600mm与1800mm两种厚度方案的刀盘较其他方案更有利于渣土的运输。

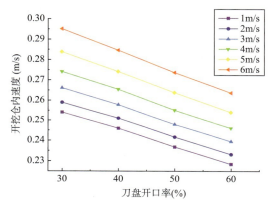

图3.2-4 不同入口速度下开口率与仓内速度的关系

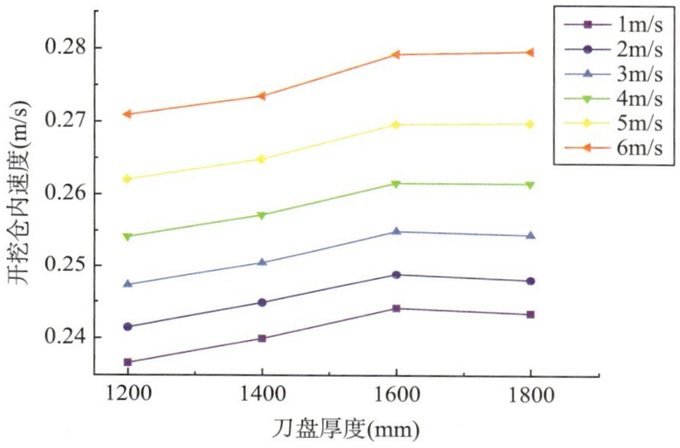

图3.2-5 不同入口速度下刀盘厚度与仓内速度的关系

3)泥水盾构刀盘受力及开挖仓压力分析

(1)刀盘开口率对开挖仓内压力影响

选择开挖仓内距离刀盘后面板150mm的平面为研究平面H,以面H上的平均压力代表开挖仓内平均压力。不同入口速度下面H压力平均值与刀盘开口率的关系如图3.2-6所示。由图可知,在刀盘开口率一定的情况下,开挖仓内的压力值随着在入口速度的增大而增大。在入口速度保持不变的情况下,刀盘开口率为50%时开挖仓内的压力值大于其他开口率方案中开挖仓内的压力值,并且入口速度越大差值越大。在入口速度为1m/s,开口率为50%的方案中的压力值与其他三种方案的压力平均值的差值为332.687Pa;当入口速度为6m/s时,差值增大为9497.1533Pa;由其他研究可知,开挖面支护压力不宜过大或者过小,而开口率为50%的方案的压力值明显大于其他方案的压力值,且受速度的影响幅度大于其他方案,容易超出安全压力范围。因此,出于安全性考虑不宜选取开口率为50%的方案。

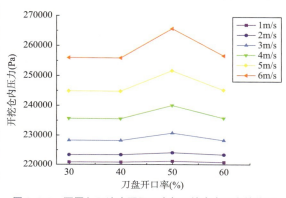

图3.2-6 不同入口速度下开口率与开挖仓内压力的关系

（2）刀盘厚度对开挖仓内压力影响

经分析，不同速度下开挖仓内压力与刀盘厚度关系如图3.2-7所示，由图可知，在入口速度一定时四种厚度方案的压力值无明显差别，曲线高度基本一致，说明刀盘厚度的变化基本不会影响开挖仓内压力值。但是随着入口速度的增加，开挖仓内的压力值有着明显的增大，增值也随着入口速度的增加而增加，这容易使得开挖仓内的压力超过安全范围，导致开挖面失稳引起地层隆起对地表环境造成影响，甚至引起不可预估的安全事故。故在实际施工过程中应该控制泥浆入口速度不宜过大。

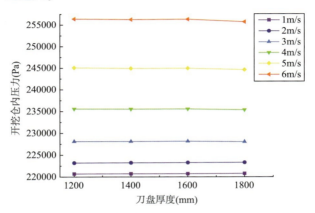

图3.2-7　不同入口速度下刀盘厚度与开挖仓内压力的关系

综合考虑开挖仓流场分布和开挖仓内压力值的影响，最终建议采取刀盘开口率在40%~50%之间，刀盘厚度为1800mm的方案。

4）刀盘刀具防泥饼设计

考虑该工程的刀盘堵塞风险为Ⅲ级，处于中间阶段，且隧道整体基本位于全断面粉质黏土地层，地质情况变化较小，故在泥浆配合比和掘进控制上采用常规方案，仅在盾构选型上主要针对刀盘、刀具配置和刀盘冲刷系统进行优化设计，以预防盾构机械发生堵塞现象，刀盘形式如图3.2-8所示。

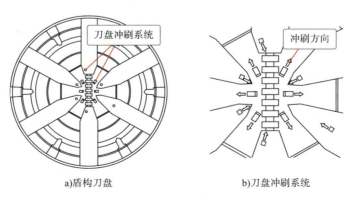

a）盾构刀盘　　　　　　b）刀盘冲刷系统

图3.2-8　盾构刀盘形式

5）刀盘刀具应用效果

根据既有施工经验，盾构刀盘发生堵塞时，常见推力增大、掘进速度降低、渣土温度升高等现象。采用上述刀盘防黏设计后,以盾构右线为例,盾构推力与掘进速度如图3.2-9所示,可见盾构推力与掘进速度整体上较为平缓,除有两段因穿越黄河大堤而暂时上升,其他位置盾构整体掘进效果较好,可判定未出现刀盘结泥饼现象。

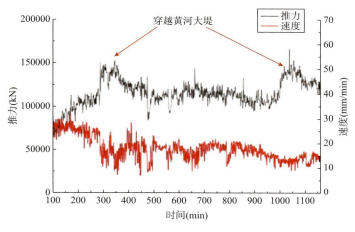

图3.2-9 试验研究段盾构推力、速度变化

3.2.2 基于掘进参数的盾构结泥饼识别方法

本节主要提出了基于掘进参数的盾构隧道结泥饼识别方法,开发了基于总推进力、刀盘扭矩、刀盘转速、刀盘最高温度以及气垫仓压力差的"结泥饼识别系统"。

1) 掘进参数与围岩类别的相关性分析

为建立结泥饼分类模型,需采用与结泥饼密切相关的测量参数种类。而在盾构掘进过程中,传感器所记录的运行参数有200多种,故先探讨不同参数和是否存在结泥饼之间的相关方向和相关程度,选取相关性高的测量参数作为分类模型的特征值。

相关系数是表示变量之间线性相关程度的量,用 r 表示。变量相关的方向通过 r 的正负表示,其取值范围为:$0 \leqslant |r| \leqslant 1$,具体情况见表3.2-1。

r 大小的意义   表3.2-1

$|r|$取值	意义	$|r|$取值	意义
<0.2	无直线相关	0.6~0.8	强相关
0.2~0.4	弱相关	>0.8	极强相关
0.4~0.6	中等程度相关		

为了研究不同的分析对象,相关系数存在多种计算方式,本试验选择Pearson相关系数,其计算如下式:

$$r = \frac{N\sum x_i y_i - \sum x_i \sum y_i}{\sqrt{N\sum x_i^2 - (\sum x_i)^2}\sqrt{N\sum y_i^2 - (\sum y_i)^2}} \quad (3.2\text{-}1)$$

式中:$(x_1,y_1),(x_2,y_2),\cdots,(x_n,y_n)$——两个变量 x、y 的 n 次值。

通过该方法对测量参数和是否存在结泥饼进行详细的关联分析,得到其与结泥饼的相关性,其中与结泥饼相关程度较大的参数见表3.2-2。

不同参数与存在结泥饼的相关性分析　　　表3.2-2

测量参数	相关系数	测量参数	相关系数
总推力	0.5968	刀盘最高温度	0.9708
刀盘扭矩	0.8025	气垫仓压力差	0.4238
刀盘转速	0.3343		

经过统计分析可知，产生结泥饼总推力的变化很明显，存在结泥饼的环号的总推力均值较不存在结泥饼的环号的平均值要高出18000kN左右，标准差相差一倍的大小。存在结泥饼时的刀盘扭矩的均值达到了正常状况下的三倍。刀盘转速在正常状态下，基本保持稳定，当逐渐产生结泥饼时，刀具逐渐被固结黏土糊住，因此转速会受到影响降低。结泥饼和不结泥饼的刀盘温度差异明显，结泥饼时的平均最高温度在69℃左右，不结泥饼时，最高温度稳定在28℃左右。当结泥饼时，气垫仓的压力差较正常情况下，平均值增加了一倍，且一直维持在实际压力大于设定压力的状态。

2）系统设计概念

系统的设计主要包括面向对象、结构化设计和数据结构设计。

面向对象设计是一种工程化规范，在其设计的过程中需要与系统的结构相结合，以便在系统中体现出用户的各类需求，使软件适应各种变化，提高复用率。结构化设计过程需要首先分析明确系统所要实现的具体功能，然后再进行具体的功能模块划分，将不同的功能与相对应的模块结合，使它们形成一个完整的系统。这样一方面可以使系统设计更具条理性，在软件开发过程中更容易明确任务，提高工作效率；另一方面也可以防止功能的重复。数据结构设计是一种有效组织和管理所研究数据的方法，该系统主要根据SQL Sever数据库进行数据结构设计。

3）系统功能结构设计

基于SVM原理的智能结泥饼识别方法的研究成果，项目组设计开发了"结泥饼识别系统"，系统的核心功能为结泥饼的识别功能，除此以外，还要满足操作简单、导航清晰等特点。系统整体功能结构如图3.2-10所示。

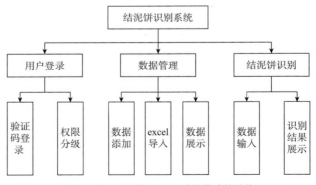

图3.2-10　结泥饼识别系统整体功能结构

4）系统功能模块划分

（1）用户登录模块

用户登录模块用来验证使用人员的账户信息，保证系统使用安全。验证码可以防止机器大规模注册或暴力破解数据密码等危害。

(2)数据管理模块

数据管理模块是用来向数据库中添加相关掘进参数,并以曲线图的形式展示关键数据。

①数据添加:可以通过文本框的形式输入较少量的关键数据,也可以通过 excel 导入的形式输入完整工程数据。

②数据展示:通过数据库连接将关键掘进数据生成曲线图。

(3)结泥饼识别模块

本模块主要实现结泥饼识别功能,将识别结果通过曲线图展示。

①结泥饼识别:调取数据库中的多项关键掘进数据,基于 SVM 原理进行有无结泥饼识别,并将识别结果以 CSV 的形式存储。

②识别结果展示:将识别结果以曲线图的形式展现。

主页最左侧是菜单栏,也是系统功能模块的详细划分,所有功能均通过菜单栏来导航,菜单栏详细地展示了系统的两大功能模块:数据管理模块与结泥饼识别模块。

5)数据管理模块

(1)数据添加

该项功能是添加数据库数据,这一界面中显示输入的信息包括施工环号、总推进力、推进速度、刀盘扭矩、刀盘转速、刀盘最高温度、施工日期、切口水压、气垫仓压力、进浆量、出浆量,点击提交信息按钮之后会弹出提示框显示录入成功或者失败,如果成功则已将这些数据存储到数据库的表中。为了更方便地输入大量数据,可以通过 excel 文件形式导入大量数据。

(2)数据展示

该项功能主要展示了总推进力、最高温度、刀盘转速与掘进速度的曲线图,通过数据库连接将各列数据调出并绘图,以此可以清晰地看到关键数据的变化趋势和极值点。

6)结泥饼识别模块

结泥饼识别模块主要实现结泥饼算法的调用与结果图形化展示,在下拉菜单选取相应数据库表名,该模块会调用 python 程序将对应数据表数据输入执行上文所述的 SVM 结泥饼识别程序,将得到的结果输出为 CSV 文件,再经过图表读取文件数据画出曲线图,可以方便清晰地看到结泥饼情况以及相应环数,结泥饼识别模块界面如图 3.2-11 所示。

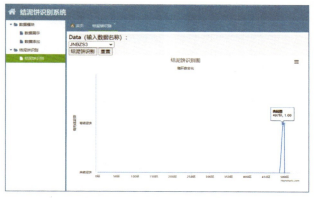

图 3.2-11　结泥饼识别模块界面

该系统可以较为准确地识别是否存在结泥饼,系统的测试准确率达到了 96.15%。

3.3 盾构通滞排施工关键技术

3.3.1 堵管、滞排原因

1）地质分析

盾构掘进段粉质黏土中黏粒含量一般占15.5%~45.5%,大部分含量在18.9%~33.6%之间,平均含量26.9%,局部黏粒含量较高。但是西线和东线隧道相邻仅数十米,东线堵管概率远低于西线,因此可以认为地质差异性较小。在相似地层下盾构推进速度也基本一致,一般在15~20mm/min中。

西线盾构进出浆比重如图3.3-1所示,其进浆比重平均值为1.17,最大值为1.22,最小值为1.1;出浆比重平均值1.28,最大值为1.34,最小值为1.21,出浆比重众数为1.28。由此可见,出浆比重的值偏高,出浆比重的增大会影响挟渣能力。

2）盾构机结构分析

东西两线的盾构刀盘结构一致,两者主要的差异是东线盾构机采用碎石机装置[图3.3-2a)],能将大块渣土破碎,而西线结构采用的是搅拌器装置[图3.3-2b)],不具备破碎能力。在实际施工过程中对碎石机后的筛网和搅拌器后的筛网均进行了拆除,筛网的拆除会使得渣土的通流率增加,但会增加泥饼堵管风险。由于搅拌器对渣土的阻碍作用小于碎石机结构,安装搅拌器的盾构施工渣土输送量更大。因此环流系统中渣土输送量增大也是导致管道堵塞现象频发的根本原因之一。

图3.3-1 西线盾构进出浆比重

a)东线盾构碎石机　　　　　　　b)西线盾构搅拌器

图3.3-2 东西线盾构碎石机和搅拌器

东西线盾构施工进出浆流量对比如图3.3-3所示。由图可见,西线的进出浆流量平均值均小于东线,说明西线环流系统中泥浆流量较少,渣土相对较多,进而导致泥饼堵管现象较为严重。

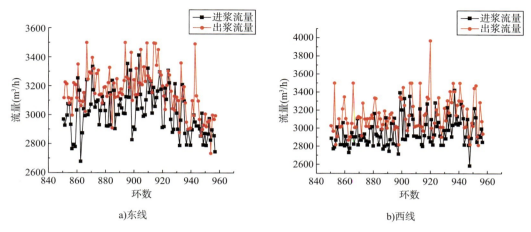

a) 东线   b) 西线

图 3.3-3　东西线盾构进出浆流量对比

3.3.2 冲刷管路设置

1) 气垫仓冲刷系统仿真模型建立

根据工程所用泥水平衡盾构机气垫仓结构，保留气垫仓主要冲刷管路和形状特征，建立了简化的气垫仓冲刷模型，如图 3.3-4 所示。模型主要由进浆口、出浆口、冲刷管路（V3、V4、V5、V7、V25、V26、V45）组成，外圆半径为 7855mm，内圆半径为 4000mm，V3、V4 冲刷管路入口直径 150mm，出口直径 120mm，V25、V7 直径为 65mm，V45 冲刷管路入口直径 100mm，出口直径 80mm；V5 冲刷管路入口直径 100mm，出口直径 50mm。施工过程中开挖仓内的泥浆自进浆口进入气垫仓；气垫仓冲刷系统的泥浆自各个冲刷管路进入气垫仓；气垫仓内的泥浆自出浆管排出。

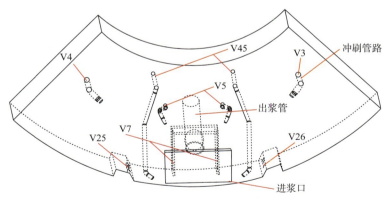

图 3.3-4　气垫仓冲刷模型

对气垫仓三维模型进行非结构网格划分，设置全局最大网格尺寸为 100mm，各管路上最大网格尺寸为其直径的 1/5。为更好地捕捉流场气垫仓底部冲刷的流场情况设置了棱柱层，单元总数为 2620037 个。根据实际工况设置边界条件为速度入口、压力出口，壁面条件为无滑移壁面，重力方向为 Y 轴负方向，重力加速度为 $9.8m/s^2$，泥浆密度为 $1200kg/m^3$，黏度为 $0.00354Pa·s$，选择 standard k-epsilon 湍流模型，SIMPLE 求解算法对仿真模型进行求解。

2）气垫仓流场分布情况

为了解气垫仓内泥浆流动规律，对施工过程中气垫仓内泥浆流动进行仿真。设置泥水循环流量为 $2500m^3/h$，气垫仓冲刷管路的流量占总流量的 $1/3$，冲刷管路 V3、V4 以及 V7 关闭，管路 V45、V25、V26 以及 V5 开启。提取气垫仓底部泥浆流动情况如图 3.3-5 所示。在冲刷射流作用范围内的流速较大，自气垫仓两侧冲刷管路 V25、V26、V45 流出的冲刷射流速度不断衰减，在气垫仓交汇时的速度约为 $1m/s$。交汇后的射流沿着 $-Z$ 方向流向出浆管。在左右两侧角落以及出浆口挡板处，形成低速漩涡区，易导致渣土堆积，随着堆积量的不断增加最终导致气垫仓堵塞。

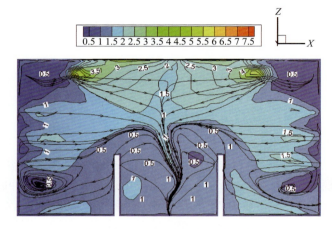

图 3.3-5　气垫仓底部泥浆流动情况

3）气垫仓冲刷系统冲刷方案优化

根据经验，增大冲刷流量固然提升气垫仓冲刷效果，但总流量有限且增大流量会导致排浆管路的磨损更为严重。为有效解决黏土淤积问题，尝试从不增加流量、更改冲刷方式的角度出发，在原冲刷方案的基础上提出了新的冲刷方案以改善气垫仓内的流动特性。

方案 1：考虑冲刷管路 V5 用作对搅拌器的冲刷且方向朝下抑制了底部冲刷管路引起的向上流动，故尝试减少 V5 管路的工作时间。

方案 2：考虑管路 V3 的流量不来自于气垫仓冲刷管路的泵 P0.2，正常工作时处于关闭状态，故尝试将 V3 开启以增加从管路进入气垫仓的流量。

方案 3：同时采用上述两个方案。

方案 4：在方案 3 的基础上尝试关闭管路 V45，使得更多的流量进入底部冲刷管路 V25、V26，以增强其冲刷性能。

为探究上述方案是否能改善流场流动特性，设置总流量为 $3000m^3/h$，在原冲刷方案的基础上分别对关闭 V5、开启 V3、关闭 V45 的情况下进行仿真研究，仿真结果如图 3.3-6 所示。

相对于原方案来说，方案 1 和方案 3 在气垫仓底部的速度更大，且有效减小了标记的低速区域，但是对角落的速度提升较小；方案 2 底部的流场速度分布与原方案基本一致，说明对气垫仓底部的速度提升不大，这也说明 V3、V4 冲刷管路对气垫仓底部的流场影响较小；方案 4 底部中间区域的流场流动性有所增加，但是由于关闭了管路 V45，使得在靠近进浆闸门处的流速较低，且射流对冲的影响，使得进浆闸门处的泥浆更加容易往角落流动。

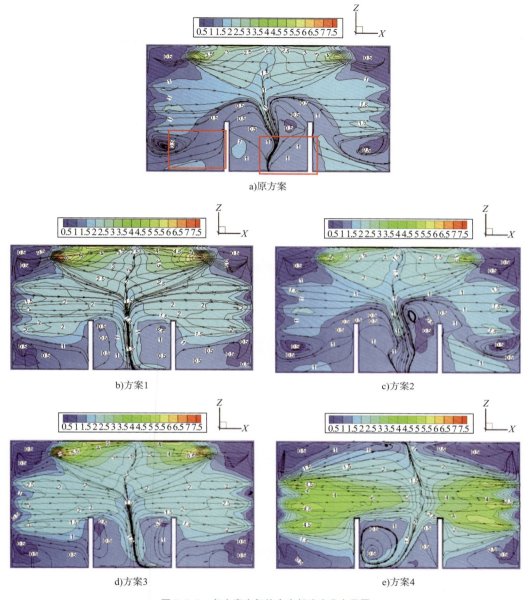

图 3.3-6　各方案中气垫仓底部速度分布云图

对仿真结果进行定量分析,提取气垫仓内的平均速度如图 3.3-7 所示,从图中可以看出四种方案的开挖仓内的平均速度均大于原方案,表明上述方案均能改善泥水仓内流场的流动特性,其中方案 4 平均速度最高,较原方案提升了 53.6%,故在流量增大到一定程度的情况下,可考虑改变冲刷方案,进一步提升气垫仓内流体的流动性能。

将几种方案中各个速度区间的流体体积进行对比,图 3.3-8 所示为各速度区间的流体体积,从图 3.3-8a)可以看出四种方案中速度区间[0,0.1]内的流体明显比原方案的少,速度区间[0.1,0.2]范围内的流体有了明显增加,成为气垫仓内流体的主要组成部分。此外,速度在

[0.2,1.4]区间内的流体均多于原方案,这说明四种方案均能较好减少气垫仓内低区区域,增大流场的高速区域,拥有比原方案更好的流场流动性能。

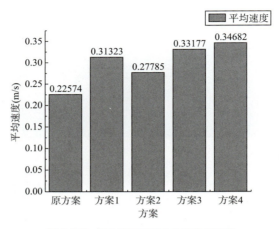

图 3.3-7 各方案下气垫仓内的平均流速

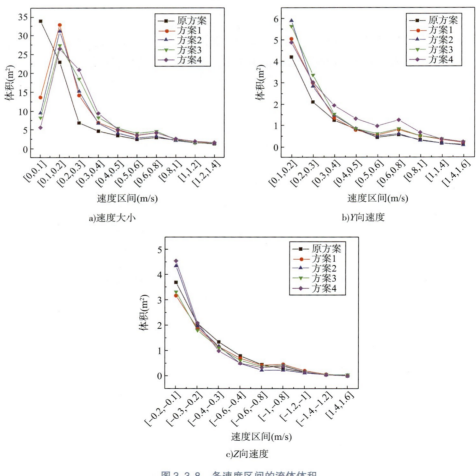

图 3.3-8 各速度区间的流体体积

在 Y 向速度上，重力加速度为 -9.8m/s^2，流体速度为正值表明与重力方向相反，能够抑制颗粒沉降堆积，其值越大抑制效果越明显。从图 3.3-8b）中可以看出，除方案 2 在 [1,1.4] 在速度区间以外，其他方案在各速度区间内的流体均多于原方案；其中方案 4 各速度区间内的流体平均为原方案各速度区间内流体的 1.944 倍。所以在 Y 向速度上，方案 4 对于流场的流动性能提升效果明显。

在 Z 向速度上，由于从闸门入口到排浆管出口的行程是不变的，故 Z 向速度越大流体从闸门入口流经气垫仓进入排浆管所需要的时间越少，从一定程度上来说能够减少渣土在气垫仓内的停留时间，从而达到减小 Y 向沉降距离预防堆积的目的。从图 3.3-8c）可以看出 4 种方案仅在 [−0.2，−0.1] 这一低速区间内的流体体积有明显差别，在其他速度区间内的流体体积相差并不大。

综上所述，在增大流量至 $3000\text{m}^3/\text{h}$ 的情况下，改变气垫仓内管道的冲刷方案能够进一步提升气垫仓内流体的流动性能。上述四种方案中，除了方案 2 以外，其他三种方案的平均流速均高于 0.3m/s，与原方案相比提升幅度均大于 38%，各速度区间的流体分布情况也相对较好，平均提升幅度为 50% 以上。其中方案 4 的速度区间分布最好，但是由于关闭了 V45 管路，导致在闸门口底部的流场速度较低且更易使渣土往角落堆积；同时这三种方案均关闭了搅拌器冲刷管路 V5，使得冲刷管路 V5 的流量进入其他冲刷管路，但这可能导致搅拌器卡滞；而管路 V3 的开启会减少进入泥水仓内的泥浆流量，可能会影响泥水仓的正常工作。最后考虑操作的简洁性，推荐采用方案 1，在不影响泥水仓正常工作的情况下可考虑采用方案 3，在堆积现象发生时可考虑采用方案 4 进行短时间冲刷。但是为防止搅拌器上结泥饼发生卡滞，建议在采用方案 1 时，隔一段时间开启 V5 对搅拌器进行冲刷。

4）气垫仓冲刷系统工程应用

综合考虑仿真结果，对泥水循环流量和冲刷方案进行优化后，泥水循环流量为 $3000\text{m}^3/\text{h}$，关闭 V5 冲刷管路，其底部流场如图 3.3-9 所示，此时气垫仓内的流场流动性能较好，气垫仓底部大部分区域流速保持在 1.5m/s 上。将优化后的方案应用于现场施工过程中，有效地缓解了气垫仓堵塞问题，提高了施工效率。

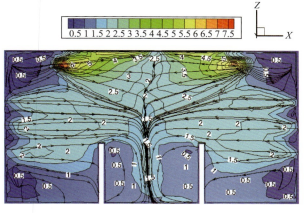

图 3.3-9　优化后的流场分布图

3.3.3 搅拌装置参数优化

1) 搅拌器仿真模型建立

根据济南黄河济泺路隧道工程,建立搅拌器实物模型,其主要包括搅拌器的箱体、两个搅拌叶轮、泥浆门、排浆管、格栅及其他辅助元部件,实物如图 3.3-10 所示。

图 3.3-10 搅拌器结构示意图

为了减小不必要的工作量,减轻计算的负担,将实际搅拌器的模型进行了简化,搅拌器的几何模型如图 3.3-11 所示,尺寸见表 3.3-1。

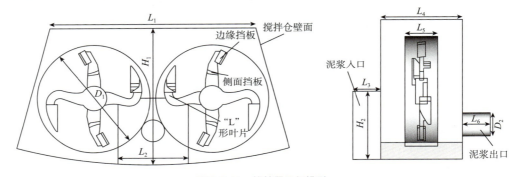

图 3.3-11 搅拌器几何模型

几何模型尺寸 表 3.3-1

参数	L_1	L_2	L_3	L_4	L_5	L_6	H_1	H_2	D_1	D_2
长度(m)	3.8	1.3	0.5	1.5	0.6	0.5	2.64	1.27	2.1	0.45

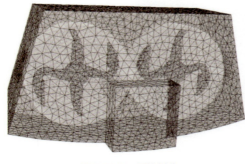

图 3.3-12 网格划分

采用非结构化的方法划分网格,分别对搅拌器的两个旋转区域、静止区域和叶轮表面独立进行划分网格,组合网格如图 3.3-12 所示。

在 CFD 软件中采用滑移网格法对泥水平衡盾构机搅拌器叶轮双轴搅拌过程进行模拟,流场被划分为静止区域和旋转区域,旋转区域的流场绕叶轮中心旋转运动,静止区域的流场保持静止不动,两个区域的流场通过该交互界面进行交互计算。

通过 FLUENT 中离散相模型(DPM)来模拟颗

粒运动,并采用有限体积法中的 SIMPLE 算法对流畅进行求解。搅拌器系统模型中泥浆门和排浆口的边界条件为速度入口;壁面边界条件均采用无滑移固壁边界条件;搅拌叶轮的旋转方向设置为与旋转区域同向,相对速度为零;结合工程地质情况中粒径 20mm 的渣土较多,DPM 颗粒大小设置为 20mm,颗粒的速度方向与泥浆速度方向相同;初始条件为旋转区域与静止区域均充满泥浆。

2) 搅拌器叶轮转速对搅拌器工作性能影响

通过计算得到了叶轮转速分别为 30r/min、45r/min、60r/min 下,泥浆密度为 1200kg/m³ 时搅拌器内部的流场情况。搅拌器叶轮 XOY 截面的速度云图及矢量图如图 3.3-13 所示,搅拌器 YOZ 截面的速度云图及矢量图如图 3.3-14 所示,图 3.3-15 为搅拌器 XOY 截面中心位置速度变化。

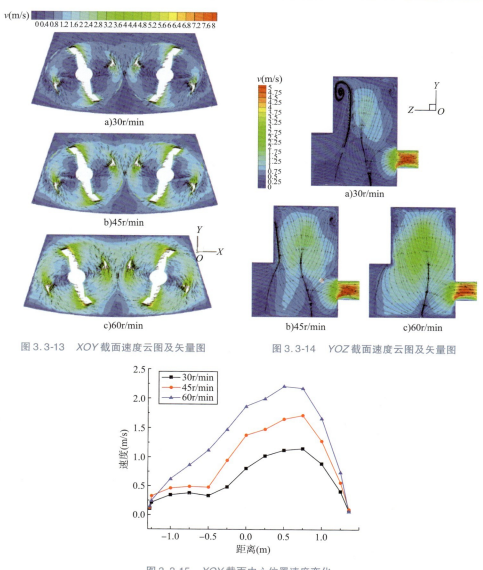

图 3.3-13　XOY 截面速度云图及矢量图　　图 3.3-14　YOZ 截面速度云图及矢量图

图 3.3-15　XOY 截面中心位置速度变化

在搅拌器的剪切作用下,泥浆主要受到叶轮的旋转作用对叶轮与叶轮之间以及叶轮与搅拌器壁面之间的泥浆施加的剪切作用力和叶轮面对泥浆的反弹作用,前者使泥浆在 Y 轴方向流动,后者使泥浆在 Z 轴方向流动。在 XOY 截面上搅拌叶轮对泥浆的剪切作用大小在内外边缘差异较大,这是因为叶轮外边缘线速度更大,贴近旋转轴附近存在较大面积的低速流动区,"L"形叶片与泥浆的接触面积较小,其对泥浆的搅拌效果较差。泥浆在该截面的流动近似离心运动,从叶轮轴部到叶轮外边缘附近,泥浆的流动速度逐渐增大,在叶轮内部泥浆主要受到惯性力,其运动轨迹与叶轮旋转轨迹一致,在外边缘时泥浆受到较大的离心力,泥浆被叶轮"甩开",运动轨迹向外有大幅度偏移,但泥浆脱离叶轮搅拌区域之后速度会逐渐降低。从速度云图上看,搅拌器内壁面附近的泥浆流动速度在三种转速下都较低,是因为壁面附近距离叶轮较远以及泥浆与壁面碰撞摩擦造成较大的速度损失,底部附近的三角形低速区域是由于此处的泥浆在 X 轴方向受到叶轮大小相同方向相反的作用力,使得泥浆合速度较小。

从云图上可以看出随转速升高,叶轮外边缘泥浆的速度明显上升,而轴部附近的泥浆速度无明显变化,在转速较高时,叶轮带动的泥浆更多,泥浆的流动速度更大,但搅拌器内壁面附近及底部的三角区泥浆流速较低的现象仍然存在。为了更好地进行对比,取径向截面中心线上的速度作对比分析,越靠近搅拌器的顶部(坐标为 1.36m)和底部(坐标 -1.26m),三种转速下的速度越接近,在搅拌器的中间位置(坐标 0.5m),速度差异达到最大。

YOZ 截面位于两个搅拌叶轮的中间,该截面能体现泥浆在 Z 方向上的流速变化情况。从图 3.3-14 及图 3.3-15 可以看出,叶轮牵引进入搅拌器的泥浆向上运动,到达顶部后随两个叶轮的旋转分别向下回流,到达底部后一部分泥浆从出口排出,一部分泥浆在叶轮的作用下开始第二次循环;搅拌器顶部的两侧由于壁面阻碍以及新进入泥浆的阻碍形成了两个旋涡。从图 3.3-14 中的流动迹线可以看到流线图中有两个流线分布密集的区域,第一个位置靠近泥浆门,第二个位置大致位于两个搅拌叶轮下方,这两个地方受到叶轮的作用力较大。泥浆门处的泥浆由于距离叶轮远,新进入的泥浆速度较小,因而流动速度较小,图 3.3-14 中叶轮下方的低速区域对应了图 3.3-13 中的三角低速区。

随着转速的增大,叶轮的搅动影响范围更大,转速为 45r/min 和 60r/min 时,泥浆门处的泥浆速度增大,流线分布密集的第一个位置前移,搅拌器顶部的漩涡逐渐减小,说明混合的效果更好,但底部的三角低速区仍然存在。

根据工程实际石渣的参数,设置 DPM 粒子的密度为 $2700 kg/m^3$。从 $t=2s$ 时开始通入粒子,通入速度为每秒 120 个粒子,当 $t=24s$ 时,粒子的体积浓度分布如图 3.3-16 所示,粒子的体积浓度为单位体积内含有的粒子总质量,用来衡量搅拌器对粒子的混合效果。

从图中可以看出泥浆门附近及出口底部壁面的死角区域粒子体积浓度较大,其他区域的粒子浓度相对较小,说明在这些区域泥浆的流动好,粒子混合均匀。转速较低时,泥浆无法及时将石渣运输走,泥浆门处聚

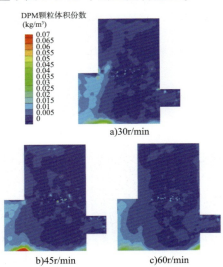

图 3.3-16　不同转速下搅拌器 DPM 分布云图

集了大量的粒子,当转速增大时,该处粒子体积浓度分布面积减小,但叶轮的高速旋转还会将粒子向 Z 轴两侧"拨开",使粒子在叶轮下方的两侧堆积,因此提高转速并未降低该区域的粒子浓度。三种转速下搅拌器释放和捕捉的粒子数量见表 3.3-2。捕捉率是相同时间段内搅拌器出口捕捉粒子与入口通入粒子的比值,用于衡量搅拌器排渣性能的优劣。从表中数据显示,随转速增大,出口处捕捉的粒子数量增多,说明转速提升能有效改善搅拌器的排渣能力,但这个提升效果随转速增大逐渐减弱。

不同转速下通入捕捉粒子数量　　　　表 3.3-2

转速(r/min)	通入粒子数	捕捉粒子数	捕捉率(%)
30	238230	33574	14.1
45	225761	47038	20.8
60	223476	57120	25.6

不同转速下压力和功率损耗情况见表 3.3-3。转速为 45r/min 和 60r/min 时的功率系数分别为 30r/min 时的 2.89 倍和 6.61 倍,说明叶轮表面承受的最大压力和功率损耗随转速的提升急剧增加,且该增长趋势随转速提高增大。

不同转速下压力和功率损耗情况　　　　表 3.3-3

转速(r/min)	压力(Pa)	扭矩(N·m)	功率系数
30	11621.3	664.2	2.09
45	24740.5	1278.3	6.03
60	41372.5	2198.3	13.81

3)搅拌器叶轮结构对搅拌器工作性能影响

搅拌器的叶轮是搅拌器的关键部件,其叶轮结构对流场和负载都有重要影响。针对搅拌器叶轮卡滞的工程问题对搅拌叶轮结构进行了改造,改造前后叶轮的结构如图 3.3-17 所示,改动为切割掉了叶轮上原本为了增大搅拌效果的挡板,本节利用搅拌器固液两相流模型模拟改造前后搅拌器的流场情况和负载情况,研究叶轮结构对搅拌器工作性能的影响,有助于指导盾构机的工程实践。

a)改造前　　　　　b)改造后

图 3.3-17　搅拌叶轮切割前后对比

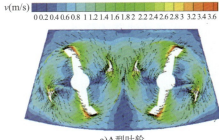

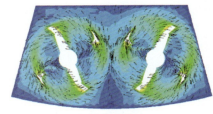

图 3.3-18　XOY 截面的速度云图及矢量图

搅拌叶轮上的挡板结构能够增大叶轮与泥浆的接触面积，但也会加大叶轮旋转的阻力，为了研究搅拌叶轮的挡板对于流场的影响情况，去除了搅拌叶轮在外边缘和内侧的挡板，称为 B 型叶轮，对照组称为 A 型叶轮，保持其他仿真设置相同，在转速 30r/min 和泥浆密度 1200kg/m³ 下进行仿真模拟，其 XOY 截面的速度云图及矢量图如图 3.3-18 所示，YOZ 截面的速度云图及流线图如图 3.3-19 所示。

在 XOY 截面上 B 型搅拌器内部泥浆的流动速度较小，其内部流场的平均速度和最大速度为 1.023m/s 和 3.42m/s，而 A 型搅拌器内部流场的平均速度和最大速度为 1.38m/s 和 3.92m/s，分别下降了约 25.6% 和 12.8%。在 YOZ 截面上，A 型搅拌器的泥浆流动向 Y 轴方向偏移较大，而 B 型搅拌器中的泥浆向斜上方流动，在入口侧的顶部产生了更大的漩涡。同时 B 型搅拌器叶轮带动的泥浆更少，高速流动的泥浆区域较小。

两种搅拌器内石渣体积浓度分布云图如图 3.3-20 所示。

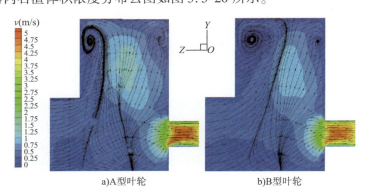

图 3.3-19　YOZ 截面速度云图及流线图

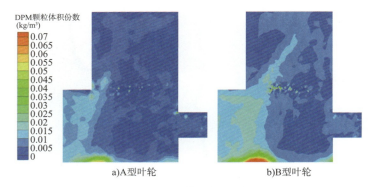

图 3.3-20　石渣体积浓度分布云图

由图 3.3-20 可知,B 型搅拌器泥浆门处的石渣更难流动,导致泥浆门附近的粒子体积浓度更大,底部泥浆受到叶轮作用力更小不能及时携带走石渣,导致其底部的石渣体积浓度较高。当 $t=24s$ 时,两种搅拌器粒子释放和捕捉情况见表 3.3-4,A 型搅拌器的粒子捕捉率为 14.1%,而 B 型搅拌器的粒子捕捉率仅为 10.9%,排渣效果下降了 22.7%。表 3.3-5 显示两种搅拌器的压力及功率损耗情况,相较于 A 型搅拌器,B 型搅拌器受到的最大压力及功率系数均有所降低,分别下降了 19.8% 和 20.7%。

两种搅拌器的粒子释放和捕捉情况　　　　　　表 3.3-4

搅拌器类型	粒子释放数	粒子捕捉数	粒子捕捉率
A	238230	33574	14.1
B	238601	26007	10.9

两种搅拌器的压力及功率损耗　　　　　　表 3.3-5

搅拌器类型	压力(Pa)	扭矩(N·m)	功率系数
A	11621	664	2.08
B	9320	503	1.65

通过对搅拌器叶轮转速、叶轮结构的分析,得到如下结论:

(1)搅拌叶轮转速的提高能增大叶轮的作用范围,提升叶轮外边缘附近的泥浆速度,也能提高搅拌器的排渣性能和降低底部堆积粒子的体积浓度;但转速提升对叶轮轴部区域和搅拌器壁面附近的泥浆影响不大,而且搅拌器的功率损耗和受力大小会随转速的增大而急剧增大。

(2)在转速为 30r/min,泥浆密度 1200kg/m³ 时,去除挡板后的叶轮的受力大小和功率损耗分别下降了 19.8% 和 20.7%,而泥浆流动速度和排渣能力下降了 25.6% 和 22.7%,在实际应用中,在能够满足排渣能力的前提下可以适当减小挡板面积。

4)搅拌器工程应用

西线的盾构机掘进到 100 环以后,随着硬塑粉质黏土层厚度增加,搅拌器出现频繁的卡滞现象,且黏土层厚度越厚,卡滞的时间越长。针对搅拌叶轮频繁卡滞的现象,提出了将叶轮挡板切割的改造方案,利用建立的搅拌器数值模型模拟了切割后搅拌器的受力情况,模拟结果显示切割后的搅拌器能够有效降低功率损耗和负载。

在西线泥水平衡盾构机掘进到 249 环时对搅拌器叶轮进行了切割,由于地质情况对搅拌器的工作受力情况影响较大,为了减小这个影响,选取了切割前一天搅拌器的工作参数和切割后第一天的工作参数进行对比分析,图 3.3-21 及图 3.3-22 所示为搅拌器叶轮的旋转情况。在切割前搅拌器叶轮受到的荷载较大,搅拌叶轮卡滞的频率高,叶轮卡滞时,左右叶轮转速急剧下降,严重影响搅拌器的正常工作,在切割叶轮后,搅拌叶轮受到的荷载减小,发生卡滞的次数明显减少,左右叶轮的转速维持在较为稳定的数值上,搅拌器工作良好。图 3.3-23 及图 3.3-24 分别展示了切割前后左右叶轮受到的压力情况。切割前搅拌叶轮的左右轮受到的最大压力起伏较大,在叶轮卡滞时压力显著增大,最大时可达到 350bar,正常工作时,搅叶轮受较大的一侧压力为 75~100bar,切割后搅拌叶轮受到的压力值较小,叶轮受到压力过大的情况显著减少,叶轮受压一侧的压力偶尔达到 100bar 以上,大部分时间压力维持在 50~75bar。

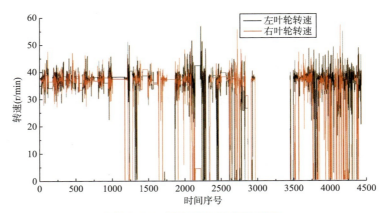

图 3.3-21 切割前搅拌叶轮转速情况

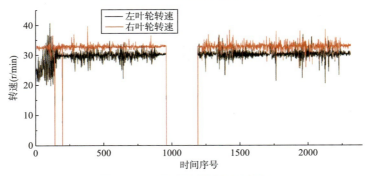

图 3.3-22 切割后搅拌叶轮转速情况

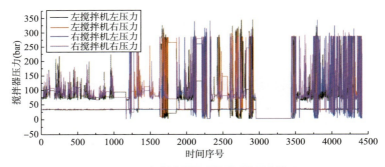

图 3.3-23 切割前搅拌叶轮受到的压力情况

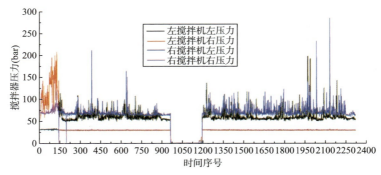

图 3.3-24 切割后搅拌叶轮受到的压力情况

3.3.4 "空气炮"清堵工艺

1）泥饼堵管判断方法

（1）排渣情况分析

相对于盾构进出浆管路，泥水分离系统中的管路位于地表，泥浆经过出浆管抬升到地表后流速较慢，且泥水分离系统中的管路更加复杂，更容易出现泥饼堵管现象。盾构泥浆处理流程如下：盾构机排出的污浆由排泥泵经分配器送入预筛分系统，经过预筛分器（两层筛），如图3.3-25所示，将粒径在3mm以上的渣料筛出；筛余的泥浆进入一级处理系统，经过旋流除砂器分选后，筛上渣料筛分脱水后排出；筛下渣料经收集槽流入污浆槽内，重新进行两级旋流处理，避免渣料落入下一级泥浆槽中，污染下一级的泥浆。处理后的泥浆进入二级处理系统（二级处理系统工作原理与一级处理系统工作原理相同）再次处理。经过两次处理后，粒径<20μm的泥浆流入沉淀池进行沉淀，然后再流回调浆池，调整后的泥浆再次泵入盾构循环使用。

图3.3-25 预筛分器

相对于预筛前的泥浆，预筛后的泥浆大块渣土被去除，堵管现象基本不存在。因此在泥水分离站每个预筛装置处安排人员值班，如果预筛装置没有渣土进入，则可以判断此预筛装置对应的分配器支路或管路弯道附近堵塞，应及时进行清理。

（2）P2.3 出浆泵压力值

显然，当泥水循环管路堵塞时，泥浆流动受阻，出浆泵压力大大增加，可通过出浆泵压力变化判断堵管位置，堵管位置通常在压力异常的出浆泵下游段。因此，在盾构机控制室泥水环流系统界面上监测泵的压力值如图3.3-26所示，正常掘进时P2.3出浆泵的压力值为6～9bar，当地面泥水分离站出现堵塞现象时，P2.3压力会上升到10bar，同时根据P2.1、P2.2、P2.3的压力变化可判断地下管路段是否存在堵管现象。

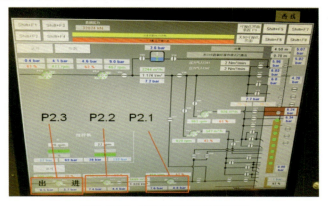

图3.3-26 泥水环流系统监测界面

2）堵塞处治措施

（1）泥饼清堵装置及施工工艺

"空气炮"清堵装置如图3.3-27～图3.3-32所示,通过引入压缩空气快速清除循环管路堵塞。盾构出浆管路在地面段存在较多转弯和接头,且中继泵常设在隧道段内,距地面段较远,地面段与隧道内部存在较大高差,导致泥浆在地面段的流速较低,泥浆中硬塑性的块状黏性土等在管道转弯、上升时或遇管道分支后容易聚集形成泥饼而阻塞管道。管道的频繁堵塞会严重影响施工工期,因此管道的快捷清堵是必要的。

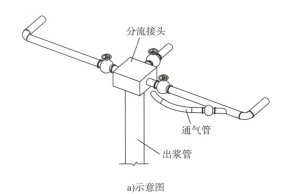

图 3.3-27　分流器"空气炮"清堵装置（a)示意图　b)实物图）

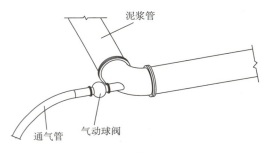
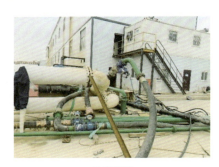

图 3.3-28　弯道"空气炮"清堵装置（a)示意图　b)实物图）

图 3.3-29　"空气炮"地面安装位置　　图 3.3-30　"空气炮"分配器支路安装位置

图 3.3-31　"空气炮"结构　　　　图 3.3-32　气动球阀控制平台

该系统由空压机组、通气管道、气动球阀、控制柜组成,其中气动球阀与焊接于出浆管管壁的气管接头连接,用来控制压缩空气进入出浆管道,控制柜设在泥水处理厂控制室,控制气动球阀开关释放压缩空气。

①施工工艺:通气管道直径为150mm,一端连接空压机,另一端连接气动球阀,其中空压机可为多条通气管提供压缩空气。出浆管道泥浆流量为2800m^3/h,空气由出浆管道的通气管道流向出浆管道,通气管道气通量为8000m^3/h。

出浆管道转弯接头上焊接有气管接头,这个接头也焊接在易堵管区段的前端管壁上,焊接工艺需要满足通气压力和出浆管内部流体压力的要求。

当出浆管道发生堵塞时,可以通过泥浆处理厂控制室的控制柜来控制气动球阀的开关,只需输入2s的压缩空气,就可以清除堵塞。

②清堵区域:泥浆处理厂为满足泥浆处理能力,需在出浆管后方设置分流接头,支管后接三组泥浆处理设备机组。在分流接头、泥浆管立管、弯道处容易堵塞,需设置"空气炮"清堵系统快速清堵。在转弯接头或立管接头前端焊接气管接头,通过控制气动球阀,由通气管道,输入2s压缩空气,清除堵塞。

(2)泥水分离站交替作业

当隧道东线单线贯通时,可将东线泥水分离站地面管路进行改装,加入岔道使西线排浆管路可进入东线泥水分离站,如图3.3-33、图3.3-34所示,两个泥水分离站在西线掘进过程中交替作业。当一个管路堵塞时,关闭该线的闸门,打开另一支线的闸门,将排出的泥浆送入该支线的泥水分离站处理,达到清堵与施工同步进行的目的,缩短了施工工期。

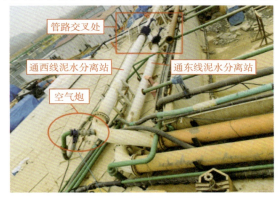 

图 3.3-33　管路改造示意图　　　　图 3.3-34　东西线泥水分离站

第 4 章

大盾构管片上浮机理与变形控制技术

大时代

盾智行

构未来

对于大多数穿越地面水系(江、海、河)的大直径盾构隧道工程而言,往往因盾构开挖断面大,一次掘进揭露的地层多,加之高水压,使盾构施工参数的调整难度增大,致使盾尾管片上浮问题突出。本章揭示了粉质黏土地层大盾构管片上浮空间形变特征及环缝力学特性,对管片上浮关联要素进行了分析,提出了管片上浮预测技术,构建了粉质黏土地层大盾构管片上浮期变形控制技术体系。

4.1 大盾构管片上浮过程中的空间形变和受力特征

4.1.1 盾构隧道管片上浮期形变特征现场试验

1)试验段选择

试验段位于黄河河槽下方的西线 WK1+632.8~WK1+672.8 里程段(管环区间为 923~942 环),区间轴线近似水平,河水深 2~3m,拱顶覆土埋深在 30~32m 之间。其间隧道穿越地层主要为粉质黏土,隧道断面上部发现钙质结核,下部局部伴有细砂,该区段土体分层情况如图 4.1-1 所示,土层物理力学性质见表 4.1-1。盾构施工期间的主要掘进参数见表 4.1-2,盾尾同步注浆浆液采用单液硬性浆,浆液配合比为水泥 120kg/m³、粉煤灰 220kg/m³、膨润土 80kg/m³、减水剂 10.8kg/m³、中砂 950kg/m³、水 350kg/m³。

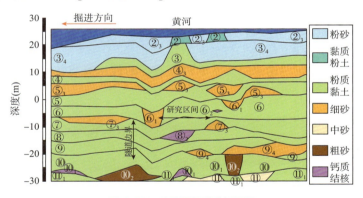

图 4.1-1 试验区间地质剖面图

试验段土层物理力学性质 表 4.1-1

编号	土质	密度 (t/m³)	压缩模量 (MPa)	黏聚力 (kPa)	内摩擦角 (°)
④	粉质黏土	1.93	6.64	22.40	12.80
⑤	粉质黏土	1.96	7.36	31.50	18.90
⑦	粉质黏土	1.96	9.84	43.40	18.70
⑧	粉质黏土	1.97	9.20	40.80	16.60
⑧₂	钙质结核	1.94	8.10	—	—
⑨	粉质黏土	1.98	10.99	40.50	24.60

续上表

编号	土质	密度 （t/m³）	压缩模量 （MPa）	黏聚力 （kPa）	内摩擦角 （°）
⑨₄	细砂	1.97	9.31	—	—
⑩	粉质黏土	2.00	11.25	61.70	30.30
⑩₁	钙质结核	—	—	41.50	23.90
⑪	中砂	1.75	10.06	—	38.00

试验段主要掘进参数　　　　表4.1-2

施工参数	掘进速度 （mm/min）	注浆量 （m³）	注浆压力 （MPa）	刀盘扭矩 （MN·m）	泥水压力 （MPa）	千斤顶推力 （kN）	顶部拼装间隙 （mm）
波动区间	12.10~22.50	52.00~62.00	0.58~1.10	2.80~7.40	0.29~0.35	83533~99527	37.00~63.00

2）监测方案设计

（1）监测目的

为揭示大盾构隧道施工期间管片上浮过程中的空间形变特征、单环管片横截面和连续环管片纵截面的上浮分布特征，以及管片上浮过程中错台、收敛变形的演变特性及其相关性，对拼装完毕后的管片进行上浮、错台和收敛变形的同步测试。

（2）高程点布设

因基本水准点距离试验区域较远，为方便试验的开展，水准工作点均设立在开挖面后方约100m处。由于盾构后配套台车安装有大量设备，致使管片上下断面无法通视，因此在管片拱顶和拱底区域分别设立水准工作点Ⅰ和水准工作点Ⅱ，如图4.1-2所示。对基本水准点和水准工作点的闭合水准测量按照国家二等水准测量规范的技术要求执行，试验前后的联测结果表明，所设立的水准工作点是稳定的。

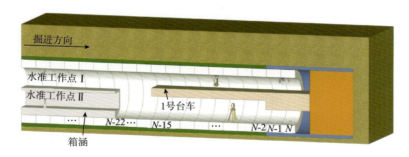

图4.1-2　基准点布设示意图

（3）测点布设

选择在管片拱顶、两侧拱腰、拱底、拱腰和拱底之间区域布置上浮测点，其中拱顶区域测点为小棱镜，限于现场条件，拱底区域的上浮测点为粘贴的反射片。错台测点布设在拱顶和拱底区域，如图4.1-3所示。

（4）监测设备

①徕卡TS09 PLUS全站仪（测角精度：1″；测距精度：1mm+1.5ppm）。

②手持式错台检测装置。该项装置主要包括：数显百分表（德国西瓦卡数显百分表，精度0.02mm）、夹持部、主杆、支撑部、支撑杆、固定套筒（具体结构参见专利《一种手持式盾构隧道管片错台量检测装置》）。错台测试精度可达0.1mm。

③错台自动采集系统。错台自动采集系统包括错台自动采集装置、连接线、集线器、电脑终端。错台自动采集装置包括数显百分表、万向表座、钢片、膨胀螺钉。数显百分表由万向表座固定，万向表座借助磁力吸附于钢片表面，钢片则通过膨胀螺钉固定于管片衬砌处。数显百分表通过连接线和集线器将数据传

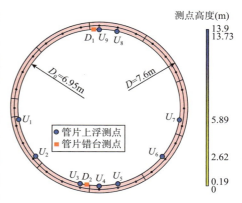

图 4.1-3　试验段测点位置图

输至电脑终端，电脑终端则可设置数显百分表的数据采集频率并记录相应数据，如图 4.1-4 所示。

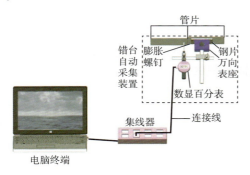

a)管片错台自动采集系统示意图

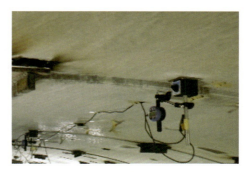

b)管片错台自动采集系统实物图

图 4.1-4　错台自动采集系统示意图和实物图

（5）监测方法

①管片上浮及收敛变形

拱顶和拱底的上浮监测采用三角高程测量方法，三角高程测量时使用全站仪进行观测，通过前后视的竖直角、距离和后视点的高程来计算前视点（上浮测点）的高程。管片拼装完毕后连续观测三次测点高程，取其平均值作为初始值，管片在某时上浮量等于该时刻高程减去初始高程，隧道顶部和底部上浮量的差值即为竖向收敛值。

②管片环缝错台

管片环缝错台采用手持式错台检测装置和错台自动采集系统联合进行。管片拼装完毕，随即使用手持式错台检测装置测量拼装错台量，此后通过安装错台自动采集装置，由错台自动采集系统进行自动化监测。

手动测量环缝的错台终值后，环缝的错台量计算方法如下：假设最终错台量是 y'，相应时刻下错台自动采集系统的记录值是 y''，系统在既往第 $1, 2, \cdots, N$ 时刻的记录值分别为 11.50mm，12.50mm，$\cdots, y_n$，则相应的衬砌错台为 $y' - (y'' - 11.50)$，$y' - (y'' - 12.50)$，$\cdots, y' - (y'' - y_n)$。

管片上浮、收敛及错台的现场测试情况如图4.1-5所示。

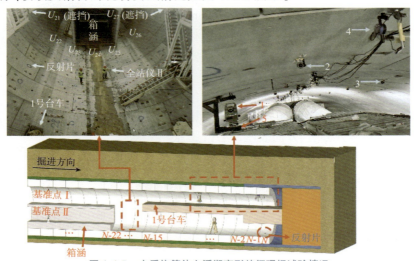

图4.1-5 大盾构管片上浮期变形特征现场试验情况
1-全站仪;2-测点U_{29};3-测点U_{28};4-错台自动采集装置;5-拱顶支架

3）管片上浮规律及机理

图4.1-6为927~934环拱顶U_9点、拱底U_5点的上浮发展规律。其中为便于分析,对上浮数据统一除以该试验段最大上浮量。分析可知,管片上浮过程可分为初始变形、快速上浮、平缓上浮、缓慢沉降四个阶段,各阶段分别对应拼装-注浆、注浆0~10h、注浆10~20h、注浆20h后四个时期。各时期管片上浮增量占比见表4.1-3。

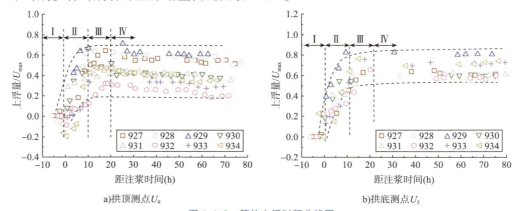

a)拱顶测点U_9　　　　　　　b)拱底测点U_5

图4.1-6 管片上浮时程曲线图

注:U_{max}为该试验段最大上浮量。

西线穿河段管片各上浮阶段的平均上浮增量占比统计表　　表4.1-3

上浮阶段名称	初始变形	快速上浮	平缓上浮	缓慢沉降
拱底上浮增量占比(%)	22	55	28	-5
拱顶上浮增量占比(%)	-1	95	22	-16

管片在初始变形阶段,管片各区域的高程变化趋势并不是一直统一的:在管片拼装完毕到开始注浆时,管片拱底高程或不变或增加,而拱顶区域则大多下降。监测结果进一步表明,无

论是拱顶区域还是拱底区域,管片靠近注浆管时均有一定的上升速率,尽管此时注浆管仍未注浆。考虑到研究区间内盾构轴线近似水平,管片在未注浆时发生的上浮与盾尾后方相邻环已经处于快速上浮阶段的管片的向上带动作用(即环缝剪切效应)有关。

进入快速上浮阶段后,距开始注浆时的 2~3h 内,盾尾注浆孔持续向管片和土层之间的间隙注入浆液,逐渐被浆液包裹的管片所受浮力逐渐增大。在浆液对管片浮托的过程中,管片的上浮量近乎线性增加。

距注浆 10~20h,管片上浮速率显著降低,直到上浮达到最大值。在这一阶段,拱底的上浮增量占比在 0~63% 之间,平均上浮增量占比为 28%,拱顶的平均上浮增量占比为 22%。这种现象与南湖路湘江隧道、武汉地铁 7 号线等工程的实测结果相似。研究表明,因土层具有一定的流变特性,随着时间的增长,管片受到的覆土压力将逐渐增大,在浆液凝结固化过程中,注浆压力逐渐消散,浆液浮力减小,同时,随着管片与盾尾距离的增加,仍处于快速上浮阶段的管片传递的竖向剪力不断衰减,浆液凝结区域的管片传递的抗浮力则逐渐增大,上述因素使得管片的上浮速率不断减小,直至停止上浮。

与上述三个阶段有所不同,距注浆 20~80h,可观察到隧道整体下沉趋势为:928 环在注浆 20~70h 之间拱顶沉降量为 5mm,929 环在 23~30h 之间拱顶沉降量为 7mm,各环拱底区域的沉降量则较小,平均沉降量仅为 2mm 左右。管片上浮后又出现下沉的现象在杭州运河盾构隧道、苏州轨道交通 S1 号线盾构隧道也有发生,由于盾尾浆液在此阶段已经固结,管片、固结浆液和附近土层已经成为一个整体,隧道将与土体一起沉降。

对本试验段所有上浮测点的上浮终值进行统计分析,以测点和拱底的竖向距离为自变量,对应的平均上浮量为因变量,进行线性拟合,结果如图 4.1-7 所示。拟合结果表明各测点上浮量与其距拱底的竖向距离近似满足一次函数关系。

管片拼装完毕时,以后方各环管片和盾尾的水平距离为横坐标,各管片在该时刻的拱底上浮量占其最终上浮量的百分比为纵坐标,得出隧道管片纵截面上浮规律,如图 4.1-8 所示。随着管片与盾尾水平距离的增加,管片纵向上浮曲线先上升,随后呈下沉趋势。因位于盾尾后方 8~10m 的管片已经普遍达到上浮终值,而管片一旦上浮将难以纠正,故应在盾尾后方 1~4 环着重控制上浮。

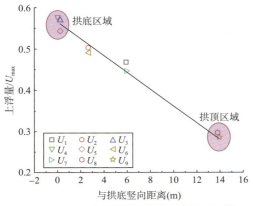

图 4.1-7 盾构隧道管片横截面上浮分布规律图

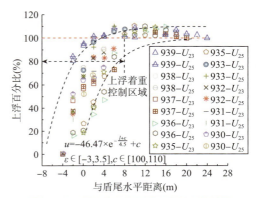

图 4.1-8 盾构隧道纵截面上浮分布规律图

u-上浮量(mm);l-与盾尾的水平距离(m)

4）管片收敛变形特征

图 4.1-9 为盾构隧道施工期管片竖向收敛变形的变化规律。由图 4.1-9 可知，绝大多数管片在脱离盾尾前已产生收敛变形，且在盾尾后方 $0.5D$（D 为盾构直径，即 15.76m，下同）之内的变形速率较大。随着管片与盾尾的距离增加，竖向收敛变形的变化规律呈指数函数形式发展，并在距盾尾 $1.6D$ 时趋于稳定。

5）管片错台特征

管片上浮可能会导致管片错台进一步发展，进而极大地影响隧道安全。本节分析了大直径盾构隧道施工期间上浮及错台平行监测结果，以探求管片错台全过程发展规律及与管片上浮的相关性，测试结果如图 4.1-10 所示。

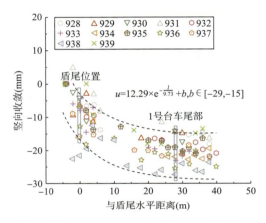 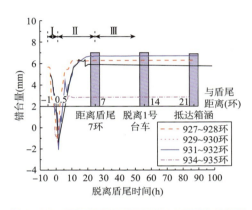

图 4.1-9　盾构隧道施工期管片竖向收敛变化规律图　　图 4.1-10　西线穿河段拱顶环缝错台量变化规律图

大直径盾构隧道管片环缝错台发展规律总体分为以下三个阶段：

（1）快速减小阶段（阶段Ⅰ：管片拼装完毕～环缝脱离盾尾 1.5h，距盾尾 -2～1m），该阶段管片错台线性递减。结合现场盾构施工步骤及上浮监测数据可知，第 N 环拼装完毕后盾构恢复掘进，此阶段第 N 环管片拱顶区域出现沉降或上浮速率较低，而第 $N-1$ 环逐渐脱离盾尾且上浮速率加快，致使环缝错台量持续减小（错台绝对值快速增加）。

（2）增长阶段（阶段Ⅱ：环缝脱离盾尾 1.5～25h，距盾尾 1～14m），总体来看该阶段管片错台发展规律类似于管片脱离盾尾后的上浮增长规律，管片脱离盾尾后环缝错台量近似呈线性增加，6～10h 后，错台增长幅度逐渐减缓。

（3）稳定阶段（阶段Ⅲ：管片脱离盾尾 25h 以后，距盾尾约 14m）。环缝错台趋于稳定，在此之后，当环缝脱离 1 号台车（管片喂片机尾部）、进入箱涵区域均不会对管片错台造成影响。

由上述分析可知，管片错台与上浮的发展规律具有一定的相似性，选取 927 环的拱顶上浮及错台平行监测结果，所有管片的拱顶、底测点 U_9 和 U_5 的上浮量终值及相应的错台量终值做进一步分析，结果分别如图 4.1-11、图 4.1-12 所示。由图可知，管片错台与上浮线性相关，当 928 环逐渐脱离盾尾并加速上浮时，错台量开始回升，此时错台和上浮百分比的增长速率几近相同。

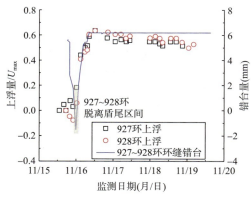

图 4.1-11 管片上浮与错台平行监测结果　　图 4.1-12 管片上浮与错台相关性

4.1.2 盾构隧道管片上浮期三维形变特征及相关室内模型

1）设计理论及原则

(1) 相似关系

本模型试验以非均布的上浮力作用下的模型隧道为分析对象,在模型隧道周围施加多点弹簧压力模拟管-土相互作用。模型设计上依据相似定理长度 L 与力 F 作为基本量纲,并考虑下列主要参数:①几何要素,包括管片内径(r)、管片外径(D)、管片厚度(t)、管片环宽(b)、螺栓长度 l_t 及螺栓直径(d);②材料性能要素,包括管片泊松比(μ_c)、管片弹性模量(E_c)、螺栓泊松比(μ_t)及螺栓弹性模量(E_t);③应变变形要素,包括管片应力(σ_c)、管片应变(ε_c)、管片环挠度(δ_c)、管片环转角(θ_c);④外荷载要素,包括集中力(F)、均布荷载(q)、弯矩(M)、等效地层弹簧刚度系数的集中劲度系数(K_t,以下简称集中劲度系数)、几何相似比(C_{lc})、弹性模量相似比(C_{Ec})。可得主要物理量的相似关系,见表 4.1-4。

主要物理量的相似关系　　表 4.1-4

相似对象	相似关系			
几何要素	$\dfrac{r_p}{r_m}=C_{lc}$	$\dfrac{D_p}{D_m}=C_{lc}$	$\dfrac{t_p}{t_m}=C_{lc}$	$\dfrac{b_p}{b_m}=C_{lc}$
材料性能要素	$\mu_{cp}=\mu_{cm}$	$\dfrac{E_{cp}}{E_{cm}}=C_{lc}$	—	—
应变变形要素	$\dfrac{\delta_{cp}}{\delta_{cm}}=C_{lc}$	$\varepsilon_{cp}=\varepsilon_{cm}$	$\theta_{cp}=\theta_{cm}$	$\dfrac{\delta_{cp}}{\delta_{cm}}=C_{lc}$
外荷载要素	$\dfrac{F_{cp}}{F_{cm}}=C_{Ec}C_{lc}^2$	$\dfrac{q_{cp}}{q_{cm}}=C_{Ec}$	$\dfrac{M_{cp}}{M_{cm}}=C_{Ec}C_{lc}^3$	$\dfrac{K_{tcp}}{K_{tcm}}=C_{Ec}C_{lc}$

注:下角标 p 表示原型;m 表示模型。

(2) 模型隧道设计

①管片设计

原型采用 9+1 模式分块,错缝拼装,混凝土强度等级为 C60,管片外径 15.2m,内径 13.9m,

壁厚 0.65m，环宽 2m。考虑试验装置、加载方式以及试验场地等条件，确定模型管片外径为 500mm，几何相似比 $C_{lc} = 30.4$。经过调研分析，最终确定模型管片材料采用高密度聚乙烯（HDPE），其弹性模量为 1.175GPa，弹性模量相似比 $C_{Ec} = 30.64$。原型管片与模型管片设计参数及相似比见表 4.1-5。

管片参数表　　　　　　　　　　　　　　表 4.1-5

管片	衬砌内径 $d(m)$	衬砌外径 $D(m)$	衬砌厚度 $t(m)$	管片宽 $L_s(m)$	管片弹性模量 $E_c(10^9 Pa)$	泊松比 μ_c	剪切模量 $G_c(GPa)$
原型	13.9	15.2	0.65	2	36.0	0.167	15.424
模型	0.457	0.500	0.0215	0.066	1.175	0.38	0.417
相似比	30.4	30.4	27.2	30.3	30.64	—	36.99

②螺栓设计

原型采用螺栓直径为 0.036m，长度为 0.55m。为了避免应力集中导致螺栓剪断，本模型试验每个环缝处选用 28 根模型螺栓，其与实际工程中隧道环缝处的螺栓数量相同，以此提高模拟精度。通过大量材料数据库搜寻与市场调研，选用 HDPE 和聚对苯二甲酸丁二醇酯（PBT）作为纵、横向螺栓材料，具体参数见表 4.1-6。

连接螺栓设计参数　　　　　　　　　　　　表 4.1-6

螺栓	纵缝		环缝	
材料	PBT	PBT	HDPE	HDPE
弹性模量（GPa）	1.93	1.93	1.175	1.175
螺栓直径（mm）	3.6	3.7	2.7	2.8
剪切刚度相似度	98.37	96.09	99.33	91.74
拉压刚度相似度	87.66	92.60	90.37	97.12

为了使两种连接方式的受力和变形性能更为接近，根据横截面面积等效原则，对模型螺栓直径进行进一步修正，最终选定 3mm 的 HDPE 螺栓与 4mm 的 PBT 螺栓。15 环模型隧道长度 0.99m、外径 0.5m、壁厚 0.0215m，模型隧道及连接如图 4.1-13 所示。

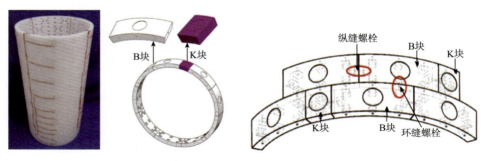

图 4.1-13　模型照片及连接示意图

（3）加载装置

为了能更好地通过模型试验反映实际工程中管片瞬时上浮时的形变特征，本试验自主设计与研发了模型管片三维加载试验系统,其主要包括围压加载装置、轴力加载装置和上浮力加载装置。该系统能模拟分析不同的顶推力、上浮力和围压共同作用下管片三维空间的力学状态。加载装置如图4.1-14～图4.1-16所示,上浮力加载装置位于模型第3环～第7环拱底。

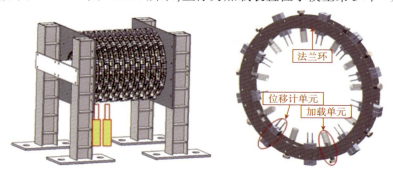

图4.1-14 围压加载

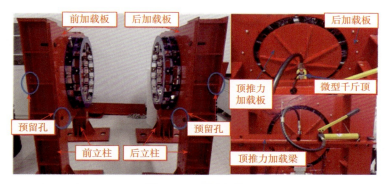

图4.1-15 轴力加载

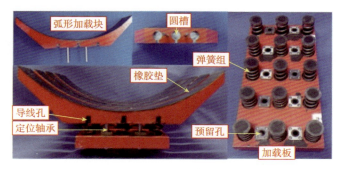

图4.1-16 上浮力加载

(4)加载设计

①横纵向受力

作用于每环管片上的上浮力分布形式与注浆压力、注浆管位置和赋存地层相关,主要包括静态上浮力和动态上浮力两种,分析模型如图4.1-17所示。

将静态上浮力与动态上浮力结合,考虑地层及浆液对衬砌的影响,建立横向上浮力分析模型,上浮期衬砌横向分析模型如图4.1-18所示。

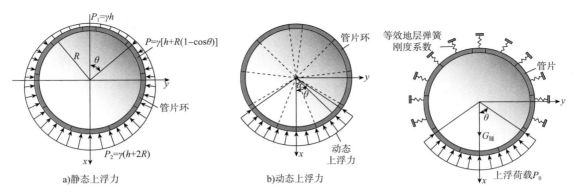

a) 静态上浮力　　　　　　　　b) 动态上浮力

图 4.1-17　动静态上浮力分析模型　　　　　图 4.1-18　施工期横向分析模型

施工期隧道结构纵向上发生弯曲或剪切变形,导致管片环间出现错台,隧道纵向变形控制是影响隧道结构安全运营的关键。结合施工期衬砌结构受力特点建立施工期纵向受力分析模型,如图 4.1-19 所示。

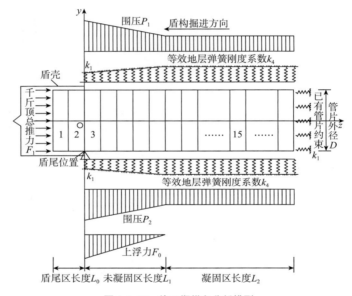

图 4.1-19　施工期纵向分析模型

②地层围压弹簧计算

本模型试验采用弹簧压缩模拟地层围压,因此计算地层弹簧刚度是精准模拟管片上围压的关键。地层弹簧刚度按式(4.1-1)计算,取未扰动土体的地层弹簧刚度值。

$$k_1 = \frac{1}{m_v D} \tag{4.1-1}$$

式中：m_v——体积压缩系数,$m_v = 1/E_0$；

D——基础宽度,对应于隧道管环外直径。

施工期管片与浆液接触,要考虑注浆层对地层弹簧刚度的影响。浆液固结后地层弹簧刚度系数计算,采用 MuirWood 的理论解析解,即：

$$k_3 = \frac{3E_0}{(1+\nu)(5-6\nu)R_c} \tag{4.1-2}$$

式中：E_0——考虑注浆层对地层影响的等效地层变形模量；
ν——泊松比；
R_c——管片环形心线半径。

$$E_0 = \frac{\left| -\dfrac{1}{D_c + 2H\tan\theta} + \dfrac{1}{D_c} \right|}{\dfrac{1}{E_{0b}}\left(-\dfrac{1}{D_c + 2H_b\tan\theta} + \dfrac{1}{D_c} \right) + \dfrac{1}{E_{0g}}\left(-\dfrac{1}{D_c + 2H_g\tan\theta} + \dfrac{1}{D_c + 2H_b\tan\theta} \right)} \tag{4.1-3}$$

式中：D_c——管片环形心线直径；
H——同步注浆影响范围，一般取 $3D$；
θ——荷载扩散角，一般取 $30°$；
E_{0b}——同步注浆层凝固后的变形模量；
H_b——同步注浆层厚度；
E_{0g}——紧邻注浆层的土体变形模量；
H_g——同步注浆影响范围内土体的厚度，即 $H = H_b + H_g$。

济南黄河隧道西线穿河段（922~942 环）覆土深度约为 30m，重度取 19kN/m³，泊松比 0.3，土体变形模量 $E_0 = 8.42$MPa，$D = 15.2$m。衬砌环形心线半径为 7.275m，衬砌环形心线直径为 14.55m，同步注浆影响范围为 30m，同步注浆层凝固后的变形模量为 15000kN/m²，同步注浆厚度为 0.28m，紧邻注浆层的土体变形模量为 8420kN/m²，同步注浆影响范围内土体的厚度取 29.72m。

计算得第 3~7 环按线性规律计算对应环的等效地层弹簧刚度系数分别为 $k_1 = 553.95$kN/m³，$k_2 = 612.87$kN/m³，$k_3 = 671.78$kN/m³，$k_4 = 730.70$kN/m³，$k_5 = 789.61$kN/m³。

第 3 环管片对应的地层弹簧刚度系数 $k_1 = 553.95$kN/m³，原型管片标准块外弧面面积 $A_B = 10.23$m²，$C_{Ec} = 30.64$，$C_{lc} = 30.4$，则原型隧道 B 型管片集中劲度系数为：

$$K_{mt1} = \frac{K_{pt1}}{C_{Ec}C_{lc}} = \frac{k_1 A_B}{C_{Ec}C_{lc}} = \frac{553.95 \times 10.23}{30.64 \times 30.4} = 6.08 (\text{kN/m})$$

第 3 环 B 块的模型加载单元弹簧参数按式（4.1-4）计算：

$$K_{mt1} = \frac{G_{sc} \times d_m^4}{8 \times N_c \times D_m^3} \tag{4.1-4}$$

式中：G_{sc}——弹簧线材的切变模量（N/mm²），取 80000；
d_m——弹簧钢丝的线径（mm）；
N_c——弹簧的有效圈数；
N——弹簧的总圈数，取 $N_c = N - 2$；
D_m——弹簧中径（mm）。

加载单元弹簧外径设计为 $D_0=26$mm，弹簧总圈数 N 取 13 圈，则弹簧有效圈数 $N_c=N-2$ 为 11 圈，所需弹簧的弹性系数 $K_{mt1}=6.08$N/mm，设所需弹簧线径为 x，以此得出最合适的弹簧线径，围压弹簧参数见表 4.1-7。

加载弹簧设计参数   表 4.1-7

弹簧种类	劲度系数（N/mm）	弹簧刚度（N/mm）	线径（mm）	外径（mm）	圈数 n	节距（mm）	长度（mm）
K1B 弹簧	6.08	6.05	3	26	13	7	87
K1K 弹簧	2.03	2.15	2.5	26	16	6.5	100
K2B 弹簧	6.71	6.66	3	26	12	7.5	85.5
K2K 弹簧	2.24	2.29	2.5	25.5	16	6.5	100
K3B 弹簧	7.34	7.39	3	26	11	8	83
K3K 弹簧	2.45	2.47	2.5	25.5	15	6.5	93.5
K4B 弹簧	7.97	7.90	3	25.5	11	8	83
K4K 弹簧	2.66	2.68	2.5	25.5	14	7	93.5
K5B 弹簧	8.6	8.32	3	26	10	9	84
K5K 弹簧	2.87	2.92	2.5	25.5	13	7.5	92.5
K5K 弹簧	2.87	2.92	2.5	25.5	13	7.5	92.5
K6B 弹簧	9.23	9.51	3	26	9	10	83
K6K 弹簧	3.08	3.01	2.5	26	12	8	90.5

③上浮加载弹簧计算

管片所受静态上浮力：

$$F_{静}=\pi R_0^2 b\gamma_{浆}=\pi\times 7.6^2\times 2\times 20.41=7407.13(\text{kN})$$

P_0 取同步注浆压力 0.7MPa 的 0.5 倍，管片外半径 $R_0=7.6$m，浆液压力区边界与重力方向夹角 $0<\theta\leqslant\pi/4$，管片所受动态上浮力：

$$F_{动}=\int_{-\theta}^{\theta}BP_0R_0\cos\alpha d\alpha=2BP_0R_0\sin\theta\left(0<\theta\leqslant\frac{\pi}{4}\right)=2\times 2\times 350\times 7.6\times\frac{\sqrt{2}}{2}=7523.61(\text{kN})$$

实际工程中脱离盾尾后第 1 环管片上浮力：

$$F_{pw1}=F_{静}+F_{动}=14930.74(\text{kN})$$

模型隧道上浮力按集中力换算，由相似关系可得模型隧道第 3 环上浮力：

$$F_{mw1}=\frac{F_{pw1}}{C_{Ec}C_{lc}^2}=\frac{14930.74}{30.64\times 30.4^2}=527.28(\text{kN})$$

沿模型隧道纵向，上浮力同样呈线性递减规律，模型隧道第 4 环至第 7 环上浮力分别为：$F_{mw2}=421.82$kN、$F_{mw3}=316.37$kN、$F_{mw4}=210.91$kN、$F_{mw5}=105.46$kN。

模型试验计算上浮力：

$$F_{\text{mw}} = F_{\text{mw1}} + F_{\text{mw2}} + F_{\text{mw3}} + F_{\text{mw4}} + F_{\text{mw5}} = 1581.84(\text{kN})$$

为满足试验加载要求,弹簧刚度应满足3倍计算上浮力(约4.5kN)加载要求,则弹簧组1~5,最大加载量分别为1.5kN、1.2kN、0.9kN、0.6kN及0.3kN。每组弹簧由3个相同规格定制弹簧组成,单个弹簧加载量分别为500N、400N、300N、200N及100N。考虑加载装置空间受限及弹簧加工难度,弹簧外径28mm,弹簧线径$x=4$mm,圈数为5,节距取9mm,则弹簧组1弹簧系数为:

$$K'_{\text{mt1}} = \frac{G_{\text{sc}} \times d_{\text{m}}^4}{8 \times N_{\text{c}} \times D_{\text{m}}^3} = \frac{80000 \times 4^4}{8 \times 3 \times (28-4)^3} = 61.73(\text{N/mm})$$

同理弹簧组2~5弹簧刚度分别为49.38N/mm、37.04N/mm、24.69N/mm及12.35N/mm。

④初始围压及加载方案

通过计算,凝固区模型K块上施加的初始力值为68.64N,模型B块上施加的初始力值为205.93N。根据浆液凝固状态,第3环至第7环所受围压从水土压力与注浆压力之和线性递减至凝固区围压力值。根据相似关系,模型初始围压见表4.1-8,加载方案见表4.1-9。

上浮力加载装置弹簧参数　　　　　　　　　　　　　表4.1-8

弹簧类别	劲度系数 (N/mm)	弹簧刚度 (N/mm)	线径 (mm)	外径 (mm)	圈数 n_1	节距 (mm)	长度 (mm)
弹簧组1	61.73	61.73	4	28	5	10	44
弹簧组2	49.38	49.31	4	27.5	6	8	44
弹簧组3	37.04	36.18	3.5	27.5	5	10	43.5
弹簧组4	24.69	25.51	3.5	28	6	8	43.5
弹簧组5	12.35	13.77	3	27.5	6	8	43

模型未凝固区初始围压荷载　　　　　　　　　　　　表4.1-9

环号	B块合力(N)	K块合力(N)
3	35.4	106.22
4	42.05	126.16
5	48.7	146.1
6	55.34	166.05
7	62	185.99

本试验加载具体步骤如下:

a. 施加纵向轴力,济南黄河隧道西线近似水平轴线段顶推力约为100000kN,根据π定理,模型试验需施加3531.54N荷载,待轴力稳定后施加围压荷载。

b. 施加围压,调试三维空间加载系统,采用分级加载(3级)的方式在装置上下左右同时拧进加载螺栓,将第1~2环及8~10环上每个弹簧加载单元处的力值加载到计算初始值,在K块(封顶快)施加初始力68.64N,B块(标准块)施加土压力205.93N。第3~7环围压由静水压力递增至凝固区初始围压,为平衡拱顶拱底围压,在顶部分级施加围压后,底部也通过千斤顶施力,以平衡第3~7环围压。

c. 围压调整平衡后,施加上浮力。上浮力采用分级加载,每级 100N 并持荷 15min,加载至模型结构破坏。

2) 测点布置

本试验布设土压力盒 152 枚(围压土压力盒 137 枚,上浮力土压力盒 15 枚),应变片 80 个(第 1 环在拱顶、拱腰和拱底区域布设,第 2~7 环在拱顶及拱腰区域布设,第 9~15 环在拱顶、拱腰及拱底区域隔环布设)。位移传感器 306 只,荷载传感器 3 只。本室内模型试验共 541 个测点,对测量元件进行分组编号(S + 环号 – 土压力盒号),如图 4.1-20~图 4.1-22 所示,其余奇数环各土压力盒、位移计位置同第 1 环,其余偶数环同第 2 环各土压力盒、位移计位置,编号原则为顺时针方向依次编号。

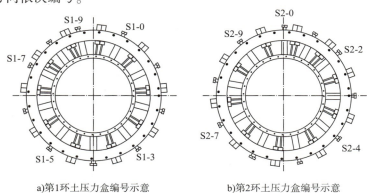

图 4.1-20　土压力盒编号示意图

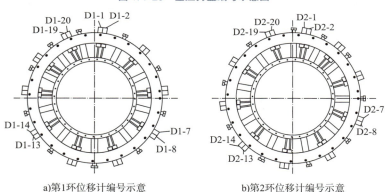

图 4.1-21　纵缝位移计编号示意图

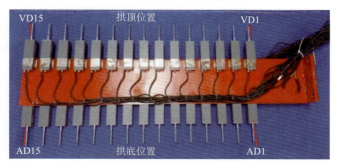

图 4.1-22　收敛位移计编号示意图

3）试验数据分析

（1）模型隧道纵向变形分析

第3~7环三角形施加上浮力过程中,伴随着上浮力的增大,管片拱底区域上浮量有所增加,分级上浮增量随之增大,如图4.1-23所示。并且管片累计上浮量纵向曲线的拐点分别在第2环和第8环,这两环紧邻加载环。从上述数据特征初步判定,管片上浮量最大值点并不是出现在最大上浮力位置。

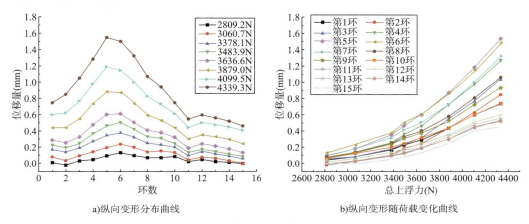

a)纵向变形分布曲线　　　　　　b)纵向变形随荷载变化曲线

图4.1-23　模型纵向变形曲线

（2）模型隧道收敛变形分析

在实际工程中多数情况下收敛变形监测要么在管片环脱离配套台车后进行,要么在竣工验收时进行,而这两个时间节点已然错过了对管片最不利力学状态的判断时机。故而,本次模型试验对收敛变形量进行了详细分析。图4.1-24给出了整个加载过程中各环管片收敛变形量的变化曲线。可以看出,随着上浮力的增加,管片的收敛变形近似成线性增加。第12环之后收敛量逐渐趋于0,证实了盾尾后10环区间内受上浮力影响较大,施工过程中应尤其注意该区间内管片环的变形状态。

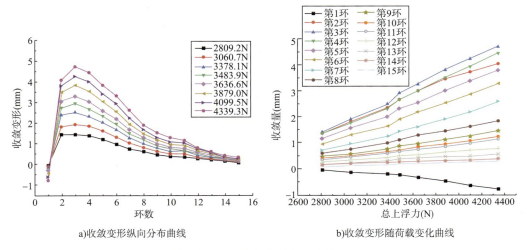

a)收敛变形纵向分布曲线　　　　　　b)收敛变形随荷载变化曲线

图4.1-24　模型收敛变形纵向分布曲线

(3)模型隧道环缝错台量分析

如图4.1-25所示,伴随着管片上浮量增加,环缝错台量近似呈线性增加。拱顶和拱底同一环缝错台量的分级增幅量完全不同,并且错台量最大值点出现的位置也不同。在拱底上浮力加载初期,各环间拱顶处错台量差异不大,但随着上浮力逐渐增大,拱顶环缝错台量的峰值点位置不断变化。拱底环缝错台量要明显大于拱顶处错台量,并且呈"M"形分布。从中可以判断,实际工程中,很难通过拱顶的环缝错台监测来准确推算拱底的环缝错台。

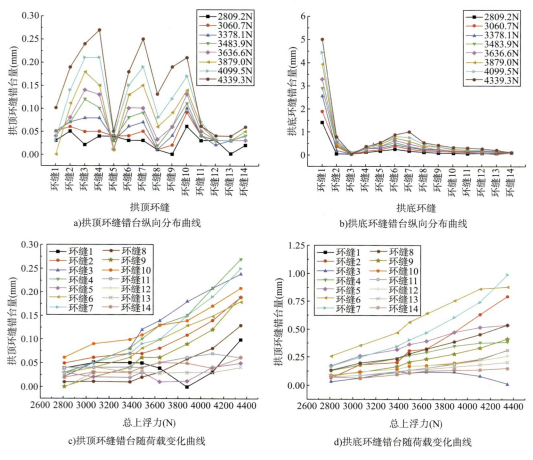

图4.1-25 环缝错台量变形曲线

(4)模型隧道纵缝错台量分析

模型隧道纵缝错台量曲线如图4.1-26所示,第3~7环下部配有上浮加载装置,并未安装位移计,因此此处环缝错台数据缺失。第1~2环及8~15环,随着荷载的增加,部分环缝错台增量规律明显。第10环的纵缝错台量为第9环及第11环的3~4倍,可能是由第10环拱顶环缝错台(环缝10)与拱底环缝错台差异量导致。第11~15环纵缝变化较小,状态稳定。

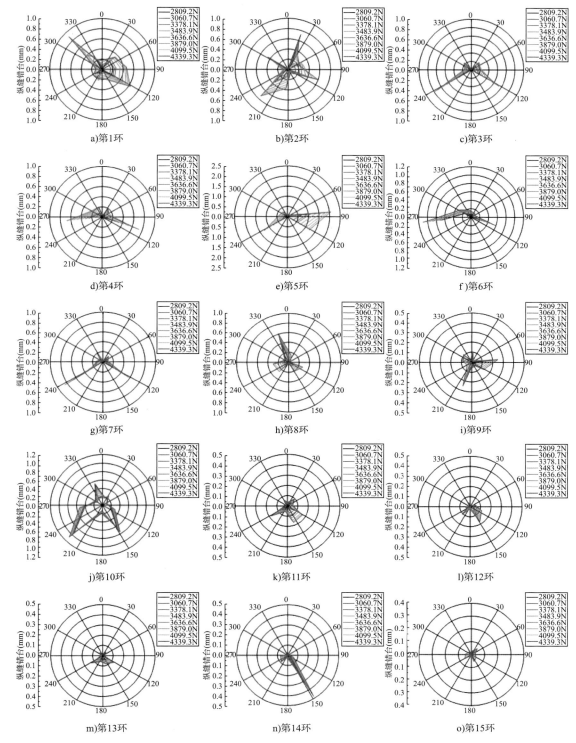

图 4.1-26 纵缝错台量变形曲线

4.1.3 管片上浮期环缝力学特性足尺试验

与传统隧道环形凹凸榫相比，分布式凹凸榫在环缝发生错台时，每个凹凸榫均能产生两个点接触或面接触，承受不同方向的剪切力，抑制错台变形。为探究分布式凹凸榫、斜螺栓环缝在管片上浮过程中的抗剪性能，设计了管片足尺试验，揭示了大盾构环缝接头剪切变形规律及螺栓应变变化规律，并提出了大盾构施工期管片错台控制阈值，为大盾构施工期管片质量管控和现场保护提供参考。

1）环缝接头剪切试验设计

（1）环缝接头剪切试验装置设计

本接头剪切试验考虑加载条件及管片体量等因素选择三段式足尺试件，试验装置及试件如图 4.1-27 所示。水平方向上，水平加载梁由双道工字钢焊接制成，两水平加载梁与拉筋构成自反力系统；在加载端，水平加载梁与垫块间设置两台水平千斤顶，两水平千斤顶间距 500mm，为管片试件提供水平轴力；垫块由钢板焊接并在内部浇筑混凝土而成，有较大刚度。竖直方向上，门架由螺栓紧固在底座上，拆卸灵活，便于试件吊装；底部垫梁由型钢加工制成，其与管片试件接触位置焊接方形垫块，减小试件着力点。

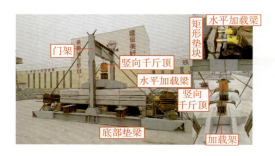 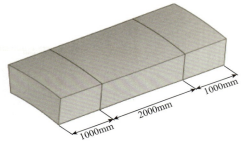

图 4.1-27 试验装置及试件图片

图 4.1-28 试验装置图片

加载梁如图 4.1-28 所示，其中两线性荷载加载梁可沿主梁移动，将竖向荷载均分为试件轴向两侧分布的线性荷载，满足不同加载要求。竖向门架搭配千斤顶设备提供管片试件的竖向剪切力，本试验装置可满足不同纵向轴力和径向剪切力的施加。

（2）监测布点与方法

本试验量测项目包括管片环缝错台量、管片位移和螺栓应变。环缝错台测点布置在管片外弧面环缝处，布置方法如图 4.1-29 所示，每处环缝设置 3 个，测量环缝不同位置的错台量差异，采用数显式百分表自动采集。管片位移测点设置在块 1 及块 3 内弧面端部，采集端部位移量，以验证两端块是否发生偏转。

螺栓应变通过在螺杆上开槽粘贴应变片的方式进行量测，槽尺寸为 6mm×3mm，测点采用 120-3AA 型应变片测量。考虑根据螺栓孔构造及螺栓塑性铰可能出现的位置，在螺杆对应环缝面喇叭口附近密贴 6 个应变片，上下各 3 个，单根螺栓共 8 个测点，应变片粘贴位置如

图 4.1-30 所示。环缝 1、环缝 2 连接螺栓编号分别为 1 号螺栓、2 号螺栓。环缝 1 和环缝 2 位置螺栓测点编号分别为 1-1~1-8 和 2-1~2-8,编号原则为两条引线槽从螺纹段向螺栓头段依次编号螺栓 1~4、5~8,图 4.1-30 中虚线所指为螺栓背面位置。

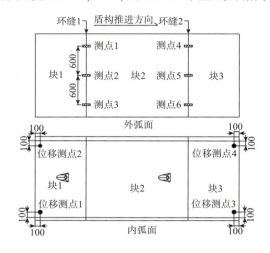

图 4.1-29 测点布置方法

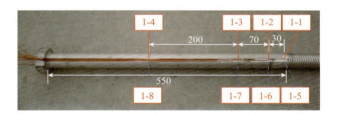

图 4.1-30 螺栓上应变监测点位置示意图(尺寸单位:mm)

(3)接头试验装置加载

接头剪切试验加载如图 4.1-31 所示,试验管片拼装时,需预先通过水平千斤顶对管片施加轴向力,环缝闭合,再用盾构气动扳手连接环缝螺栓,使螺栓达到预紧力,过程中未见管片损伤。加载架线荷载间距设为 800mm,为块 2 外弧面提供两条线性均布荷载,其中一条线荷载位于凹凸榫正上方。底部垫梁置于距两环缝 200mm 的块 1 和块 3 下方,为管片试件提供支反力。轴力加载点位于距试件外弧面中轴线位置 450mm 位置,平衡环缝处弯矩,减小块 1 及块 3 转动量,使环缝接头处于纯剪切状态。

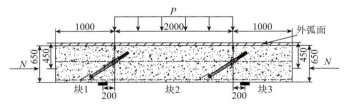

图 4.1-31 环缝接头剪切加载示意(尺寸单位:mm)

(4)试验加载方案

试件经吊装、装置拼装调试后开始加载,试验采用分级加载,加载时程曲线如图 4.1-32 所示。加载过程中为能更加细致观察接头滑动以及破坏形态,根据摩擦系数统计(表 4.1-10)将加载量进行了调整,加载方案为:

①导入水平轴力,两水平千斤顶同时分级加载,每级 100kN 缓慢加载,单级加载完毕后持荷 15min 再加载下一级;

②导入竖向力,在 0~300kN 区间,分 6 级,每级 50kN 缓慢加载,单级加载完毕后持荷 15min 再加载下一级;

③在 300~600kN 区间,竖向力加载改为 25kN/级,单级加载完毕后持荷 15min;

④在 600~1000kN 区间,竖向力加载改为 50kN/级;

⑤1000kN 后,竖向力加载量为 25kN/级。

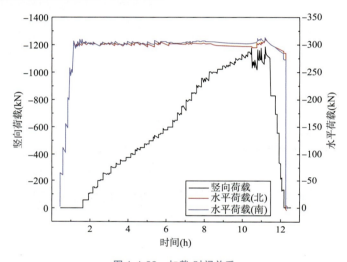

图 4.1-32 加载-时间关系

摩擦系数统计　　　　　　　　　　表 4.1-10

参考文献序号	传力衬垫	静摩擦系数	接头性能
25	无	0.5	纵缝剪切
26	无	0.61~0.7	环缝剪切
27	无	0.3	环缝剪切
28	无	0.5	纵缝剪切
29	无	0.6	环缝剪切
30	无	0.4	纵缝剪切
31	无	0.68	环缝剪切

2)环缝错台量与管片位移

试验过程中,错台量及管片位移曲线如图 4.1-33 所示。加载初期(0~200kN),两环缝错台量几乎不变。随着竖向荷载增加,环缝面产生滑动,环缝凹凸榫先接触,承担部分剪力,而螺栓的抗剪强度较弱,导致无榫侧错台(测点1及测点4)增量高于有榫侧(测点3和测点6)。竖向荷载达1175kN后,无法继续持荷加载,错台快速发展,直至产生较大错台而破坏。管片位移测点在加载前中期,小于2mm,说明块1和块3与纵向轴线方向存在微小倾角,倾斜量较小,表明环缝位置凹凸榫的贴合较严密。竖向荷载达峰值后,管片两端位移快速减小。加载过程中管片外轮廓和手孔位置混凝土均无裂缝开展。

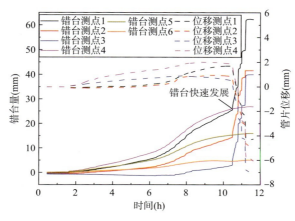

图 4.1-33　错台量及管片位移曲线

3)环缝错台量与剪轴比

错台量随剪轴比的变化关系如图4.1-34所示,曲线可划分为4个阶段。图4.1-34a)中,第1阶段,错台量发展缓慢,静摩擦力起控制作用,剪轴比为0~0.17;第2阶段,错台量随剪轴比的增大近乎线性增长,测点3出现略微负增长,表明此位置块2略高于块1,剪轴比为0.17~0.67。由于螺栓预紧力及预埋螺母的锚固作用,此时螺栓的螺母端可视为固定支座,螺母端视为沿螺栓轴向施加拉拔力的定向支座。此阶段依靠螺栓自身强度和凹凸榫共同抗剪,螺栓与螺栓孔间仍存在间隙;第3阶段,曲线斜率改变,环缝1凹凸榫及螺栓位置错台发展均加快,剪轴比为0.67~0.98,凹凸榫产生接触点且接触点不断滑移或混凝土逐步碎裂,进而发展成接触面,此阶段凹凸榫最大位移量由4.87mm发展至12mm;第4阶段,在剪轴比达0.98后,凹凸榫位置错台量突增,破坏有一定突发性,此时凹凸榫最大位移量由12mm增至41.91mm。过程中,除第4阶段外,各阶段错台占比分别为2.2%、31.2%及66.6%,其中,测点2(螺栓位置)在第2阶段至第3阶段错台的增幅为213.2%。

图4.1-34b)中,第1阶段与环缝1相同,由静摩擦力控制,剪轴比为0~0.17;第2阶段,各测点错台量随剪轴比增大呈线性增长,剪轴比为0.17~0.88,此阶段依靠螺栓自身强度和凹凸榫共同抗剪。测点2错台小于测点5,主要原因是拼装初始错台量的影响;第3阶段,测点6(凹凸榫位置)错台量随剪轴比增大有一定减小,测点5错台量曲线斜率减小,剪轴比为0.88~0.98;第4阶段,在剪轴比达0.98后,由于环缝1错台量持续增大,无法持荷,环缝2位置错台几乎不再变化,无法进一步定量分析各阶段错台增量。由上述分析可知,盾尾上浮或二次注浆工况下,螺栓逆剪侧错台量较顺剪侧更大,更易引起渗漏水。且设有分布式凹凸榫的衬砌结构,往往是凹凸榫先承受较大剪力,当榫面产生滑移或破损后螺栓承担剪力将逐步增大。

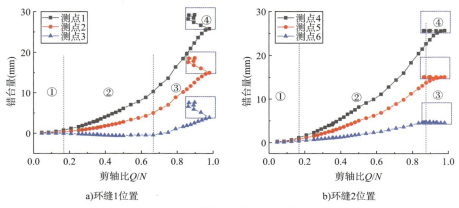

图 4.1-34 错台量-剪轴比关系曲线图

环缝1(逆剪)受剪过程如图 4.1-35 所示,受剪期间凹凸榫的接触状态首先为点接触,随着剪力增大,混凝土脱落,再发展为面接触,最终接触面滑移溃裂,凹凸榫失效。

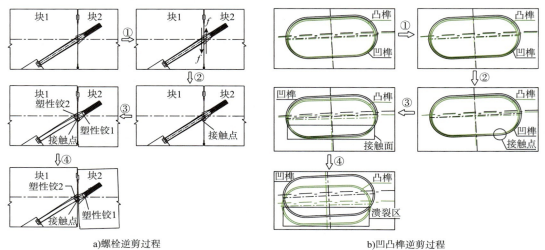

图 4.1-35 凹凸榫和螺栓受剪过程示意图
f-摩擦力

4) 纵向螺栓应变与剪轴比

螺栓应变变化如图 4.1-36 所示。图 4.1-36a) 中,应变数据 1-3、1-7 呈现明显对称性,表明螺栓逆向剪切时测点 1-3、1-7 位置更接近螺栓塑性区。螺栓应变分 3 个阶段,第 1 阶段应变呈降低趋势,表明在螺栓逆向剪切时,静摩擦阶段螺栓预紧力有所松弛,剪轴比 0~0.31;第 2 阶段,螺栓应变呈递增趋势,螺栓孔与螺栓的间隙慢慢闭合,但规律不明显,剪轴比为 0.31~0.67;第 3 阶段,螺栓应变迅速增大,各测点应变对称性明显,螺栓发生塑性变形,剪轴比为 0.67~0.98。螺栓逆剪时产生的塑性变形易使凹凸榫产生滑移,降低环缝接头抗剪能力。图 4.1-36b) 中,两侧测点数值较为接近。第 1 阶段螺栓应变增长缓慢,剪轴比为 0~0.08;第 2 阶段,螺栓应变随剪轴比增大呈线性增长,剪轴比为 0.08~0.88;第 3 阶段,螺栓应变随剪轴比增大近乎维持不变,剪轴比为 0.88~0.98。顺剪时螺栓受拉效果明显,不易发生塑性变形,环缝接头凹凸榫不易滑脱,抗剪效果强于螺栓逆剪情况。

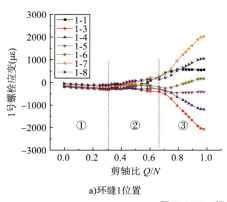 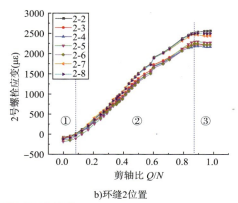

a) 环缝1位置　　　　　　　　　　b) 环缝2位置

图 4.1-36　螺栓应变-剪轴比关系

根据图 4.1-37 中螺栓应变片位置信息，应变增量较快的位置易形成塑性铰，说明上述环缝错台现象的描述较为合理。

5) 剪轴比分析

环缝错台-剪轴比关系与螺栓应变-剪轴比关系各阶段剪轴比参数见表 4.1-11。在第 1 阶段中，螺栓逆剪时螺栓应变略微降低，相较于环缝位置的剪轴比阈值也有所增大，螺栓受拉时机有所延后。顺剪时螺栓应变在剪轴比为 0.08 时就开始呈正比增长，说明顺剪时，螺栓受拉将提前，这与环缝构造有关。第 2 阶段与第 3 阶段，各螺栓应变阈值与环缝错台阈值一致，表明接头受力阶段较为合理。以此将环缝剪切划分为 4 个阶段：摩擦阶段（剪轴比 0~0.17）、间隙闭合阶段（螺栓顺剪，剪轴比 0.17~0.88；螺栓逆剪，剪轴比 0.17~0.67）、强化阶段（螺栓顺剪，剪轴比 0.88~破坏；螺栓逆剪，剪轴比 0.67~0.98）及破坏阶段（螺栓逆减，剪轴比 0.98~破坏）。

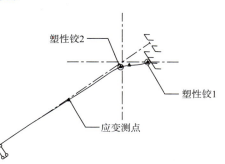

图 4.1-37　螺栓变形简图

各阶段剪轴比汇总　　　　　　　　表 4.1-11

阶段	环缝1	环缝2	1号螺栓	2号螺栓
摩擦阶段	0~0.17	0~0.17	0~0.31	0~0.08
间隙闭合阶段	0.17~0.67	0.17~0.88	0.31~0.67	0.08~0.88
强化阶段	0.67~0.98	0.88~0.98	0.67~0.98	0.88~破坏
破坏阶段	0.98~破坏	0.98~破坏	0.98~破坏	破坏

4.2　大直径盾构隧道管片上浮关联要素分析

大量现场实践表明，即便是在相同浆液、相似地层条件下，管片环与环之间的上浮稳定值也有着较大不同，显然管片上浮是多种因素共同作用的结果。因此，明确管片上浮与盾构施工要素的相关性，并提出大直径盾构施工关键性控制参数，对于管片上浮的控制具有重要意义。

4.2.1 盾构隧道管片上浮信息调研与统计分析

本节对国内18个地区各工程中的盾尾管片上浮量(共56组实测数据)进行了统计分析,见表4.2-1,统计范围集中在北京、广州、宁波、成都等地区,其中大直径盾构隧道($D>10\mathrm{m}$)工程案例占案例总量的25%,其余为中小直径盾构隧道($6\mathrm{m}<D\leqslant10\mathrm{m}$)。

管片上浮量　　　　　　　　　　　　　　　　表4.2-1

序号	地区	工程名称	管片外径(m)	范围(环)	上浮区间(mm)	平均上浮(mm)	穿越土层
1	珠海	马骝洲交通隧道	14.5	20~40	[56,80]	68.6	淤泥、黏土
				211~220	[16,41]	29.7	
2	上海	上海翔殷路北线隧道	11.58	10~70	[60,150]	90.3	灰色黏质粉土、灰色淤泥质粉质黏土、灰色淤泥质黏土、灰色黏土
3	长沙	南湖路湘江隧道	11.3	北线	[-8,106.26]	—	强~中风化砾岩
			11.3	北线250环			
			11.3	南线	[-6.37,20.47]	—	
4	衡阳	合江套隧道工程南线	11.30	—	[35,50]	—	中风化粉砂质泥岩
					[15,30]	30	强风化粉砂质泥岩
5	武汉	武汉长江隧道	11	488~504	[11.5,30]	22.5	淤泥质黏土、粉细砂、中粗砂、卵石、上软下硬复合地层
				543~568	[43,46.6]	45	
6	广州	狮子洋隧道	10.80	511~547	[62,88]	70	—
				550~598	[14.80,19.6]	16.7	
7	北京	北京轨道交通新机场线右线	8.8	323~381	[70,110]	—	粉细砂②₃、圆砾②₅、中粗砂④₃、卵石⑤、黏土③₂
		北京轨道交通新机场线左线		320~390	[27.8,135]	102.7	
				410~450	[5.96,27.15]	41.42	
8	—	某工程平行双洞	6.7	10~335	[42,130]	79.8	Ⅳ类强风化围岩占75.5%,Ⅴ类中风化围岩占24.5%
9	武汉	武汉轨道交通2号线大舒东路站—秀湖站	6.35	260~269	[32.5,78.7]	55.86	灰岩和泥质条带灰岩
				271~282	[10.8,41.8]	25.53	
10	北京	北京地铁10号线	6.25	46~55	[80,105]	—	—

续上表

序号	地区	工程名称	管片外径（m）	范围（环）	上浮区间（mm）	平均上浮（mm）	穿越土层
11	成都	成都地铁6号线	6.28	496~505	[62,108]	85.6	中风化泥岩
12	郑州	郑州轨道交通1号线	6.28	128~145	[61,130]	96.7	—
13	宁波	宁波双线盾构隧道甲试验段	6.2	200~321	[24,55.7]	—	粉砂、粉质黏土夹粉砂
13	宁波	宁波双线盾构隧道乙试验段	6.2	235~280	[67.5,78]	—	淤泥、淤泥质黏土
14	宁波	宁波地铁1号线	6.2	41~50	[54,67]	—	—
15	杭州	某地铁隧道	6.2	425~520	[47.85,166]	100.88	—
16	上海	上海地铁7号线	6.2	0~50	[29,82]	59	灰色淤泥质粉质黏土、灰色黏土粉土、灰色淤泥质黏土、砂质粉土层
17	南京	南京轨道交通4号线	6.2	6~55	[11,70]	—	淤泥质粉质黏土、粉质黏土夹粉土
17	南京	南京轨道交通4号线	6.2	72~180	[34.7,66.3]	44.7	淤泥质粉质黏土、粉质黏土夹粉土
17	南京	南京轨道交通4号线	6.2	180~310	[5.2,31.3]	17.2	淤泥质粉质黏土、粉质黏土夹粉土
18	乌鲁木齐	乌鲁木齐地铁1号线	6.20	75~190	[41,113]	78.70	无水砂卵石
18	乌鲁木齐	乌鲁木齐地铁1号线	6.20	左线215~306	[19.4,68.8]	45.1	无水砂卵石
18	乌鲁木齐	乌鲁木齐地铁1号线	6.20	右线280~366	[-6,91]	48.9	无水砂卵石
19	北京	北京市轨道交通大兴线	6	83~115	[2,110]	60	粉质黏土、粉土、粉细砂
20	北京	北京地铁15号线右线	6	572~581	[84,89]	85.5	富水砂卵石
20	北京	北京地铁15号线右线	6	1000~1009	[61,73]	65.6	富水砂卵石
21	广州	广州轨道交通3号线	6	388~402	[9,104]	55	—
22	广州	广州轨道交通4号线右线	6	186~235	[15.4,137]	91.66	残积土层，强风化粉砂岩，微风化砂岩
22	广州	广州轨道交通4号线右线	6	236~281	[-6.8,61.14]	32.05	残积土层，强风化粉砂岩，微风化砂岩
22	广州	广州轨道交通4号线右线	6	300~350	[14,81.5]	55.3	—
23	广州	广州轨道交通4号线左线	6	350~500	[-10,35]	14.87	—

续上表

序号	地区	工程名称	管片外径（m）	范围（环）	上浮区间（mm）	平均上浮（mm）	穿越土层
24	广州	广州地铁14号线	6	309~337	[79,153]	117.05	中风化砂砾岩、微风化砂砾岩
				362~389	[34,56]	44.5	
25	长沙	长沙轨道交通5号线	6	58~65	[75,93]	82	强风化泥质粉砂岩、中风化泥质粉砂岩
26	南宁	南宁地铁左线	6	1~295	[-10,113]	42	粉砂-圆砾
				296~380	[5,39]	23	砂层
				381-616	[10,107]	50	泥岩粉砂质泥岩
				381~486	[10,107]	45	
				481-616	—	55	
				617-746	[0,67]	44	粉质黏土
		南宁地铁右线		1~283	[-20,84]	52	粉砂-圆砾
				284~370	[-20,29]	10	砂层
				371~600	[20,73]	35	泥岩粉砂质泥岩
				371~480	—	38	
				480~600		32	
				601~739	[-10,80]	37	粉质黏土
27	成都	成都地铁2号线	—	—	[70,90]	—	砂卵石地层
28	成都	成都地铁5号线	6	51~60	[36,60]	48	强风化泥岩、中风化泥岩
29	沈阳	沈阳地铁10号线	6	200~306	[2.5,57.5]	29.46	黏土
30	大连	大连地铁1号线	—	春光街~香工街	110(max)	—	全风化、中风化辉绿岩和中风化钙质板岩
31	长春	长春地铁Brl-06标	6	左线391~407	[53,88]	70.59	强风化泥岩，全风化泥岩
				右线376~392	[61,91]	74.71	

1）盾构穿越土层对管片上浮量的影响

为了更为鲜明地反映出盾构所穿越土层对管片上浮的影响，根据土层性质、组成分为单一土层和复合地层。图4.2-1中上浮量平均值指的是各文献中管片上浮量平均值。各地层中管片产生上浮程度依次为：全风化及中风化辉绿岩、中风化钙质板岩复合地层＞砂岩、砂砾岩复合地层＞富水砂卵石＞淤泥质黏土＞风化泥岩＞残积土层、强风化砂砾岩、微风化砂岩复合地层＞粉质黏土、粉土、粉细砂复合地层＞无水砂卵石＞粉砂、圆砾复合地层＞泥岩＞淤泥、粉砂、粉质黏土夹粉砂复合地层＞黏土＞淤泥质黏土、粉质黏土夹粉土复合地层＞砂层。

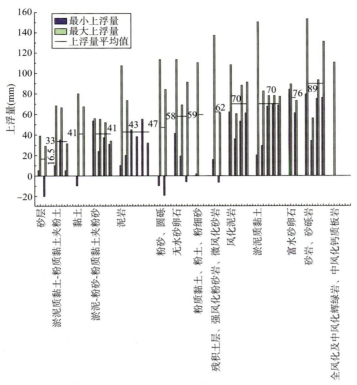

图 4.2-1 单一和复合土层中管片上浮量统计

在硬岩地层中,掘进时由于盾尾处的同步注浆与前方掌子面间存在一定的压力差,造成同步注浆浆液前窜;在有裂隙水的情况下,特别是在下坡段掘进时,往往会导致浆液前窜现象加剧,而靠近盾尾一定范围内的间隙长时间得不到有效填充,进而造成管片上浮。经验表明,泥水盾构在岩层中(如泥质粉砂岩地层)掘进时易遇到的刀盘结泥饼等难题,将造成刀盘破损、掉落等现象,为了改善这种情况必须停机修复,来回地开、停机也会增加管片上浮量。

在富水砂卵石地层中,部分管片上浮量较大(平均值达76mm),但其并不能代表该土层的全部上浮特性,根据杨延栋(2015)分析,如此大的管片上浮量不仅与地质条件有关,在掘进过程中上、下纵坡分别高达±38%,也是重要影响因素。

在淤泥质黏地层中,管片上浮量也较高(平均值达70mm)。初步推断,该土层渗透性差和土体强度低,在同步注浆压力的作用下,当管片产生上浮时,拱顶处土体抗力小,导致上浮量相比其他土层更大。

在粉砂-圆砾地层中,舒瑶(2017)结合实际施工现状作了说明,在粉砂-圆砾段各项施工参数均处于"试错"阶段,施工质量不佳,以致局部环段出现较大上浮。且盾构隧道穿越上部粉砂、下部圆砾地层,掘进施工超挖环数较多,使隧道上覆松散土层结构进一步破坏,导致地层对隧道约束力下降,致使隧道产生较大上浮。另外该段隧道下卧层为泥岩,泥岩遇水膨胀也会使管片上浮量增加。

在泥岩地层中,因泥岩遇水膨胀软化,并表现出强黏性,其极易黏附于盾壳外壁而使盾构背土量增加,当盾构掘进时易导致超挖,而超挖会使盾尾后方周围土体与管片之间的间隙增大,进而使盾尾管片上浮量增大。

在淤泥-粉砂-粉质黏土夹粉砂复合地层、粉质黏土、淤泥质粉质黏土-粉质黏土夹粉砂复合地层中,管片上浮量相差不大。

在干砂层地层中,砂层段孔隙率大,脱出盾尾的管片周围浆液凝固时间短,浆液压力消散快,浆液压力对管片作用力减小。

2)注浆量对管片上浮量的影响

图 4.2-2 分别给出了宁波地铁隧道(6m)、长春地铁隧道(6m)、武汉长江隧道(10m)、狮子洋隧道(10.8m)等工程实例中施工期管片上浮与同步注浆量的关系。分析可知,在盾构直径 D 小于 6m 的隧道中,注浆量增长时,管片上浮区间波动较大,规律性并不明显,其中对于工程实例 11,同步注浆量的相对增大的情况下,管片上浮区间也有着增加趋势,但其穿越土层属硬岩地层,本身上浮风险较大,注浆量的增大对管片上浮的促进或控制作用并不能体现出来。当盾构直径增至 10m 以上时,随着注浆量的不断增大,上浮区间有缩短趋势。

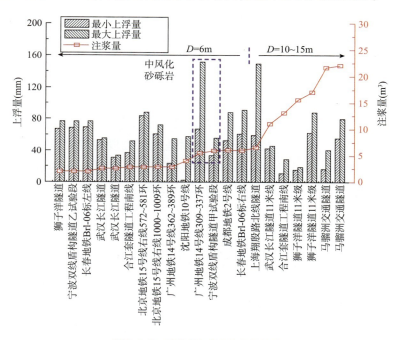

图 4.2-2　注浆量与管片上浮量关系

3)注浆压力对管片上浮量的影响

由图 4.2-3 可知,实际工程中往往从隧道拱顶到拱底,注浆压力逐步增大,这一定程度上会引起管片上浮,但影响效果并不显著。以宁波地铁及南宁地铁隧道工程为例,当同步注浆压力为 0.245MPa 时,管片最大上浮量为 67mm;当同步注浆压力增至 0.285MPa 时,管片上浮量达到 78mm。初步判断,随着注浆压力的逐渐增大,最大上浮量先增大后减小,表明管片上浮与注浆压力有关,但影响不显著。

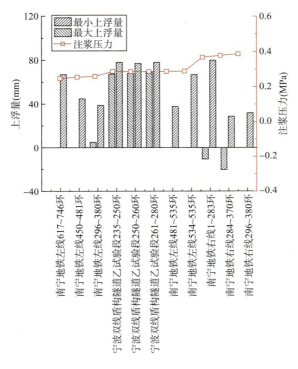

图 4.2-3 注浆压力与上浮量之间的关系

在此定义注浆压力差为拱顶和拱底注浆压力之差,即 $\Delta F = F_上 - F_下$。式中,ΔF 为注浆压力差;$F_上$ 为上部注浆压力;$F_下$ 为下部注浆压力。

如图 4.2-4 所示,对于宁波地铁隧道,当上下注浆压力差稍微增大时,管片上浮量并未明显变化,但当注浆压力差骤增至 0.3MPa 时,管片平均上浮值骤降至 30mm;南宁地铁隧道也出现了相似规律。表明随着同步注浆压力差增加,管片上浮随之减小。

4) 隧道埋深对上浮量的影响

如图 4.2-5 所示,各实际工程中隧道埋深介于 10~20m 之间,管片上浮量介于 -20~150mm 之间。对于南宁地铁隧道,左右线隧道埋深为 11m 时,管片最大上浮量为 113mm;当隧道埋深增至 13~14m 时,管片最大上浮量为 107mm,降幅约 29mm。宁波地铁隧道、南京 4 号线隧道,随着埋深增加,管片上浮阈值随之降低。表明隧道埋深与管片上浮量近似成反比关系。

5) 掘进速度对管片上浮量的影响

如图 4.2-6 所示,南湖路湘江隧道、武汉长江隧道,盾构掘进速度与管片上浮量成正比关系,而宁波地铁隧道这种特征并不显著,目前仍无法推断盾构隧道掘进速度与盾尾管片上浮量的关系。

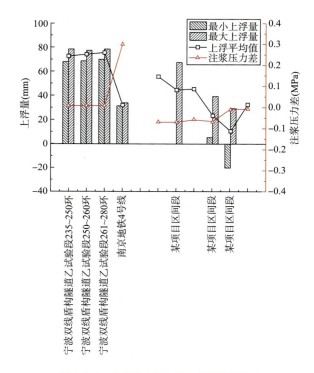

图 4.2-4　注浆压力差与管片上浮量的关系

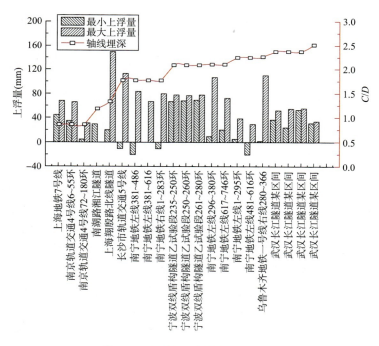

图 4.2-5　隧道埋深与管片上浮量关系

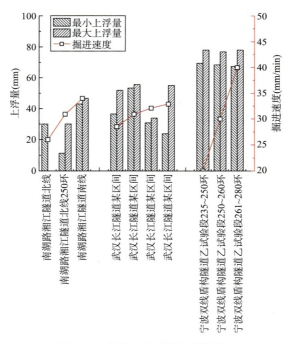

图 4.2-6 掘进速度对管片上浮的影响

6) 千斤顶推力竖向分力对管片上浮量的影响

目前有关此方面的研究非常少,宁波地铁隧道部分区段数据表明:当千斤顶推力的竖向分力平均值为 386kN 时,对应施工期管片上浮量平均值为 45.7mm;当千斤顶推力的竖向分力平均值为 123kN 时,对应施工期管片上浮量平均值为 30.5mm;当千斤顶推力的竖向分力平均值减小 260kN 时,对应施工期管片上浮量降幅为 15mm。以此,初步判断千斤顶推力的竖向分力与管片上浮量具有正相关关系,但该结论仍需要根据更多工程进行验证。

4.2.2 盾构隧道管片上浮关联要素分析

1) 施工要素选取

在诸多盾构掘进参数中,管片脱离盾尾前的上浮空间与管片盾尾内部间隙有关,管片脱离盾尾后的上浮空间与刀盘对土层是否超挖、欠挖有关,具体涉及刀盘扭矩、刀盘压力,以及出进泥浆量等参数。盾构施工参数也可通过影响管片受力进而影响管片上浮,例如在富水地层中,若盾尾注浆量过少,浆液不能充分填充管片背后间隙,与地下水混合后的浆液凝结时间将有所延长,使得浆液未凝固区域增加,掘进速度增大时同样会产生类似的不利条件。而注浆压力增大使得管片所受浮力增大,也会增大管片上浮风险。

本节以济南黄河隧道东线全线上浮实测数据为基础,选取埋径比(隧道轴线埋深 H 和直径 D 的比值)、顶部盾尾间隙(管片拼装完毕后测得的管片外弧面与盾壳内弧面的垂直间隙)、注浆量、注浆压力、注浆压力差、掘进速度、千斤顶推力差、刀盘扭矩、刀盘压力、出进浆量差、泥水压力共计 11 项施工要素,分析其与管片上浮的关联性,以期揭示管片上浮关联要素。

2）灰色关联分析模型

灰色关联分析方法可用来分析和确定系统因素间影响程度或因素对系统主行为的贡献度，核心思想是根据对几种曲线几何关系的比较来分析系统中多因素间的关联程度，曲线越接近，相应序列之间的关联程度越大，反之越小。该方法能够确定各影响因素的影响权重，研究结论能够较好地指导工程实际，广泛地应用于岩土工程等领域。具体步骤包括选取参考序列和比较序列、参数标准化处理、计算关联系数以及灰色关联度。

(1) 确定评价对象和评价指标的序列矩阵

选取 m 个上浮监测数据对应的 n 个影响因素加以分析，则比较序列矩阵 X 和参考矩阵 Y 可分别表示为：

$$X = \begin{bmatrix} X_1 \\ X_2 \\ \vdots \\ X_m \end{bmatrix} = \begin{bmatrix} x_{11} & x_{12} & \cdots & x_{1n} \\ x_{21} & x_{22} & \cdots & x_{2n} \\ \vdots & \vdots & \ddots & \vdots \\ x_{m1} & x_{m2} & \cdots & x_{mn} \end{bmatrix} \tag{4.2-1}$$

$$Y = \begin{bmatrix} Y_1 \\ Y_2 \\ \vdots \\ Y_m \end{bmatrix} = \begin{bmatrix} y_{11} & y_{12} & \cdots & y_{1n} \\ y_{21} & y_{22} & \cdots & y_{2n} \\ \vdots & \vdots & \ddots & \vdots \\ y_{m1} & y_{m2} & \cdots & y_{mn} \end{bmatrix} \tag{4.2-2}$$

当评价对象只有一种时，$y_{i1} = y_{ij}(1 \leq i \leq m, 1 \leq j \leq n)$。

(2) 影响因素指标的正逆向确认及无量纲化处理

当数据指标属正向指标时，采用极差变化方法处理，当数据属于逆向指标时，首先将逆向指标通过倒数法转化为正向指标，再采用极差法对数据进行标准化处理。极差变化处理方法见式(4.2-3)和式(4.2-4)。

$$x'_{ij} = \frac{x_{ij} - \min\limits_{1 \leq i \leq m} x_{ij}}{\max\limits_{1 \leq i \leq m} x_{ij} - \min\limits_{1 \leq i \leq m} x_{ij}} \quad (1 \leq i \leq m, 1 \leq j \leq n) \tag{4.2-3}$$

$$y'_{ij} = \frac{y_{ij} - \min\limits_{1 \leq i \leq m} y_{ij}}{\max\limits_{1 \leq i \leq m} y_{ij} - \min\limits_{1 \leq i \leq m} y_{ij}} \quad (1 \leq i \leq m, 1 \leq j \leq n) \tag{4.2-4}$$

(3) 计算灰色关联系数

求差序列 $\Delta_{0i}(k)$，计算 K 时刻参考序列和比较序列绝对差值 $\Delta_{0i}(k)$：

$$\Delta_{0i}(k) = |X_0(k) - X_i(k)| \quad (1 \leq i \leq m, 1 \leq j \leq n) \tag{4.2-5}$$

求差序列 $\Delta_{0i}(k)$ 中二级最大差 M 与最小差 m：

$$M = \max_i \max_k \Delta_i(k) \tag{4.2-6}$$

$$m = \min_i \min_k \Delta_i(k) \tag{4.2-7}$$

计算关联系数：

$$\xi_i(k) = \frac{m + \xi M}{\Delta_{0i}(k) + \xi M} \tag{4.2-8}$$

式中:ξ——分辨系数,$\xi \in (0,1)$,一般取0.5。

(4)计算关联度及影响因素权重分析

关联度γ_i计算方式如下:

$$\gamma_i = \frac{\sum_{k=1}^{m}\xi_i(k)}{k} \tag{4.2-9}$$

3)管片上浮与施工要素相关性

结合盾构施工期管片受力特性分析可知,埋径比、注浆量属逆向指标,其余指标均属正向指标。因盾构在下坡段、平坡段、穿河段、上坡段施工期间,管片受力特点和工程地质水文条件有所差别,如图4.2-7所示,在此分别展开分析计算。首先对逆向指标进行倒数化处理,采用极差变化法对所有数据进行无量纲化,应用灰色关联分析方法,各研究区间的计算结果见表4.2-2。

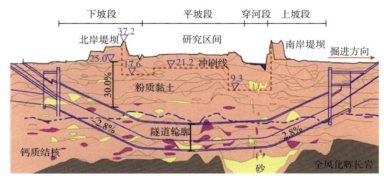

图4.2-7 济南黄河隧道区段划分(高程单位:m)

施工参数与管片上浮的灰色关联度　　　　　　表4.2-2

盾构参数	关联度			
	下坡段	平坡段	穿河段	上坡段
顶部盾尾间隙 x_1	0.78578	0.75852	0.64229	0.61894
埋径比 x_2	0.68559	0.75134	0.66315	0.73008
注浆量 x_3	0.68593	0.66007	0.66352	0.61699
注浆压力 x_4	0.66546	0.75065	0.60795	0.60900
注浆压力差 x_5	0.71339	0.76855	0.64072	0.58936
掘进速度 x_6	0.67439	0.67801	0.66346	0.72109
千斤顶推力差 x_7	0.71007	0.67784	0.60705	0.62437
刀盘扭矩 x_8	0.68896	0.66988	0.75429	0.63116
刀盘压力 x_9	0.64432	0.64058	0.73959	0.54830
出进浆量差 x_{10}	0.62668	0.71837	0.64619	—
泥水压力 x_{11}	0.62995	0.74185	0.61457	0.54376

计算结果表明,盾构在下坡段、平坡段、穿河段、上坡段施工期间,管片上浮关联要素分别为顶部盾尾间隙、注浆压力差、千斤顶推力差;注浆压力差、顶部盾尾间隙、埋径比;刀盘扭矩、

刀盘压力、注浆量;埋径比、掘进速度、刀盘扭矩。对四个研究区段内各施工关键性参数的影响权重取平均值,得到的影响权重由大到小依次为埋径比、顶部盾尾间隙、刀盘扭矩、掘进速度、注浆压力差、出进泥浆量差、注浆压力、注浆量、千斤顶推力差、刀盘压力、泥水压力。

4.3 大直径盾构隧道管片上浮预测技术

为了准确预测管片上浮量,降低盾构施工过程中引发的安全风险,本节基于现场试验和浆液环向充填模型,融入修正纵向等效连续化刚度理论和双面弹性地基梁理论,首次建立了台车质量、同步浆液特性、管土相互作用、动静态上浮力、管片形变特征、施工步叠加效应等因素耦合作用下大盾构管片上浮计算模型。该项成果在济南黄河隧道得到了成功应用,可为后续穿江越河盾构隧道上浮量的预测提供参考。

4.3.1 管片上浮预测模型构建

1)管片纵向上浮预测模型

以双面弹性地基梁理论为基础,沿纵向通过节点 0~3 将隧道分为梁段①~③,如图 4.3-1 所示。各区间的刚度分别为 $E_i I_i (i=1,2,3)$,上、下地层抗力系数分别为 k_{i1}、$k_{i2}(i=1,2,3)$。将盾尾内部长度为 x_1 的管片视为梁段①,假定节点 0 处为一链杆约束。梁段②用于模拟浆液未凝固区域,将作用在该区间的上浮力假定为三角形分布荷载,并假定基床系数线性增加,且计算时取该区间的基床系数平均值。梁段③用于模拟浆液凝固区域,其末端视为自由端。

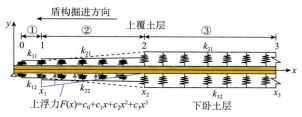

图 4.3-1 盾构隧道纵向上浮计算分析模型

盾构隧道施工为一动态过程,盾构设备每向前推进一环,近似线性变化的上浮荷载、地基基床系数也将随之前移一环,由此可进一步建立考虑盾构隧道动态施工影响下的隧道管片上浮模型。

2)计算参数选取

①纵向等效抗弯刚度

修正纵向等效连续化模型能体现横向刚度对纵向刚度的影响,计算方式为:

$$(EI)_{eq} = E_c I_c \frac{(S_1 + \varphi S_2) l_s}{\Phi l_b l_c + (l_s - \Phi l_b)(S_1 + \psi S_2)} \quad (4.3\text{-}1)$$

$$\psi = \frac{1}{1 + E_c A_c / (n_1 E_b A_b)} \quad (4.3\text{-}2)$$

式中:E_c——混凝土弹性模量(MPa);

I_c——隧道管片横截面惯性矩(m^4);

l_s——相邻两衬砌中心线之间的长度(一般取管片幅宽)(m);

l_b——螺栓长度(m);

Φ——环缝长度影响系数(一般取1);

E_b——螺栓平均线刚度($kN \cdot m^2$);

A_b——螺栓横截面面积(m^2);

n_1——环间纵向连接螺栓的数量;

φ——中性轴与竖向轴线夹角(°);

$S_1 \ S_2$——修正系数,与 $\varphi \ a \ b$ 有关,a 和 b 分别为隧道管片发生收敛变形后的长半轴和短半轴。

②等效地层抗力系数

盾尾内部的等效地层抗力系数 k_1 可由下式计算:

$$k_1 = \frac{1}{m_v D} \tag{4.3-3}$$

式中:m_v——体积压缩系数,$m_v = 1/E_0$;

E_0——地层变形模量(MPa)。

浆液凝固区段的等效地层抗力系数 k_3,可由 Muir Wood 理论解求得:

$$k_3 = \frac{3E_0}{(1+\nu)(5-6\nu)R_c} \tag{4.3-4}$$

$$E_0 = \frac{\left| -\frac{1}{D_c + 2H\tan\theta} + \frac{1}{D_c} \right|}{\frac{1}{E_{0b}}\left(-\frac{1}{D_c + 2H_b\tan\theta} + \frac{1}{D_c}\right) + \frac{1}{E_{0g}}\left(-\frac{1}{D_c + 2H_g\tan\theta} + \frac{1}{D_c + 2H_b\tan\theta}\right)} \tag{4.3-5}$$

式中:R_c——隧道形心线半径(m);

D_c——隧道形心线直径(m);

ν——泊松比;

E_0——等效地层变形模量(MPa);

E_{0b}——注浆层的变形模量(MPa);

E_{0g}——地层变形模量(MPa);

H_b——注浆层厚度(m);

H——注浆浆液的影响范围(m);

H_g——影响范围内地层的厚度(m);

θ——荷载扩散角度(°),一般取值30°。

目前对于浆液未凝固区段的等效地层抗力系数 k_2,主要有两种计算思路:自盾尾后方首环直至浆液凝固区域,等效地层抗力系数由0增至 k_3,将浆液未凝固区域的等效地层抗力系数统一取值为 k_3 的一半;浆液未凝固区域的等效地层抗力系数由 k_1 线性递增至 k_3,本书在应用该计算思路时近似将该区域的等效地层抗力系数取值为 k_1 和 k_3 的平均值。后续将通过实例分析的方式进一步比较两种计算方式的适用性。

③管片上浮力和抗浮力

管片被浆液包裹时,单位长度管片所受浆液浮力为:

$$F_j = \pi R^2 \rho_1 g \tag{4.3-6}$$

式中:R——管片外径(m);

ρ_1——注浆浆液和地下水混合密度(kg/m^3)。

假定浆液为宾汉姆流体,浆液环向充填后的竖向合力 F_{d1} 计算如下:

$$\begin{cases} F_{d1} = \sum_{i=1}^{n_2} \int_{\alpha_{i,i-1}}^{\alpha_{i,i+1}} - P_i(\alpha) \cos\alpha R d\alpha \\ P_i(\alpha) = P_i + \gamma R(\cos\alpha_i - \cos\alpha) \pm A(\alpha_i - \alpha) \end{cases} \tag{4.3-7}$$

式中: n_2——注浆孔数量;

i——注浆孔孔号,$1 \leq i \leq n$;

$\alpha_{i,i-1}$ 和 $\alpha_{i,i+1}$——第 i 注浆孔和第 $i-1$、$i+1$ 注浆孔所注浆液相遇处,即压力相等位置(°);

α——浆液扩散角度(°);

$P_i(\alpha)$——第 i 个注浆孔的所注浆液在角度为 α 的压力(MPa);

γ——浆液重度(kN/m^3);

α_i——第 i 个注浆孔与竖向轴正方向的夹角(°);

R——管片外径(m);

A——常数,与浆液特性有关。

浆液在隧道管片下方集聚所形成的分布力为最不利动态上浮力,计算方式为:

$$F_{d2} = \int_{-\theta}^{\theta} PR\cos\beta d\beta = 2PR\sin\theta \tag{4.3-8}$$

式中:θ——浆液分布区域边界和竖向的夹角,考虑最不利情况取 $\pi/2$;

β——与 x 轴的夹角(°);

R——管片外径(m);

P——平均注浆压力(MPa)。

抗浮力主要来自管片自重 F_{g1} 和盾构车架等设备重量 F_{g2}。综上,盾尾管片受到的最小竖向力 $F_{\min} = F_j + F_{d1} - F_{g1} - F_{g2}$,最大竖向力 $F_{\max} = F_j + F_{d2} - F_{g1} - F_{g2}$。

4.3.2 管片上浮预测模型求解

1)预测模型解析式

在荷载 $F(x) = c_0 + c_1 x + c_2 x^2 + c_3 x^3$ 的作用下,双面弹性地基梁的微分方程通解可表示为:

$$u_i = e^{\lambda_i x}[b_{i1}\cos(\lambda_i x) + b_{i2}\sin(\lambda_i x)] + e^{-\lambda_i x}[b_{i3}\cos(\lambda_i x) + b_{i4}\sin(\lambda_i x)] + \frac{c_0 + c_1 x + c_2 x^2 + c_3 x^3}{K_{i1} + K_{i2}} \tag{4.3-9}$$

式中:u_i——第 i 梁段的上浮量(mm);

i——梁段编号,$i = 1, 2$;

$b_{i1} \sim b_{i4}$——待定系数；

K_{i1}、K_{i2}——各梁段上、下地层的基床系数(kN/m^2)。

将上浮力假定为线性荷载代入式，可得：

$$u_2 = e^{\lambda_2 x}[b_{21}\cos(\lambda_2 x) + b_{22}\sin(\lambda_2 x)] + e^{-\lambda x}[b_{23}\cos(\lambda_2 x) + b_{24}\sin(\lambda_2 x)] + \frac{c_0 + c_1 x}{K_{21} + K_{22}} \tag{4.3-10}$$

令 $F(x) = 0$，可得梁段①、③的变形理论解：

$$u_1 = e^{\lambda_1 x}[b_{11}\cos(\lambda_2 x) + b_{12}\sin(\lambda_1 x)] + e^{-\lambda_1 x}[b_{13}\cos(\lambda_1 x) + b_{14}\sin(\lambda_1 x)] \tag{4.3-11}$$

$$u_3 = e^{\lambda_3 x}[b_{31}\cos(\lambda_3 x) + b_{32}\sin(\lambda_3 x)] + e^{-\lambda_3 x}[b_{33}\cos(\lambda_3 x) + b_{34}\sin(\lambda_3 x)] \tag{4.3-12}$$

2) 协调方程和边界条件

① 协调方程

各梁段间节点的变形、转角、弯矩和剪力具有连续性，得协调方程如下：

$$\begin{cases} u_{i,j} = u_{(i+1),j} \\ \dfrac{du_{i,j}}{dx} = \dfrac{du_{(i+1),j}}{dx} \\ E_i I_i \dfrac{d^2 u_{i,j}}{dx^2} = E_{i+1} I_{i+1} \dfrac{d^2 u_{(i+1),j}}{dx^2} \\ E_i I_i \dfrac{d^3 u_{i,j}}{dx^3} = E_{i+1} I_{i+1} \dfrac{d^3 u_{(i+1),j}}{dx^3} \end{cases} \tag{4.3-13}$$

式中：i——梁单元号，$i = 1,2,3$；

j——梁节点号，$j = 0,1,2,3$；

$u_{i,j}$——第 i 段梁、第 j 节点的变形量；

$E_i I_i$——第 i 段梁截面的抗弯刚度。

对式(4.3-10) ~ 式(4.3-12) 分别求 1 ~ 3 阶导数，令 $\varepsilon_{i,j} = e^{\lambda_i x_j}\cos(\lambda_i x_j)$，$\eta_{i,j} = e^{\lambda_i x_j}\sin(\lambda_i x_j)$，$\kappa_{i,j} = e^{-\lambda_i x_j}\cos(\lambda_i x_j)$，$\hbar_{i,j} = e^{-\lambda_i x_j}\sin(\lambda_i x_j)$，可得：

$$\begin{cases} \varepsilon'_{i,j} = \lambda_i e^{\lambda_i x_j}[\cos(\lambda_i x_j) - \sin(\lambda_i x_j)] \\ \varepsilon''_{i,j} = -2\lambda_i^2 e^{\lambda_i x_j}\sin(\lambda_i x_j) \\ \varepsilon'''_{i,j} = -2\lambda_i^3 e^{\lambda_i x_j}[\cos(\lambda_i x_j) + \sin(\lambda_i x_j)] \end{cases} \tag{4.3-14}$$

$$\begin{cases} \eta'_{i,j} = \lambda_i e^{\lambda_i x_j}[\cos(\lambda_i x_j) + \sin(\lambda_i x_j)] \\ \eta''_{i,j} = 2\lambda_i^2 e^{\lambda_i x_j}\cos(\lambda_i x_j) \\ \eta'''_{i,j} = 2\lambda_i^3 e^{\lambda_i x_j}[\cos(\lambda_i x_j) - \sin(\lambda_i x_j)] \end{cases} \tag{4.3-15}$$

$$\begin{cases} \kappa'_{i,j} = -\lambda_i e^{-\lambda_i x_j}[\cos(\lambda_i x_j) + \sin(\lambda_i x_j)] \\ \kappa''_{i,j} = 2\lambda_i^2 e^{-\lambda_i x_j}\sin(\lambda_i x_j) \\ \kappa'''_{i,j} = 2\lambda_i^3 e^{-\lambda_i x_j}[\cos(\lambda_i x_j) - \sin(\lambda_i x_j)] \end{cases} \quad (4.3\text{-}16)$$

$$\begin{cases} \hbar'_{i,j} = -\lambda_i e^{-\lambda_i x_j}[\sin(\lambda_i x_j) - \cos(\lambda_i x_j)] \\ \hbar''_{i,j} = -2\lambda_i^2 e^{-\lambda_i x_j}\cos(\lambda_i x_j) \\ \hbar'''_{i,j} = 2\lambda_i^3 e^{-\lambda_i x_j}[\cos(\lambda_i x_j) + \sin(\lambda_i x_j)] \end{cases} \quad (4.3\text{-}17)$$

将式(4.3-14)~式(4.3-17)代入到协调方程可得:

$$\begin{bmatrix} \varepsilon_{1,1} & \varepsilon'_{1,1} & E_1 I_1 \varepsilon''_{1,1} & E_1 I_1 \varepsilon'''_{1,1} \\ \eta_{1,1} & \eta'_{1,1} & E_1 I_1 \eta''_{1,1} & E_1 I_1 \eta'''_{1,1} \\ \kappa_{1,1} & \kappa'_{1,1} & E_1 I_1 \kappa''_{1,1} & E_1 I_1 \kappa'''_{1,1} \\ \hbar_{1,1} & \hbar'_{1,1} & E_1 I_1 \hbar''_{1,1} & E_1 I_1 \hbar'''_{1,1} \\ -\varepsilon_{2,1} & -\varepsilon'_{2,1} & -E_2 I_2 \varepsilon''_{2,1} & -E_2 I_2 \varepsilon'''_{2,1} \\ -\eta_{2,1} & -\eta'_{2,1} & -E_2 I_2 \eta''_{2,1} & -E_2 I_2 \eta'''_{2,1} \\ -\kappa_{2,1} & -\kappa'_{2,1} & -E_2 I_2 \kappa''_{2,1} & -E_2 I_2 \kappa'''_{2,1} \\ -\hbar_{2,1} & -\hbar'_{2,1} & -E_2 I_2 \hbar''_{2,1} & -E_2 I_2 \hbar'''_{2,1} \end{bmatrix}^\mathrm{T} \begin{bmatrix} b_{11} \\ b_{12} \\ b_{13} \\ b_{14} \\ b_{21} \\ b_{22} \\ b_{23} \\ b_{24} \end{bmatrix} = \begin{Bmatrix} (c_0 + c_1 x)/(K_{21} + K_{22}) \\ c_1/(K_{21} + K_{22}) \\ 0 \\ 0 \end{Bmatrix}$$

(4.3-18)

$$\begin{bmatrix} -\varepsilon_{2,2} & -\varepsilon'_{2,2} & -E_2 I_2 \varepsilon''_{2,2} & -E_2 I_2 \varepsilon'''_{2,2} \\ -\eta_{2,2} & -\eta'_{2,2} & -E_2 I_2 \eta''_{2,2} & -E_2 I_2 \eta'''_{2,2} \\ -\kappa_{2,2} & -\kappa'_{2,2} & -E_2 I_2 \kappa''_{2,2} & -E_2 I_2 \kappa'''_{2,2} \\ -\hbar_{2,2} & -\hbar'_{2,2} & -E_2 I_2 \hbar''_{2,2} & -E_2 I_2 \hbar'''_{2,2} \\ \varepsilon_{3,2} & \varepsilon'_{3,2} & E_3 I_3 \varepsilon''_{3,2} & E_3 I_3 \varepsilon'''_{3,2} \\ \eta_{3,2} & \eta'_{3,2} & E_3 I_3 \eta''_{3,2} & E_3 I_3 \eta'''_{3,2} \\ \kappa_{3,2} & \kappa'_{3,2} & E_3 I_3 \kappa''_{3,2} & E_3 I_3 \kappa'''_{3,2} \\ \hbar_{3,2} & \hbar'_{3,2} & E_3 I_3 \hbar''_{3,2} & E_3 I_3 \hbar'''_{3,2} \end{bmatrix}^\mathrm{T} \begin{bmatrix} b_{21} \\ b_{22} \\ b_{23} \\ b_{24} \\ b_{31} \\ b_{32} \\ b_{33} \\ b_{34} \end{bmatrix} = \begin{Bmatrix} (c_0 + c_1 x)/(K_{21} + K_{22}) \\ c_1/(K_{21} + K_{22}) \\ 0 \\ 0 \end{Bmatrix}$$

(4.3-19)

② 边界条件

梁的左侧为一链杆约束,梁的右侧为一自由端,则节点0、3处边界条件分别如式(4.3-20)和式(4.3-21)所示:

$$\begin{bmatrix} \varepsilon_{1,0} & \eta_{1,0} & \kappa_{1,0} & \hbar_{1,0} \\ \varepsilon'''_{1,0} & \eta'''_{1,0} & \kappa'''_{1,0} & \hbar'''_{1,0} \end{bmatrix} \begin{bmatrix} b_{11} \\ b_{12} \\ b_{13} \\ b_{14} \end{bmatrix} = \begin{Bmatrix} 0 \\ 0 \end{Bmatrix} \quad (4.3\text{-}20)$$

$$\begin{bmatrix} \varepsilon''_{3,3} & \eta''_{3,3} & \kappa''_{3,3} & \hbar''_{3,3} \\ \varepsilon'''_{3,3} & \eta'''_{3,3} & \kappa'''_{3,3} & \hbar'''_{3,3} \end{bmatrix} \begin{Bmatrix} b_{31} \\ b_{32} \\ b_{33} \\ b_{34} \end{Bmatrix} = \begin{Bmatrix} 0 \\ 0 \end{Bmatrix} \quad (4.3\text{-}21)$$

③模型求解

联立式(4.3-18)~式(4.3-21),可得一个用 $\varepsilon_{i,j}$、$\eta_{i,j}$、$\kappa_{i,j}$、$\hbar_{i,j}$ 及其 1~3 阶导数表示,并含有 12 个未知量的方程组:

$$\begin{bmatrix} A_{1,0} & & & \\ A_{1,1} & A_{2,1} & & \\ & A_{2,2} & A_{3,2} & \\ & & & A_{3,3} \end{bmatrix} \{B\} = \{C\} \quad (4.3\text{-}22)$$

式中: $\{B\} = \begin{bmatrix} b_{11} & b_{12} & b_{13} & b_{14} & b_{21} & b_{22} & b_{23} & b_{24} & b_{31} & b_{32} & b_{33} & b_{34} \end{bmatrix}^T$;

$\{C\} = \begin{bmatrix} 0 & 0 & \dfrac{c_0+c_1 x}{K_{21}+K_{22}} & \dfrac{c_1}{K_{21}+K_{22}} & 0 & 0 & \dfrac{c_0+c_1 x}{K_{21}+K_{22}} & \dfrac{c_1}{K_{21}+K_{22}} & 0 & 0 & 0 & 0 \end{bmatrix}^T$;

$[A_{1,0}] = \begin{bmatrix} \varepsilon_{1,0} & \eta_{1,0} & \kappa_{1,0} & \hbar_{1,0} \\ \varepsilon'''_{1,0} & \eta'''_{1,0} & \kappa'''_{1,0} & \hbar'''_{1,0} \end{bmatrix}$;

$[A_{1,1}] = \begin{bmatrix} \varepsilon_{1,1} & \eta_{1,1} & \kappa_{1,1} & \hbar_{1,1} \\ \varepsilon'_{1,1} & \eta'_{1,1} & \kappa'_{1,1} & \hbar'_{1,1} \\ E_1 I_1 \varepsilon''_{1,1} & E_1 I_1 \eta''_{1,1} & E_1 I_1 \kappa''_{1,1} & E_1 I_1 \hbar''_{1,1} \\ E_1 I_1 \varepsilon'''_{1,1} & E_1 I_1 \eta'''_{1,1} & E_1 I_1 \kappa'''_{1,1} & E_1 I_1 \hbar'''_{1,1} \end{bmatrix}$;

$[A_{2,1}] = \begin{bmatrix} -\varepsilon_{2,1} & -\eta_{2,1} & -\kappa_{2,1} & -\hbar_{2,1} \\ -\varepsilon'_{2,1} & -\eta'_{2,1} & -\kappa'_{2,1} & -\hbar'_{2,1} \\ -E_2 I_2 \varepsilon''_{2,1} & -E_2 I_2 \eta''_{2,1} & -E_2 I_2 \kappa''_{2,1} & -E_2 I_2 \hbar''_{2,1} \\ -E_2 I_2 \varepsilon'''_{2,1} & -E_2 I_2 \eta'''_{2,1} & -E_2 I_2 \kappa'''_{2,1} & -E_2 I_2 \hbar'''_{2,1} \end{bmatrix}$;

$[A_{3,2}] = \begin{bmatrix} \varepsilon_{3,2} & \eta_{3,2} & \kappa_{3,2} & \hbar_{3,2} \\ \varepsilon'_{3,2} & \eta'_{3,2} & \kappa'_{3,2} & \hbar'_{3,2} \\ E_3 I_3 \varepsilon''_{3,2} & E_3 I_3 \eta''_{3,2} & E_3 I_3 \kappa''_{3,2} & E_3 I_3 \hbar''_{3,2} \\ E_3 I_3 \varepsilon'''_{3,2} & E_3 I_3 \eta'''_{3,2} & E_3 I_3 \kappa'''_{3,2} & E_3 I_3 \hbar'''_{3,2} \end{bmatrix}$;

$[A_{3,3}] = \begin{bmatrix} \varepsilon''_{3,3} & \eta''_{3,3} & \kappa''_{3,3} & \hbar''_{3,3} \\ \varepsilon'''_{3,3} & \eta'''_{3,3} & \kappa'''_{3,3} & \hbar'''_{3,3} \end{bmatrix}$。

将相关参数代入式(4.3-22)可求解得 12 个待定系数。将所求得的系数代入式(4.3-10)~式(4.3-12),即可得到单个施工步荷载产生的各梁段上浮量理论解。各施工荷载下产生总的管片上浮量,可通过总量法计算。

4.3.3 工程实例分析

根据工程参数代入上述公式,得到两种浆液未凝固区域地层抗力系数下的上浮量,将实测值与计算结果对比,如图 4.3-2 与图 4.3-3 所示。对于浆液未凝固区域等效地层抗力系数的两种计算思路,比较而言,第二种计算方法(即将浆液未凝固区域的等效地层抗力系数视为 k_1 和 k_3 的平均值)适用性更好,由此本书所建预测模型中该项内容的计算方式得以明确。考虑实际施工期间的复杂条件,可认为本书计算结果与管片实际上浮情况吻合度较高。

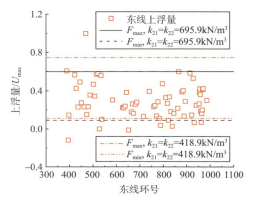

图 4.3-2　东线管片上浮量和预测结果对比图　　图 4.3-3　西线管片上浮量和预测结果对比图

4.4　大盾构管片上浮期变形控制技术及应用效果评价

在上述研究的基础上,从管片上浮预测、空间形变监测、先期预防及过程控制的角度,综合提出大盾构隧道管片上浮稳定控制技术。

4.4.1　大盾构管片上浮期变形控制技术

1)管片上浮预测

首先通过对工程地质环境调研,根据经验或拟设定的盾构施工参数,预测盾构掘进过程中管片的上浮量,将预测结果作为后续施工方案的确定依据。

2)管片上浮空间形变跟踪监测

针对管片上浮过程中的空间形变跟踪监测,提出以下建议措施:

①管片上浮和收敛监测需要同步进行,并且在管片拼装完成时就应采集初值,初值采集两次,间隔时间不超过 1h,过程中应确保测点不会发生移动。拱顶监测仅能用于推算上浮量,不能用于推算错台量。

②黄河河床区段,管片脱离盾尾 10h,应提高管片上浮的监测频率,管片脱离车架后上浮量监测可以停止。而对于爬坡段,建议管片上浮监测时间可根据具体情况适当延长,一般管片脱离盾尾 30~40h 后,管片上浮监测频率可以减小,而管片脱离盾尾 2~3d 后基本可以停止测量。

③实际工程中管片上浮量、收敛变形量、环缝错台量应同步监测,且以拱底监测为主。采用全站仪监测方法,监测精度很难保证,建议采用自动化监测。

3)先期预防

基于主动防控的思想,在盾构施工前应对管片上浮加以预控,结合本书分析结果,提出以下预控措施。

①调整浆液配比

根据室内浆液配比试验分析结果和现场浆液配比试验应用效果,考虑将浆液配合比调整为水泥:粉煤灰:膨润土:减水剂:中砂:水 = $130kg/m^3$: $220kg/m^3$: $80kg/m^3$: $10.8kg/m^3$: $950kg/m^3$: $350kg/m^3$。

②改善衬砌结构设计参数

通过增加钢筋混凝土管片和连接螺栓尺寸、钢筋和连接螺栓的数量,提高混凝土抗拉和抗压强度、钢筋和连接螺栓抗拉强度,合理设置连接螺栓孔和凹凸榫,可以提高连接缝的抗剪刚度,进而提升盾构隧道管片的抗浮性能。

③提高盾尾刚度

通过提高盾尾刚度,可直接降低管片在盾尾内部的上浮量,通过环缝剪切效应,可进一步约束盾尾后方管片,使得管片上浮风险降低。

④环缝焊接钢板

为提高管片的整体刚度,可在管片上浮风险较高区间焊接钢板,其中,钢板焊接须在管片拼装完毕时立即开展。

⑤地层加固

在接收段等地层失稳风险较大区段,对周围土体进行加固后隧道上覆土重度和强度会增加,一定程度上能够抑制管片上浮。

4)过程控制

本书确定了盾构不同工况下的管片上浮施工要素,即不同工况下盾构施工关键性控制参数。盾构施工过程中可根据表4.4-1中的盾构施工关键性控制参数设置相应掘进参数,根据前文分析结论,提出以下措施建议:

不同区段盾构施工关键性控制参数 表4.4-1

区段	下坡段	平坡段	穿河段	上坡段
关键性控制参数	盾尾间隙、注浆压力差、千斤顶推力差	注浆压力差、盾尾间隙、埋径比	刀盘扭矩、刀盘压力、注浆量	埋径比、掘进速度、刀盘扭矩

①施工中应尽量避免超挖,增加进出浆量差,开挖面刀盘与土的接触压力,保持刀盘扭矩不变,减小上下断面千斤顶推力压力差和同步注浆压力差,适当延长施工用时,降低掘进速度更有利于减小管片上浮量。建议在平坡段掘进时掘进速度低于15mm/min,在上、下坡段掘进时建议低于10mm/min。

②地层加固、环块间焊接钢板、降低同步注浆压力、调整浆液配比、延长施工用时、二次注浆对减小管片上浮是有效的,而相比较而言,在拱顶区域适当增加注浆量,同时降低拱底处注浆压力和注浆量对控制上浮更为有效。

③利用二次注浆控制管片上浮时,建议多次少量注浆;采用双液注浆时,先注拱顶,再注拱腰,最后注拱底。

④同步单液注浆时,为了防止堵管,建议在管片脱离盾尾约0.4m内注膨润土,然后注惰性浆液,在管片完全脱离盾尾时再注入膨润土。同步注浆时需要根据上浮监测数据情况判断

各注浆孔的注浆顺序,如果先脱离盾尾的管片上浮增量大,建议同步注浆先从拱顶开始,然后是拱腰,最后是拱底;如果脱离盾尾的管片上浮增量小,可以考虑各孔同步注浆。管片上浮时,适当调低注浆压力,但是要保证注浆压力要大于刀盘测试压力0.1~0.2MPa,拱顶压力大于拱底压力。

⑤建议稍微使盾构机处于"仰头"状态,可有效控制上浮;此外,尽量保证各环盾尾间隙均匀分布。

⑥施工中错台阈值12mm建议作为控制指标(凹凸榫点接触相较于面接触更为不利),当超过此值时,应采取措施减小环间错台量。

⑦在易产生上浮的地层,建议在脱离盾尾4环内,增加连接螺栓预紧力、加钢板、增加管片宽度。

⑧接收段管片上浮控制工法:

a. 选择塑性混凝土连续墙、全方位高压喷射桩(MJS)桩、搅拌桩对接收段25环~30环土层进行联合加固;搅拌桩加固措施,对接收段最后10环采用 $\phi 850mm@600mm$ 搅拌桩加固方法,范围为双线隧道四周(包括左右和上下)5m;MJS加固措施,采用 $\phi 1500mm@900mm$ 的MJS桩作为临近接收井处的加固方案,共59根MJS桩均为全断面360°旋喷加固,打设塑性混凝土连续墙。素混凝土墙设在搅拌桩外围一周,厚度800mm,打设深度由地面直至搅拌桩底部5m,并在素混凝土墙与地下连续墙接头处打设3根MJS接缝止水桩。

b. 管片拼装完成后随即在环缝和纵缝处焊接T形钢板。

c. 同步下调拱底和拱顶注浆压力,增大管片拱顶与拱底的压力差。

d. 调配比水泥:粉煤灰:膨润土:减水剂:中砂:水=130:220:80:10.8:950:350。

e. 延长施工用时,包括掘进时间+临时停机时间+管片拼装时间。

f. 二次注浆,浆液为双液浆,由体积比为1:0.5的水泥浆液(水灰比1:1)和水玻璃组成,注浆压力为0.3~0.5MPa,注浆量介于8~25m³,同步注浆完成后,随后对拱顶区域注入双液浆。

综上,大盾构管片上浮稳定控制技术应用流程如图4.4-1所示。

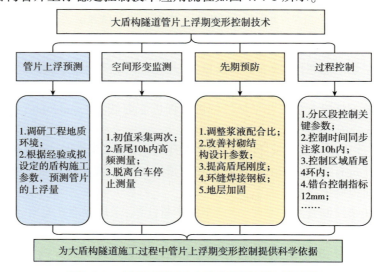

图4.4-1 大盾构隧道管片上浮期变形控制技术流程图

4.4.2 工程应用与效果评价

通过大盾构管片上浮稳定控制技术的应用,济南黄河隧道工程东西两线管片拱顶上浮低于20mm,如图4.4-2～图4.4-4所示。

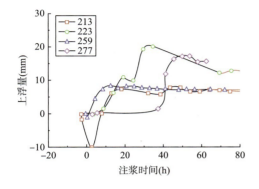

图4.4-2 济南黄河隧道下坡段管片上浮实测数据

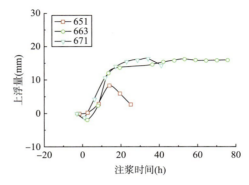

图4.4-3 济南黄河隧道平坡段管片上浮实测数据

在大盾构管片上浮稳定控制技术的应用区段中,以东线浅覆土接收段最为典型。该区段具有覆土浅、土的强度低的特点,并且盾构连续爬坡施工还会增加盾构姿态控制难度,易造成超挖现象。如按照理论计算进行同步注浆,可能存在空隙填充度不足的风险,如增大同步注浆量,将会使得注浆压力同时增大,增大管片发生上浮的风险。在盾构将要进入该区段时,从改善地层加固(图4.4-5和图4.4-6)、钢梁加固(图4.4-7)、优化同步注浆浆液配合比(表4.4-2)以及调整施工参数(图4.4-8)四方面,采取了一定控制措施。

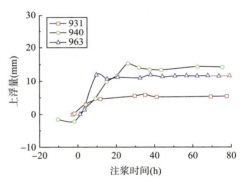

图4.4-4 济南黄河隧道穿河段管片上浮实测数据

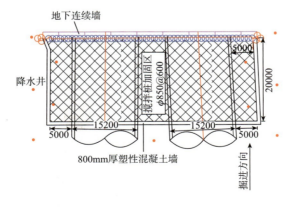

图4.4-5 济南黄河隧道东线接收段土层加固平面图(尺寸单位:mm)

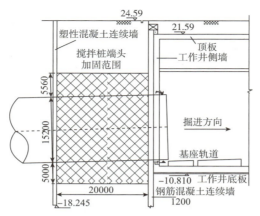

图 4.4-6 济南黄河隧道东线接收段土层加固剖面图(尺寸单位:mm;高程单位:m)

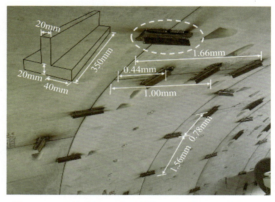

图 4.4-7 济南黄河隧道东线接收段管片之间焊接钢板

济南黄河隧道东线接收段浆液配合比优化　　表 4.4-2

配比	水泥 (kg/m³)	粉煤灰 (kg/m³)	膨润土 (kg/m³)	减水剂 (kg/m³)	中砂 (kg/m³)	水 (kg/m³)	备注
1	120	230	80	10.8	950	350	浆液配比Ⅰ
2	130	220	80	10.8	950	350	浆液配比Ⅱ

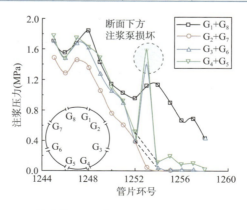

图 4.4-8 济南黄河隧道东线接收段同步注浆压力变化曲线

济南黄河隧道东线浅覆土接收段管片上浮分布曲线如图4.4-9所示。由图可知,从1245环向1258环掘进过程中,距离洞门水平距离越近,隧道上覆土厚度越小,管片上浮总体不增反减。1247~1249环,各环管片上浮量近似线性递减;1250~1253环,各环管片上浮量仍旧逐环递减。1254~1257环,各环管片上浮量递减速率达到阈值。从中可以看出,大盾构管片上浮变形控制技术应用效果良好,其中仅在上半断面注浆对管片上浮有着显著控制效果。

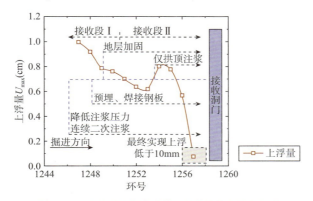

图4.4-9 济南黄河隧道东线接收段管片上浮分布图

第 5 章
盾构下穿建(构)筑物微扰动施工控制技术

大时代

盾智行

构未来

济南黄河济泺路隧道为我国超大直径盾构首次穿越地上悬河。济南泺口段河床高出南岸天桥区地面 5m,最大洪水位高出 11.62m,隧道最低点位于河床下 54m,最大水土压力为 650kPa;盾构近接临堤桥梁桩基最小距离 3.91m,仅为 0.25 倍洞径,施工风险高;严格控制大堤和结构物的沉降是盾构施工的重点。

5.1 盾构下穿黄河大堤地表沉降控制技术

5.1.1 风险点概述

1)南岸大堤

南岸大堤为临黄堤的右岸大堤,如图 5.1-1 所示,堤顶高程 37.43m,临背边坡坡度均为 1:3。黄河堤防临河有 30m 宽的防浪林,堤顶宽 12m(其中硬化道路宽 6m),堤防淤背加固区一般宽 100m(最小 70m,),背河护堤地宽 10m。堤顶道路高出堤防淤背加固区宽 2.1~3m,堤防淤背加固区高出南侧城市用地约 10m。南岸大堤为原民埝基础上加培抬高及灌浆加固而成,大堤两侧坡度均为 1:3,穿越节点为天桥—泺口险工工程,砌石坝,背河侧约 100m 宽淤背区。隧道主要位于⑥、⑦、⑧、⑨粉质黏土层,与北河侧堤脚竖向净距为 30m,与临河侧堤脚竖向净距约为 33.5m,堤顶处埋深约 41.5m,线间距为 36.3m。

图 5.1-1　黄河南岸大堤、泺口水文站

2)北岸大堤

北岸大堤已在 2000 年对不足 2000 年设防标准的地段进行了加宽和加高,如图 5.1-2 所示,对应大堤桩号 K129+000~K137+000,对应高程分别为 37.73m、36.06m。隧道穿黄断面位于泺口断面下游 330m,河漫滩地面高程 27.5~29m,黄河大堤堤顶高程 32.8~36.7m,设防洪水位为 34.18m,淤积 3.55m 后设防水位 37.73m,计算最低冲刷线南岸主河槽高程 9.29m,河漫滩 21.22m,北岸河槽 15.47m。隧道主要位于⑦、⑧、⑨粉质黏土,与北河侧堤脚竖向净距为 30m,与临河侧堤脚竖向净距约为 33.5m,堤顶处埋深约 41.5m,线间距为 36.4m。

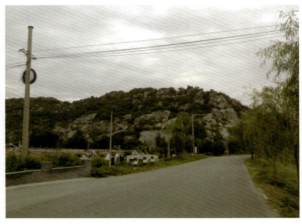

图 5.1-2 北岸防洪大堤面位置及北岸大堤实景(尺寸单位:m)

3) 盾构穿越工程概况

北绕城高速公路为东西向高架形式的高速公路,双向四车道,是济青高速公路与京福高速公路的连接线,并属于济广高速公路的济南段,车流量较大。济泺路穿黄隧道工程东西线盾构隧道分别从两个桥跨中穿越,西线盾构从45m跨下穿越、东线盾构从31m跨下穿越。穿越角度约81°。北绕城高速公路穿越处为(31+45+31)m三跨预应力连续刚构桥,采用摩擦型钻孔灌注桩基础。两端桥台为38m长灌注桩,中间两座桥台下为30m长灌注桩,桩径为1.5m。穿越处地层主要为粉土、粉质黏土。隧道从里程K1+250.000处侧穿高速公路桥桩基如图5.1-3所示,隧道距离桩基最小净距约5.3m。

a)45m跨度桥梁   b)31m跨度桥梁

图 5.1-3 北绕城高速公路桥实景

由于东线隧道与桥桩净距相对较小,桥梁为连续梁桥,中间桥桩桩底高于隧道底,因此采用地面预加固措施,关系图如图5.1-4所示。

4) 泺口水文站及泺口浮桥

泺口水文站设立于1919年,为国家基本水文站和黄河重点报汛点,检测流经泺口断面的水、沙数据。工程需经行政主管部门同意后方可施工。隧道埋深约33.5m,线间距约为36.4m。

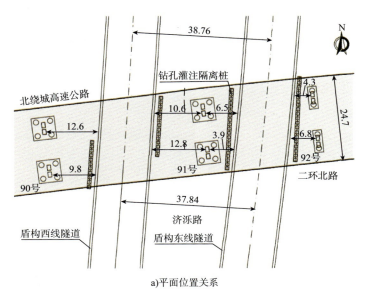

a) 平面位置关系

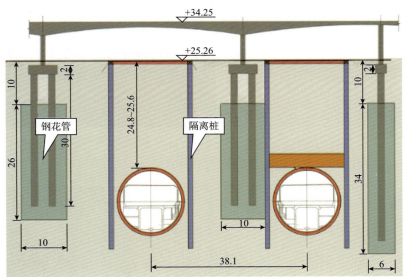

b) 剖面位置关系

图 5.1-4　盾构穿越黄河南岸大堤相互关系图(尺寸单位:m)

泺口浮桥位于黄河主槽道,宽 14m,双向四车道,其中包含 6 艘 34m 长的承压舟,双向通行可承载 60t、单向通行可承载 120t,2017 年 8 月改造完成,每年在黄河汛、凌期内拆除、复建。隧道近距离侧穿浮桥,现场周边如图 5.1-5 所示,平面剖面图如图 5.1-6 所示。

隧道盾构段沿线揭露地层为第四系覆盖层及燕山期基岩,自上而下具体为素填土、粉质黏土、砂层、全风化辉长岩。盾构段埋深 26.30~54.60m,全断面基本位于粉质黏土层,其中下穿黄河南岸大堤处的地质情况如图 5.1-7 所示。

盾构掘进到该地段时,切口压力变化较大,且盾构主要从粉质黏土层穿过,掘进参数及切口压力如果控制不好,就可能产生较大的地层损失以及不均匀沉降,导致防洪大堤产生安全风险。黄河大堤对保护两岸人民生命财产安全有着不可估量的作用。保证大堤安全是盾构施工过程的重中之重,盾构穿越黄河大堤时须严格控制地表沉降。

a)黄河主河道及南岸水上乐园

b)泺口浮桥

c)泺口水文监测站

d)黄河北岸大堤

图 5.1-5 黄河现状照片

a)平面位置关系

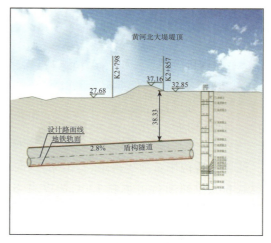
b)剖面位置关系

图 5.1-6 盾构穿越黄河南岸大堤相互关系图(尺寸单位:m;高程单位:m)

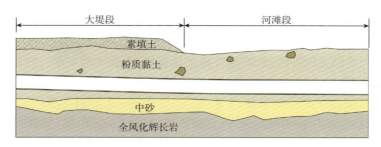

图 5.1-7 大堤段地质情况

5.1.2 盾构穿堤段施工参数控制

引起地层移动的因素有客观的,也有主观的。客观原因是指非施工人员原因而引起的地面沉降,它与规划、设计及地质条件等因素有关,这类原因引起的沉降通常发生在整个施工过程中。它主要体现为盾构的选型、注浆材料的选择、盾壳移动对地层的摩擦和剪切、水土压力下衬砌的变形、隧道建成后自身的沉降等方面。主观原因是引起地面沉降的主要原因,它同施工人员的工作态度、技术水平等主观因素有关,通常发生在施工阶段,其主要体现为盾构的严重超挖(欠挖)、推进参数(推进速度、泥水压力、注浆压力、盾构总推力等)不合理、注浆量不足或注浆不及时、盾构姿态的纠偏、盾构的后退等。

为了严格控制大堤地表沉降在设计要求范围以内,保障大堤基础和结构稳定性,防止出现大堤沉降,出现裂缝、渗水等现象,需要在穿越的全过程采取多种措施共同保证施工安全。

1)穿越前准备

(1)在穿越施工前约1个月,了解现场的现况条件和大堤的实际情况,拍摄照片取证,同时进行监测点的布设和初始化。

(2)在盾构推进到大堤前100m处,布设大堤监测点,并且测量初始值,确保初始值的可靠性和准确性。每天均安排专人在盾构施工范围前后50m内进行巡查。

(3)运用科学方法计算盾构机穿越大堤时的掘进参数。并根据盾构始发到大堤保护范围前试掘进情况来修正盾构机开挖的切口压力值及其他掘进施工参数。

(4)盾构机到达大堤前50m和盾尾离开大堤50m范围内的穿越大堤保护区,每天安排监测人员在大堤上观察并且测取大堤的沉降情况,及时反馈给盾构施工项目部。

(5)与河务局建立联系,便于施工中的监测和突发事件的应急处理。同时,在施工中互通信息,保证盾构施工和大堤安全。

(6)由于穿越段分为黄河北侧大堤和黄河南侧大堤两大块,在盾构穿越北侧大堤前,应再次复核测量盾构机里程,确认盾构与大堤的相对位置,同时明确盾构穿越时各个部位的位置,以便采取相应的技术措施。测量也确保盾构能及时调整,确保以良好的姿态穿越大堤。

(7)为确保盾构顺利穿越大堤,在盾构穿越前,对所有施工人员进行技术交底。使每一个参加施工的工作人员清楚了解盾构与大堤的相对位置,以及盾构穿越流程。在盾构机操作室张贴相关技术交底、盾构穿越流程及重点控制措施。此外,使施工人员了解相关的应急预案,及发生突发事件的简单处理方法,便于争取时间。

(8)设备管理上,穿越前,仔细对设备进行一次检查和保养,特别是盾构机,认真检修存在的问题,保证以良好的工况条件下进行穿越施工。同时,仔细检查盾构机的同步注浆设备和管路。对行车、拌浆设备等进行彻底检修清理,排除故障隐患,保证穿越期间设备正常运转,避免由于设备上的原因导致施工停顿,影响整个施工质量控制,每天定时4h进行设备维护,即每次交接班时的2h进行设备维护。

2)穿越过程沉降过程分析及控制

对于盾构穿越过程中的沉降控制分为初期沉降、开挖面沉降、尾部沉降、盾尾空隙沉降和长期延续沉降五个部分。

(1)初期沉降。它是指当盾构开挖面到达某一测量位置之前,在盾构推进前方的土体滑裂面以外产生的沉降。因初期沉降的量较小,一般难以觉察。据部分实测资料分析推断,初期沉降是由于固结沉降所引起的,其中包括盾构施工所引起的地下水(或孔隙水)的下降。初始沉降在土压平衡盾构机发生开挖面涌水等情况时较为常见,在泥水平衡盾构机施工时,需要保持良好的泥浆质量,在盾构掌子面顺利形成泥膜,即可基本控制。决定采用重浆推进,泥浆密度控制在 $1.20 \sim 1.25 \text{g/cm}^3$,黏度控制在 $22 \sim 24 \text{Pa} \cdot \text{s}$;同时保证切口压力高于地下水压,防止地下水向开挖仓渗透。

(2)开挖面沉降(或隆起)。它是指开挖面到达某一测量位置时,在它正前方的那部分地面沉降。不同盾构类型构成不同的隧道开挖方式,由于各种推进参数(如盾构推进速度、最大推力等)的差异,使开挖面的土体应力状态也截然不同,这便形成了覆盖层的土压增加或应力释放。应通过精确计算并控制切口压力来控制沉降,通过试验段的数据分析,决定以"静止土压力+水压力+20kPa"上限值来控制。经过计算盾构机穿越黄河南岸大堤时,覆土厚度为 $27.92 \sim 41.92 \text{m}$(到盾构机顶部),切口水压计算值为 $4.41 \sim 5.23 \text{bar}$。另外切口水压的稳定对地表沉降也有着至关重要的作用。切口水压波动太大,会增加正面土体的扰动,导致正面土体流失。因此采用了海瑞克气垫式泥水盾构机的SAMSON气压调节系统,可以将开挖仓泥水压力的波动值控制在 $-10 \sim 10 \text{kPa}$ 之间,并保持稳定,如图5.1-8所示。

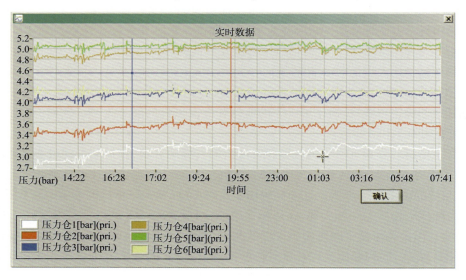

图5.1-8 开挖仓泥水压力波动值

(3) 尾部沉降。它是指盾构通过时产生的地面沉降。在整个盾构推进过程中，盾构受到三个力的作用。总推力、表面摩擦阻力及正面土压力。由于盾壳与地层之间的摩擦阻力作用，必然会产生一个滑动面，临近滑动面的土层中就产生剪切应力，当盾构刚通过受剪切破坏的地层时，土壤受剪切力作用会产生拉应力，这种拉应力会使土壤立刻向盾构后面的空隙移动。因此，要保持盾构轴线与隧道轴线一致，在推进过程中，盾构所经之处必须压缩一部分土壤，松弛另一部分土壤。压缩的部分抵挡了盾构的偏离，而松弛的部分则带来了地面沉降。该工程采用的盾构机开挖直径15.76m，盾尾直径仅有15.65m，前后直径相差11cm，从盾体径向孔注入克泥效可及时有效填充间隙，如图5.1-9所示，注入率为120%~130%，同时地面同步监测地面的沉降，及时调整注入压力和注入量。

(4) 盾尾空隙沉降。它发生在盾尾通过之后。引起沉降的原因是盾构尾部建筑空隙和隧道周围土层被扰动。在土力学上表现为土的应力释放，密实度下降。该工程盾构机开挖直径与管片外径形成的空隙为 26.91m^3/环，形成空隙的原因有

图5.1-9 开挖直径和盾体之间的空隙注入克泥效

两个：一是盾壳材料有一定的厚度；二是由于施工需要，盾壳内与衬砌间必须有一定的空隙。这些"建筑空隙"如不及时地充填，就会被周围土体占领，最终形成较大的地面沉降。根据相关资料，此时产生的沉降，在总沉降值占比超过60%，是沉降控制工作的重中之重。同步注浆是控制该阶段沉降的有效措施。应注重注浆的及时性，需确保8根注浆管全部可用，无注浆不得推进；严控浆液质量和注浆量，适当增加水泥的用量加快浆液硬化，同时保证同步注浆浆液填充率不得低于190%，即51.12~53.82m^3/环，自上而下注浆量比例为4∶2∶2∶1；顶部注浆压力不小于切口压力 3bar（正常掘进段为 2bar），中部不小于轴支撑压力 3bar（正常掘进段为2bar），底部注浆压力为切口压加开挖仓内泥浆压力。试验室严格控制水泥砂浆质量，自水泥砂浆原材料至运抵作业面，各工序进行质量把控，拌和站设置筛沙机，防止堵管。

(5) 长期延续沉降。它是指盾构通过后在相当长一段时间内仍延续着的沉降。这类沉降归结于地基土的徐变特性的塑性变形。该阶段的沉降起因是土层的本身性质和隧道周围土体受扰动。它的滞后时间与盾构的种类、地质条件、施工质量等因素有关。根据相关资料，在软弱土层中产生的沉降占总沉降的比值超过20%，也是沉降控制工作的重要内容。在盾构机通过，盾尾离开监测断面约 2.5D（D 为盾构隧道直径）时，地表沉降大约会完成最终沉降量的4/5，因此，应在管片脱出盾尾后在驾驶室上方、空压机区域，对管片上方点位进行二次注浆。

3) 监测方案

为掌握超大直径盾构掘进所引起的地表沉降规律，做好下穿大堤时的沉降控制。在下穿大堤段的堤顶处，设置 D1、D2、D3 三处监测点，对盾构穿越堤坝前后的堤顶沉降进行记录，另在黄河对岸某段设置 P1、P2、P3、P4 四处监测点，该段地势平坦，地层单一，掘进期间无明显盾构参数变化，以此处监测结果作为大堤段的比照。同时为分析在大堤段深层沉降和地表沉降

之间的关系,在 D3 点下方 30m 与 34m 的深度处设置两处深层沉降监测点 S30、S34。上述监测点布置如图 5.1-10 和图 5.1-11 所示。

图 5.1-10 大堤沉降监测点布设图

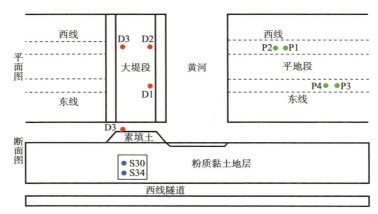

图 5.1-11 监测点布置示意

5.1.3 盾构掘进参数敏感性分析

在盾构掘进过程中切口水压和注浆压力的控制对地表沉降有较大影响,下面采用 FLAC3D 软件建立三维精细化模型模拟盾构施工过程,围绕切口水压与注浆压力讨论掘进参数的改变对大堤沉降的影响。

1) 模型建立

由于盾构穿越大堤处地层为全断面粉质黏土,地层影响因素变化不大,故可认为影响掘进参数变化的主要因素为隧道埋深。按照此标准,将盾构下穿黄河大堤段分为河堤段和河滩段两个部分。

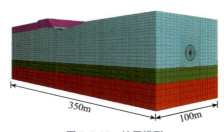

图 5.1-12 地层模型

模型考虑边界效应,隧道边界一般取 3～5 倍洞径为宜,因此本模型宽度为 100m,长度为 350m,以南岸大堤为例建立三维模型,整体模型如图 5.1-12 所示。其中在黄河水面段,由于粉质黏土渗透系数较小,故不考虑施工过程中地下水位影响,通过在河床段施加法向应力以模拟河水对地层的荷载。

对盾构施工过程采用精细化动态模拟,同时考虑施工过程中切口水压和注浆压力作用,共向前模拟掘进175环,如图5.1-13所示。模拟开挖步骤具体为：

(1)第一环(2m)对前方土体赋予空模型模拟开挖,盾构开挖后施加梯度力模拟切口水压,并建立壳单元模拟盾壳对地层的支护。

(2)第二至七环激活实体单元模拟盾构机。

(3)第八环改变注浆层参数,以模拟注浆液对孔隙的填充,其厚度取为开挖半径与衬砌半径的差值,为0.287m。同时施加径向应力以模拟注浆压力。

(4)第九环激活衬砌单元并改变注浆层的参数以实现注浆层的硬化。此后依次重复上述步骤。

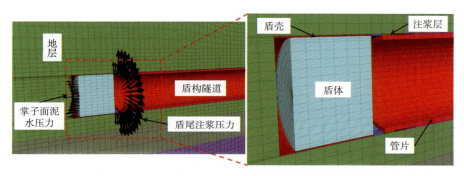

图5.1-13 盾构开挖模拟

2)模型参数选取

将土层分布概化为4层均质土层,采用莫尔-库仑屈服准则,参考实际工程地质勘察结果选取岩土体参数。盾壳、衬砌管环、盾体、注浆层等部分均采用弹性模型,管片参数参考C60混凝土并对弹性模量进行折减；由于实际盾体结构难以在FLAC3D中模拟,因此盾构实体采用实体单元代替,同时对其密度进行折减,计算密度根据盾构机的实际质量(共2000t)换算得到。具体参数见表5.1-1。

模型各部分物理参数取值　　　　　　表5.1-1

名称	弹性模量 (MPa)	泊松比	内摩擦角 (°)	黏聚力 (kPa)	密度 (kg/m³)
素填土	60	0.25	15	20	18
粉质黏土	68	0.3	18	38	19.5
中砂	40	0.2	38	0	21
全风化辉长岩	45	0.2	38	0	22
盾壳	20000	0.25	—	—	78.5
盾构机实体	10000	0.25	—	—	10
注浆液	10	—	—	—	10
硬化注浆	100	0.3	—	—	2200
管片	35500	0.25	—	—	2500

3) 掘进参数敏感性分析

大堤段隧道埋深约 40m，河滩段隧道埋深约 29m。根据前期施工经验，注浆压力的取值一般比切口水压大 0.3MPa 左右，大堤段切口水压比河滩段高 0.15~2MPa，因此根据实际切口水压以及注浆压力的不同，制定计算工况，见表 5.1-2。

掘进参数敏感性分析计算工况　　　　表 5.1-2

工况序号	位置	切口水压力(MPa)	注浆压力(MPa)
1	大堤段	0.35	0.65
2	大堤段	0.4	0.7
3	大堤段	0.45	0.75
4	大堤段	0.5	0.8
5	大堤段	0.55	0.85
6	大堤段	0.6	0.9
1	河滩段	0.2	0.5
2	河滩段	0.25	0.55
3	河滩段	0.3	0.6
4	河滩段	0.35	0.65
5	河滩段	0.4	0.7
6	河滩段	0.45	0.75

每个工况下，选取相应的河滩段和大堤段的切口水压与注浆压力，且均选择在模型第 80 环的位置(对应实际 998 环)将河滩段盾构参数切换为大堤段参数(从模型的 81 环位置处开始进入河滩与大堤之间的变坡段)。记录每个工况下堤顶监测点的最大沉降值，该值与盾构参数之间的变化关系如图 5.1-14 所示(以切口水压为例)。

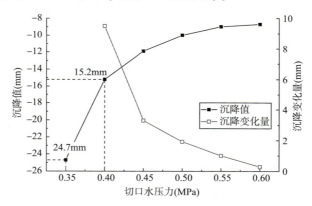

图 5.1-14　最大沉降随盾构参数的变化

根据图 5.1-14 曲线可知，增大切口水压力有利于减小沉降，在支护力较小时，堤顶与河滩监测点的沉降对支护力的变化较为敏感。当切口水压力从 350kPa 增大至 400kPa 时，大堤段最大沉降从 24.7mm 减小至 15.2mm，当切口水压继续增大至 600kPa 时，最大沉降变化则逐渐减缓。可见当压力增大到一定程度时，切口水压与注浆压力对沉降控制的影响有限。同时在盾构参数过大,也易引起泥水劈裂、管片上浮等现象,故支护压力需在合理范围内,对于该工程,下穿大堤段最大切口水压力取 500~550kPa 较合适。

4)掘进参数过渡方案分析

从盾构参数的敏感性分析分析可见,大堤段和河滩段掘进参数的优化对沉降控制有着显著的效果,但存在上限值。因此对沉降的进一步控制可以从参数变化位置入手。

事实上,大堤段和河滩段的盾构参数的变化存在过渡段,实际中该过渡段的选取与参数变化通常只能依据盾构驾驶员的驾驶经验,通过数值模拟制定合理的过渡方案对于隧道的施工具有很强的现实意义。

为简化分析,假设过渡段的掘进参数是均匀变化的,则掘进参数的过渡方案主要包括过渡段环数和过渡段起始位置两部分,以工况 4 的掘进参数为例,即河滩段以 350kPa 切口水压推进,再逐渐将压力过渡至 550kPa。其中过渡段环数取 10 环,根据起始环数不同选择 8 组不同方案,过渡方案如表 5.1-3、图 5.1-15 所示。

过渡方案计算工况　　　　　　　　　　表 5.1-3

过渡段方案	掘进参数改变位置	提前变坡点环数
1	55 环	26 环
2	60 环	21 环
3	65 环	16 环
4	70 环	11 环
5	75 环	6 环
6	80 环	1 环
7	85 环	−4 环
8	90 环	−9 环

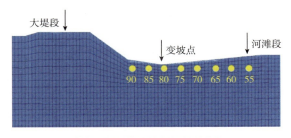

图 5.1-15　模型过渡段起始环数

在堤顶设置监测点,堤顶沉降随不同过渡方案的变化情况如图 5.1-16 所示。

由图 5.1-16a)可以看出,提前进行掘进参数的过渡段有利于降低大堤的沉降。随过渡段的起始环数不断减小,堤顶的最大沉降量不断降低,从 14.6mm 逐渐减小至 7.9mm。同时,随着过渡段的不断提前,沉降变化量开始减小,这表明过渡段的提前量也存在上限值。因此,应选取合理的过渡段。

在过渡段提前的情况下,必然会存在某段掘进过程中切口水压力与注浆压力偏大的情况,导致地表一定程度隆起。从图 5.1-16b)中可看出,参数变化提前使得堤顶先出现 1~3mm 隆起而后下沉,其隆起值对部分沉降起到了一定程度的抵消作用,最终减小了堤顶下沉。但同时,对于河滩段来说,因其较小的覆土埋深,相较大堤容易出现过大隆起,从图 5.1-16c)可以看出,在 95 环时已经出现 4.5mm 的隆起,并且随提前环数的增长,隆起变化较快,存在击穿河床的风险。

除此以外,当过渡段设置过于靠前时,长时间过高压力推进同样容易引起泥水劈裂等施工风险,综合以上分析,合理的过渡段应提前变坡点 10~15 环。

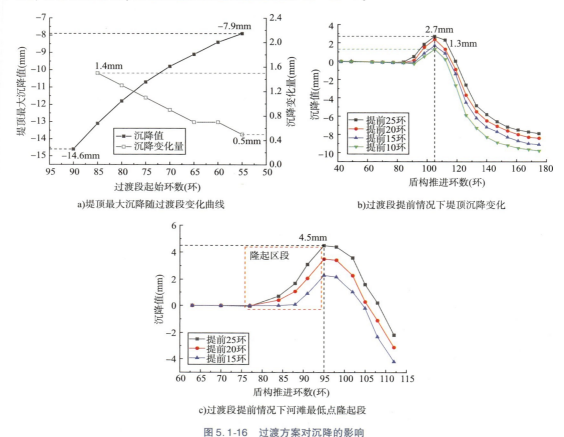

图 5.1-16 过渡方案对沉降的影响

5.1.4 现场监测结果分析

1)大堤段沉降变化分析

在盾构穿越各监测点前 5~10d 开始记录测点处沉降,沉降基本稳定后停止记录。其中大堤段各测点沉降监测结果如图 5.1-17 所示。图中横坐标为相应数据记录时盾构开挖掌子面所在的环数。

从图 5.1-17 中的大堤段监测点 D1~D3 点沉降曲线可以看出,在整个下穿大堤过程中,堤顶监测位置先因盾构对前方土体的压力作用而发生轻微隆起,当盾构掘进至监测点正下方时达到最大隆起值,此段因掌子面处泥水支护以及盾壳的支护的作用,总体沉降变化微弱,仅为 1mm 左右。当盾构向前推进至盾尾脱离后(D1 点为 1018 环,D2 点为 1025 环,D3 点为 1077 环),沉降迅速增大,且可明显分为两个阶段,其中第Ⅰ阶段为快速沉降阶段,沉降量大,为盾尾脱离后盾尾空隙引起的土体填充以及超挖可能带来的土体损失所造成的沉降,而后进入第Ⅱ阶段,沉降平稳,为固结沉降阶段。

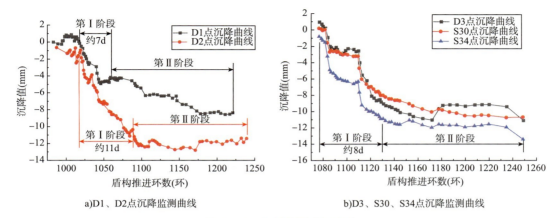

a)D1、D2点沉降监测曲线　　　　b)D3、S30、S34点沉降监测曲线

图 5.1-17　大堤段沉降监测曲线

可以看出,对于大堤段来说,第Ⅰ阶段在短时间内造成了 50% 以上的沉降。其中 D1 点在 7d 内沉降 5.5mm,约占整体沉降的 65%;D2 点与 D3 点分别在 11d 和 8d 内沉降 10mm 以上,达到总体沉降的 90% 以上。大堤三处监测点在第Ⅰ阶段沉降速率基本接近,为 0.8~1.3mm/d。值得注意的是,在西线的 D2、D3 点第Ⅰ阶段沉降与总体沉降均要高于东线的 D1 点,这是因为实际施工时,东线先行掘进,已经对大堤造成了一定扰动。

2)大堤段深层沉降变化分析

从图 5.1-17b)中监测点 D3 与深层测点 S30、S34 的沉降对比可以看出,D3 点与 S30、S34 点的沉降趋势大致相同,D3 点的沉降相较深层测点不存在较大的滞后性。

其中,距离隧道上方 3m 左右的 S34 监测点总体沉降更大,最终沉降达到 15mm,且在盾尾脱离后沉降的第Ⅰ阶段,其沉降速率与沉降值均高于其余两点,而在第Ⅱ阶段,其固结沉降速率基本与 S30、D3 一致。距离隧道上方 7m 左右的 S30 监测点则与堤顶处监测点 D3 在整体沉降值以及沉降各个阶段的速率都较为接近,最终沉降分别为 12.40mm 与 11.36mm。

可见在粉质黏土地层条件下,大堤顶部对于深层的土体扰动较为敏感。对于该工程来说,在埋深约 37m 的 φ15m 盾构隧道掘进中,高于隧顶 7m 以上的深层土体与地表土体之间不存在明显的沉降差异。从指导施工的角度,在类似工程中,将深层监测点设置在隧顶 7m 范围以内,其深层监测较为有效。

3)大堤沉降与平地沉降比对

同时对平地段 P1~P4 监测点的沉降变化进行记录,如图 5.1-18 所示。可以看出,P1~P4 点在盾尾脱离后约 35d 的第Ⅰ阶段沉降后进入固结沉降阶段,第Ⅰ阶段沉降占总体沉降的 60% 左右。其中东线 P3、P4 点的总体沉降均明显小于西线 P1、P2 点。

与大堤段 D1~D3 监测点的沉降曲线对比来看,大堤段与平地段沉降均经历两个不同的沉降阶段。但从沉降速率对比来看,平地段的沉降速率要明显小于大堤段,P1~P4 点第Ⅰ阶段沉降速率为 0.16~0.24mm/d,D1~D3 点在第Ⅰ阶段速率为平地段的 5 倍。同时平地段的不同沉降阶段在速率上的差异也没有大堤段明显。

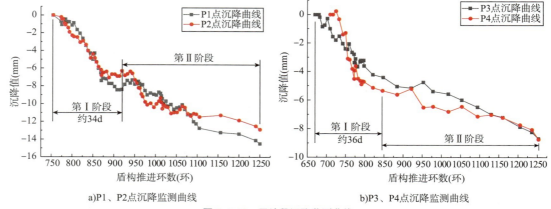

a) P1、P2点沉降监测曲线　　　　　　b) P3、P4点沉降监测曲线

图 5.1-18　平地段沉降监测曲线

从东、西两线的差异来看,无论是大堤段还是平地段,西线沉降均明显高于东线,不同之处在于大堤段西线测点 D2、D3 点的第 I 阶段沉降变化很大,而固结沉降极少,可见东西两线不同的施工顺序对大堤段有更大的影响。

综上所述,在提高盾构泥水压力与注浆压力的情况下,东西两线,最终沉降值在可控范围之内。但在加大盾构参数的情况下,盾尾脱离后短时间内仍产生迅速沉降,同时大堤段也更易受土体扰动影响。大堤段的快速沉降在未经控制的情况下极易引起最终沉降超限,因此,在类似工程中,进一步优化泥水压力与同步注浆参数控制,减少对大堤段土体的扰动,使沉降尽快进入固结沉降阶段十分必要。

5.2　盾构近距离侧穿群桩位移控制技术

济南黄河济泺路隧道自北岸工作井始发,沿济泺路敷设,向北掘进并于里程 EK1+269～EK1+295 处下穿北绕城高架桥。穿越节点位于济泺路与二环北高速公路交叉路口。盾构施工引起的土体扰动会改变桩周土体的应力状态,影响到已存在桩基的变形与受力,可能导致上部建筑结构出现局部开裂乃至破坏。为保证桥梁结构在隧道施工过程中的安全和稳定,工程中通常需要采取必要的防护措施来控制隧道开挖的作用影响。

5.2.1　二环北高架桥现状

北绕城高速公路洛口高架桥由原铁道部第三工程局施工,如图 5.2-1 所示,1999 年 10 月竣工。依据山东省京福高速公路建设管理办公室提供的《济南绕城高速公路(北环线)竣工文件 B 标段竣工图(第三合同段,第一册)》资料显示,济南绕城高速公路为东西向高架形式的高速公路,双向四车道,是济青高速公路与京福高速公路连接线,属于济广高速公路的济南段,车流量较大。济南绕城高速公路北段西起济德高速公路大杨庄互通立交,东至济青高速公路小许家互通式立交,第二合同段起止桩号为 K10+742～K11+857,总长 1115m。桥梁宽度 24.5m;最大纵坡 0.062%。盾构穿越处为 (31+45+31)m 三跨预应力连续刚构桥,采用摩擦型钻孔灌注桩基础,边跨为 38m 长灌注桩,主跨为 30m 长灌注桩,桩径为 1.5m。区间隧道与二环北高架桥的位置关系如图 5.2-2 所示。东、西线隧道距洛口高架桥 91 号、92 号墩的桥桩最小净距约为 3.91m,属近距离穿越。此外,南岸大堤背河堤脚距洛口高架桥 90 号、91 号墩的最小净距不足 30m,小于 2.0 倍洞径。

图 5.2-1　北绕城高速公路高架桥现状

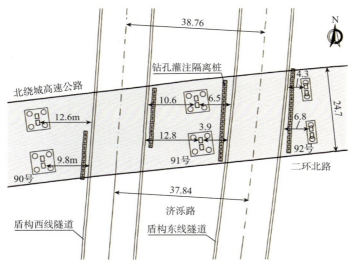

a) 平面关系图

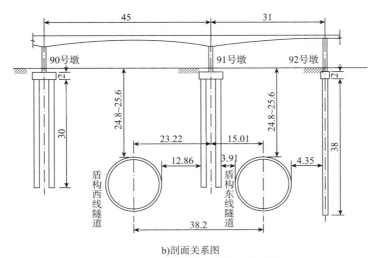

b) 剖面关系图

图 5.2-2　隧道与桩基位置关系图(尺寸单位:m)

根据详细的勘察报告,盾构段揭露地层第四系覆盖层及燕山期基岩均有揭露,覆盖层厚度在47.2~80.4m之间。盾构段埋深26.30~54.60m,盾构段穿越地层主要为④~⑩层,以粉质黏土为主,盾构段粉质黏土中黏粒含量一般为15.5%~45.5%,大部分含量在18.9%~33.6%之间,平均含量26.9%,另外多夹砂层及钙质结核层,其分布不均匀,局部富集成层,同时在砂层中发现少量砂结石,局部砂层中含砾卵石,母岩成分主要为砂岩,砾径一般5~20mm,大者30~45mm,个别大于110mm,砂层局部钙质胶结,胶结较好,取芯呈短柱状,锤击较难击碎。其中④~⑥粉质黏土多呈软塑~可塑状,压缩性中等~高,工程性质一般,承载力较低;⑦~⑩多呈可塑~硬塑状,含10%~20%的钙质结核,局部富集。穿越处地层情况如图5.2-3所示。

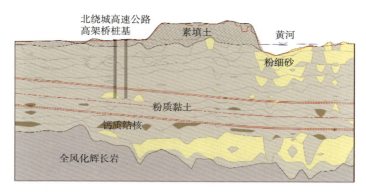

图5.2-3 地质纵剖面图

1)高架桥梁结构位移控制标准

制定邻近桥墩的沉降值控制标准可作为设计施工的决策依据,通常用允许位移值进行控制,但其涉及的因素很多,既要满足承载力要求,又要满足桩基上部结构的允许沉降值。根据《城市桥梁养护技术标准》(CJJ 99—2017)、《城市轨道交通工程监测技术规范》(GB 50911—2013)、《公路桥涵地基与基础设计规范》(JTG 3363—2019)的相关规定,考虑桩身施工误差,根据以往济南地铁设计施工案例并借鉴《地铁穿越桥梁结构影响与关键控制技术》(北京交通大学出版社)的控制值标准,建议济南市济泺路穿黄隧道穿越北绕城(济广)高速公路工程盾构隧道穿越高速公路控制标准见表5.2-1。取控制值的70%作为预警值、控制值的80%作为报警值。

桥梁墩台顶位移控制标准 表5.2-1

项目	控制值(mm)	预警值(mm)	报警值(mm)
单墩沉降	20	14	16
相邻墩台差异沉降	10	7	8
墩台顶水平位移	5	3.5	4

2)桥梁桩基位移控制措施

由于隧道施工引起邻近桩基周围土体松动变形,造成桩基沉降和挠曲变形,对桩基及上部结构产生一定的影响,若变形过大就会影响桥梁的正常使用,因此需要制定邻近桩基沉降控制标准,采取相应的保护措施,才能将隧道施工造成的影响控制在允许范围之内。

（1）穿越前准备

施工前必须委托有经验和相应资质的第三方单位对沿线隧道施工影响范围内的既有建（构）筑物进行现状鉴定和评估，给出建（构）筑物的剩余抗力指标（含剩余抗变形能力、剩余承载能力等），为隧道设计、施工提供参考和指导意见。施工前应对所有建筑物进行调查、核实，并对沿线重要的建筑物进行拍照、测量，以便留证，建筑物情况不详的，必须采取必要的措施或手段调查清楚并核实资料的准确性，必要时采用挖探等方式进行探测，对于地质情况不清楚或有疑问的地段应进行施工前地质补充勘察。

（2）桥梁桩基加固措施

根据济南黄河隧道穿越北绕城高速公路桥实际情况，综合考虑桥桩与隧道之间的关系、工程地质情况，并参考国内相关工程经验及成果，该工程穿越处推荐采用隔离桩+旋喷桩地面预加固对桥梁进行保护，如图5.2-4所示。

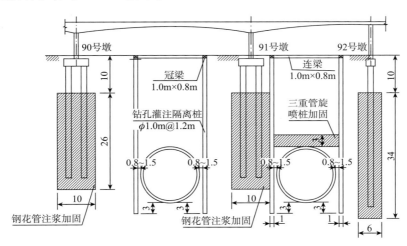

图5.2-4 高架桥加固方式示意图（尺寸单位：m）

①对北绕城高速公路洛口高架桥90号、91号、92号桥墩承台周边地层采用$\phi42mm$钢花管进行预注浆加固，加固深度从地表下方10m到原桥桩下方3m。加固土体无侧限抗压强度为0.8MPa，或地基承载力达到300kPa。

②东线隧道施工前在桥梁桩基与隧道之间设置一排$\phi1.0m@1.2m$隔离桩，隔离桩设置在南北方向距离桥墩边缘外各10m范围内，桩顶设置冠梁，并用连梁连接。盾构隧道上方采用三重管高压旋喷桩加固地层，厚度为3.0m；加固土体无侧限抗压强度为0.8MPa。

③西线盾构隧道在施工前，在桥梁桩基与隧道之间设置一排$\phi1.0m@1.2m$隔离桩，隔离桩设置在南北方向距离桥墩边缘外各10m范围内。

3）盾构掘进控制

盾构穿越北绕城高架桥专项施工方案以"高黏优浆、精细控制、平稳推进、快速拼装、禁止停机、一次通过"为原则，以地表沉降控制为核心，以确保北绕城高架安全为目标。

盾构通过时应加强监测，严格控制切口压力、刀盘转速、掘进速度等参数，重点把控同步注浆量，及时进行二次注浆，必要时采取地面加固措施。

运用科学方法计算盾构机下穿时的掘进参数。总结试掘进并根据盾构始发到居民区前试掘进情况,修正盾构开挖的切口压力值及其他掘进施工参数,为安全快速穿越北绕城高架桥提供前期数据支撑。

在掘进过程中须做到"三有序三平衡三平稳"。

(1)施工组织管理有序。确保施工流程顺畅,降低非正常停机和砂浆堵管的可能。

(2)机械保养有序。确保施工流程顺畅,降低非正常停机和砂浆堵管的可能。

(3)信息管理有序。确保及时反馈地表沉降情况,及时采取相应措施。

(4)泥水压力平衡。杜绝超挖、塌方。

(5)注浆压力平衡。防止注入量不足或过多导致堵管。

(6)注浆量与进尺平衡。及时填充盾尾间隙,防止沉降。

(7)盾构掘进姿态平稳。防止急纠偏导致异常停机或超挖。

(8)管片姿态平稳。防止异常停机及盾尾泄漏。

(9)推进速度平稳。稳步推进,保持砂浆持续注入,防止忽快忽慢导致注浆量不均。

4)监测方案

施工期间,选取 90 号、91 号、92 号墩台的西侧角点作为测点进行动态化监控量测,如图 5.2-5 所示,以便动态化指导施工。盾构掘进施工及监控量测应符合《盾构法隧道施工与验收规范》(GB 50446—2017)、《地下铁道工程施工质量验收标准》(GB/T 50299—2018)、《建筑变形测量规范》(JGJ 8—2016)、《城市轨道交通工程测量规范》(GB/T 50308—2017)等的有关规定。盾构掘进施工中应以已施工区段地层变形实际监测结果为基础,预测前方地面沉降并采取相应施工措施,为建筑物保护提供实际依据。隧道运营期,对穿越段的隧道洞内进行长期的监控量测,根据监测情况对隧道洞内进行相应处理,确保高速公路正常运营。

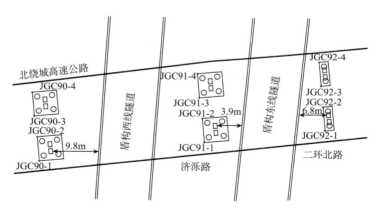

图 5.2-5　90 号、91 号、92 号墩台测点选取

5)加固应用效果分析

(1)模型建立

考虑到边界效应的影响,模型长 200m,宽 188m,大堤侧高 84m,济泺路侧高 75m,东、西线隧道对称布置,中线间距 38.2m,隧道拱顶距离地表 25.0m。计算模型如图 5.2-6 所示。模型主体包括北绕城高架桥墩、墩台和桩基,以及东、西线隧道。

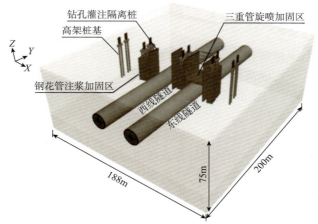

图 5.2-6　三维数值模型

(2) 参数确定

模型计算过程中,墩台、桩基等结构物以及管片衬砌等均视作线弹性体,即采用弹性本构模型,加固区域以及周围岩土体采用莫尔-库仑本构模型,除东线处隔离桩桩顶所设连梁采用结构单元模拟外,均采用实体单元模拟。本次计算所涉及桥桩均为摩擦桩,为了更好地模拟桩-土间的相互作用,在桩-土接触处建立无厚度的接触面单元。接触面的切向刚度和法向刚度取周围较硬岩土体等效刚度的 10 倍,黏聚力、摩擦角可取周围岩土体的 0.5~0.8 倍。

对于加固区域,通过改变范围内岩土体的物理力学参数加以模拟。盾构管片的混凝土强度等级为 C60,对应弹性模量为 36.5GPa,考虑管片接头对结构整体刚度的影响,取 85% 的刚度折减系数。本次计算所涉及模型参数见表 5.2-2 和表 5.2-3。

桩-土接触面基本力学参数　　　　　表 5.2-2

材料名称	切向刚度 (N/m)	法向刚度 (N/m)	摩擦角 (°)	黏聚力 (kPa)
接触面	37.6×10^7	37.6×10^7	20.0	32.0

材料基本物理力学参数　　　　　表 5.2-3

材料名称	重度 (kN/m^3)	泊松比	弹性模量 (MPa)	黏聚力 (kPa)	内摩擦角 (°)
填土	18.5	0.30	8.5	19.0	18.0
粉质黏土	19.7	0.32	25.0	35.0	19.5
(加固后)	21.0	0.35	35.0	40.0	25.0
全风化辉长岩	22.0	0.27	30.0	0	38.0
高架桩基	25.0	0.20	30000	—	—
隔离桩	22.0	0.20	23500	—	—
管片	25.0	0.20	31025	—	—
注浆层	22.0	0.20	400	—	—
盾壳	78.5	0.30	206000	—	—

(3) 掘进过程模拟

①初始地应力场生成。

②位移、速度清零,激活墩台、桩基等结构物。

③位移、速度清零,激活隔离桩及注浆加固区域。

④"杀死"盾体部分单元,激活盾壳,开挖面施加顶进压力。

⑤盾尾处施加径向注浆压力。

⑥激活管片衬砌、注浆层,管片迎千斤顶一侧环面施加顶进反力。

⑦冻结上一步赋力,重复步骤④~⑥,直至隧道贯通。

为削弱边界效应的影响,计算开始时,将盾体直接置入地层,即第一步掘进20m,往后每步掘进4m,最后20m一次开挖,掘进过程如图5.2-7所示,东、西线同理。依据现场施工顺序,东线先行开挖。

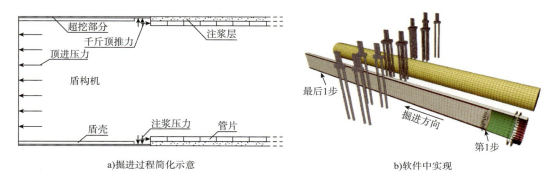

a) 掘进过程简化示意　　　　　　b) 软件中实现

图 5.2-7　掘进过程模拟示意图

该工程所采用的S-1176/77盾构机的开挖直径为15.76m,盾尾直径为15.65m,前后直径相差11cm。工程中,采用"克泥效"工艺,来同步填充由于盾体锥度所形成的孔隙,进而削弱因此产生的相应沉降。计算中,通过改变盾壳外圈一定范围内岩土体的物理力学参数来模拟此道工序,此部分的弹性模量取为20MPa,泊松比取为0.25,黏聚力取为10kPa。该工程同步注浆压力设定为0.3~0.4MPa,考虑浆液硬化的时间效应,距盾尾不同距离的注浆层给予差异赋参,模量梯度满足水泥砂浆的硬化曲线。现场每天推进6~8环,据此假定距盾尾距离≥16m的注浆层方可达到预设模量。模拟过程中,所施加的顶进压力、千斤顶推力按照埋深进行变化,具体特征表现为:大堤段的泥水压力要高于后半段,且中间存在过渡段;大堤段的千斤顶推力同样要高于后半段,由于过渡段不明显,可视作阶梯式变化。

本次计算作用在高速公路桥面的静荷载取为36kPa,由于模型未建上部桥梁,故将上部荷载简化为面荷载施加在墩台顶上,以模拟桩基的既有状态,面荷载大小取1200kN/m²。

(4) 加固效果分析

选取无加固和加固后两种工况的应用效果进行对比。考虑到墩台各测点沉降规律的一致性,为避免数据冗杂,仅对比施工影响最为严重的91号墩台的JGC91-1测点,对比结果如图5.2-8所示。

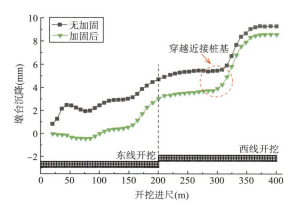

图 5.2-8 两种工况的墩台沉降对比

由图 5.2-8 可以看出,采取相应措施后,截至西线近接穿越,墩台沉降抑制效果明显,累积沉降控制在 2~3mm;至于"无加固"工况,面对东线掘进带来的突然扰动,存在一"激增"隆起变形,而后逐渐回落,截至西线近接穿越,墩台累积沉降控制在 5mm 左右。西线近接穿越后,沉降再度发展,所计算工况的最终沉降控制在 7~9mm,可见桥梁桩基加固能较好地抑制早期土体扰动对于近接桩基的作用影响。

(5) 大堤对桥梁桩基位移影响评估

为进一步探究邻近大堤对于近接穿越过程中桩基反应的作用影响,"杀死"大堤部分单元,对无大堤条件下近接桩基的施工影响进行模拟。为避免施工参数带来的不利影响,大堤段的顶进压力和千斤顶推力做相应调整,以保证同等的施工条件。考虑到大堤影响的普遍性,仅对比施工影响最为严重的 91 号墩台,对比结果如图 5.2-9 所示。

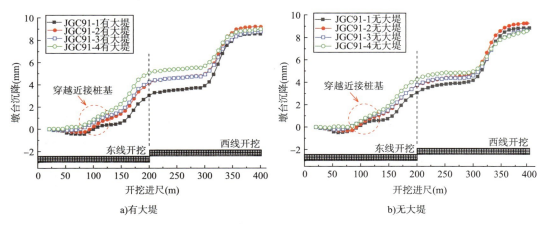

a) 有大堤　　　　　　　　　　b) 无大堤

图 5.2-9 有、无大堤墩台沉降对比

由图 5.2-9 可以看出,在同等的施工条件下,邻近大堤对于近接桩基的最终沉降量影响不大,其作用影响主要体现在东线贯通后的墩台倾斜度上。经计算,"有大堤"条件下,91 号墩台的最大倾斜度为 9.78‰,对应 JGC91-1、JGC91-2 测点;"无大堤"条件下的最大倾斜度为 6.17‰,相对降低 36.9%。此影响在西线完成近接穿越后,逐渐趋于零,这说明在特定的施工条件下邻近大堤对于墩台倾斜度的影响存在一定的时效性。

6）现场监测结果分析

盾构下穿过程中桥梁墩台的沉降监测结果如图 5.2-10 所示。

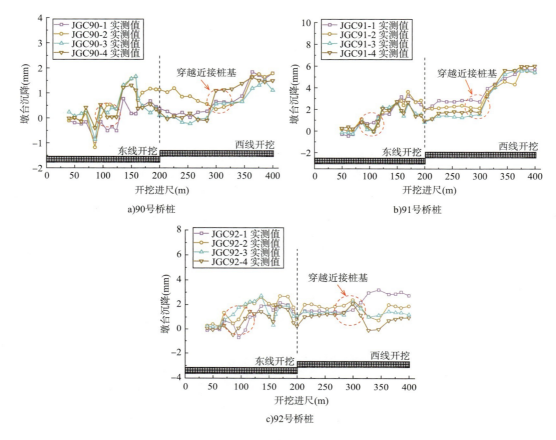

图 5.2-10 桥梁沉降监测曲线

由图 5.2-10 可以看出，相较 90 号、92 号墩台，位于东、西线之间的 91 号墩台沉降特征更为明显，盾构近接穿越时，沉降迅速发展，在盾构机离开 60～70m 后，才逐渐趋于稳定，截至东线贯通，累积沉降控制在 2～3mm；西线掘进过程中，大堤段沉降相对稳定，近接穿越时，沉降再度发展，而后趋于稳定，最终沉降控制在 5mm 左右。东线掘进过程中，由于分别居线路两侧，92 号墩台表现出与 91 号墩台基本一致的沉降规律；90 号墩台由于距离东线较远，虽受影响，但相对较小，截至东线贯通，累积沉降不到 1mm。相较 91 号墩台，90 号、92 号墩台的实测数据存在较大波动，可能由测量误差导致。92 号墩台存在小幅隆起，隆起量为 1～2mm；90 号墩台则隆起速率明显加快，截至西线贯通，累积沉降为 2～3mm。

上述各墩台的附加沉降、相邻墩台的差异沉降均在预警值内，其中 90 号、91 号墩台与 91 号、92 号墩台的现场实测差异沉降均在 4.0mm 左右，为预警值的 57%，说明所采取工艺在控制近接桩基变形方面的成效较为显著。

5.2.2 地面保护与盾构控制技术

1) 地面保护措施

(1) 北绕城高速公路

在距离西线隧道边线净距 1m 处施作钻孔灌注桩进行隔离保护。桩顶布设 1000mm × 800mm 联系梁,桩底至隧道结构下 3m,钻孔桩及联系梁混凝土等级为 C35。钻孔桩施工前探清地下管线情况,并对影响范围内的管线进行改移,施工过程中对管线进行监测。

(2) 黄河南岸大堤、泺口水文站

① 制定领导带班制度,施工期间加强巡查,发现问题及时制定措施进行处理;

② 加强施工期间大堤、水文观测系统、隧道结构的监测量控工作;

③ 根据河道演变以及定、动床实体模型试验分析数据,完善隧道平纵断面设计。

2) 盾构施工过程控制技术

① 通过对盾构穿越桥桩的模拟计算分析,在良好的施工状态下,桩基最大沉降约为 6.2mm,倾斜度约为 1/500,满足桥梁的保护要求。可采取加强穿越期间的施工控制及监控量测,并在管片上增设注浆孔,加强管片配筋等措施,东线隧道与桥桩净距相对较小,且为连续梁桥,采用门式旋喷加固,两侧加固厚度分别为 1m、1.5m,顶部厚度 5m。必要时采取袖阀管注浆加固、桥面临时支顶保护。

② 盾构机穿越前、穿越中和穿越后加强对桥梁桩基沉降的变形进行监测,并根据监测数据对施工参数进行合理的调整。

③ 随时调整盾构施工参数,减少盾构的超挖和欠挖,以改善盾构前方土体的塌落或挤密现象,降低地基土横向变形施加于桥桩的横向力。

④ 采用同步注浆,减少盾尾通过后隧道外周围形成的空隙,减少隧道周围土体的水平位移及因此而产生的对桥梁桩基的负摩阻力。

⑤ 当盾构穿越过后,桥梁基础可能会有不同程度的后期沉降。因此必须准备足量的二次补压浆材料以及设备,根据后期沉降观测结果,及时进行二次压浆,以便有效控制桥桩后期沉降,确保安全。

⑥ 加强桥梁桩基基础,盾构穿越前制定详细的施工组织方案,并报有关部门审批,保证穿越过程中桥梁基础的变形控制在有关部门要求的变形允许范围内。

3) 黄河南岸大堤、泺口水文站

盾构穿越前进行试验段 100m 的掘进,及时总结经验,分析沉降量与各种掘进参数的变化规律。及时调整参数,使盾构通过时对建筑物的扰动、沉降量最小。

盾构施工时优化施工参数,加强盾构姿态控制,保证同步注浆量,及时进行二次注浆。

盾构下穿建筑物前应对设备进行检查,确保盾构机匀速、快速通过,避免在建筑物下放停机。

盾构掘进通过时应加强对江堤和善卷楼的沉降监测,及时反馈指导施工。

第 6 章

粉黏土地层废弃泥浆环保处理及资源化关键技术

大时代

盾智行

构未来

黄河隧道开挖直径达 15.76m,盾构掘进段长达 2519m,穿越几乎全断面的粉质黏土地层,掘进过程中泥浆的产生量巨大。盾构掘进过程中开挖土体除少部分以块状排出、绝大部分以泥浆形式排出,开挖土层天然密度为 1.9g/cm³,按照排出泥浆密度为 1.2g/cm³ 估算,预计将产生 200 多万立方米泥浆。产生的泥浆通过排浆管路输出至地面泥水处理设备,后续会产生大量的黏土泥浆以及分离出来的渣土,按照存浆高度为 4m 考虑,则需要约近 800 亩(1 亩 = 666.6m²)场地进行处理和存放,实际施工中难以有大量场地进行存放。大量的废弃泥浆随意排放以及堆放,不仅会破坏环境、影响文明施工,同时还会造成土地资源的大量浪费。因此,考虑到大量废弃泥浆的规模化处置,选择合适高效的泥浆环保处理方案十分重要。高效的泥浆环保处理方案不仅可以直接减少废弃泥浆的排放,降低后续废弃泥浆处理的压力,同时可以降低一定的工程成本。

6.1 废弃泥浆高效絮凝-浓缩减量技术

6.1.1 泥浆基本性质

1)试验方法

含水率采用烘干法测定,设备有恒温烘箱、天平及铝盒如图 6.1-1 所示。测量时首先称得干铝盒质量为 m_0,接着将待测试样迅速装至铝盒内,称得铝盒和湿土的总质量为 m_1,盖好盖子后放入烘箱,黏土 105℃ 下烘干约 10h,烘干后盒加干土质量为 m_2,含水率按下式进行计算:

$$w = \frac{m_w}{m_s} \times 100\% = \frac{m_1 - m_2}{m_2 - m_0} \times 100\% \tag{6.1-1}$$

图 6.1-1　烘干法测含水率

2)泥浆密度

泥浆的密度采用 NB-1 型泥浆密度秤进行测量。NB-1 密度秤的原理是利用不等力臂杠杆,通过右侧可调节的游码与左侧装有泥浆试样的容器在支点处平衡。

试验前,必须对仪器进行校验,首先在左侧的泥浆杯中装满蒸馏水,随后将右侧游码缓慢移动至刻度 1 处,如果此时是平衡的说明此时密度秤是准确的。如果未达到平衡,则需要通过增加或减少圆柱内的金属配重球来使得气泡居中,达到平衡。游码在移动的过程中,标尺的读数为泥浆的密度,即泥浆密度与 4℃ 纯水密度的比值。NB-1 型泥浆密度秤如图 6.1-2 所示。

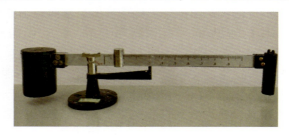

图 6.1-2　NB-1 型泥浆密度秤

3) 颗粒级配

泥浆的颗粒级配采用激光粒度仪进行测试,如图 6.1-3 所示。激光颗粒分析仪是利用光在传播过程中,前方受到与其波长尺度相差不多的颗粒的阻碍,发生波前的衍射和散射,其衍射和散射的角度分布与孔隙颗粒的尺寸有关。试验开始前,首先将待测底泥搅拌均匀,开始后,当主界面显示透光率和光强达到指定值时才满足添加试样的条件,在显示添加试样的消息后,才能用滴管进行添加,添加量达到要求时开始处理和分析数据。数据导出后,需尽快清洗仪器,以防止部分颗粒滞留于透光片上。数据即为泥浆颗粒级配的坐标值。

图 6.1-3　激光粒度分析仪

4) 试验结果

测试得到的泥浆颗粒级配曲线如图 6.1-4 所示。泥浆颗粒粒径分布见表 6.1-1。

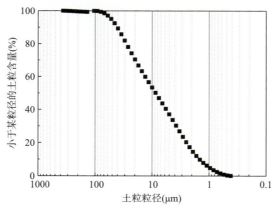

图 6.1-4　泥浆颗粒级配曲线

泥浆颗粒粒径分布表（单位：μm） 表6.1-1

d_{10}	d_{50}	d_{90}
1.46	8.709	39.921

注：d_{10}、d_{50}和d_{90}分别定义为小于某粒径的土粒含量分别为10%、50%和90%时所对应的粒径。

土力学中定义粒径小于5μm的颗粒为黏粒，从图6.1.4可以得到该泥浆中黏粒含量为37%。泥浆基本性质测试结果见表6.1-2，泥饼含水率测试结果见表6.1-3。

泥浆基本性质表 表6.1-2

密度(g/cm³)	土工含水率(%)	环境含水率(%)
1.17	350	77.7

泥饼含水率 表6.1-3

土样种类	土工含水率(%)	环境含水率(%)
筛分出泥块	20.3	16.9
压滤产生的泥饼	45.2	31.2

注：土工含水率为水的质量/干土的质量，环境含水率为水的质量/土体总质量。

6.1.2 絮凝剂对泥浆絮凝浓缩影响

1）氧化钙絮凝脱水试验

试验材料为现场粉质黏土经烘干磨细成粉后配制的比重为1.2，含水率为280%的泥浆。取1000mL泥浆置于烧杯中，先以200r/min的转速进行搅拌3min，使其均匀，而后向其中添加CaO干粉并以100r/min转速搅拌1min，使其自然沉降。试验结果如图6.1-5所示。

a)0%　　b)3%　　c)5%　　d)10%　　e)15%　　f)25%

图6.1-5 不同CaO添加量下泥浆絮凝半小时照片

图6.1-5为不同添加量下泥浆絮凝半小时照片。可以看出相比于原泥，添加CaO后泥浆自然沉降后的上清液浊度明显降低。图6.1-6为不同CaO添加量下泥浆的絮凝沉降曲线。可以看出，相比于原泥，当CaO添加量为3%时，泥浆沉降速度降低。当添加量为5%时，泥浆在最初30min之内的沉降速度增加，幅度较大，30min之后，泥浆的沉降速度降低，幅度较小。随着CaO添加量继续增加，泥浆的沉降速度呈降低趋势，且幅度较大，当添加量为25%时，泥浆自然沉降为60min时的烧杯读数约为原泥的1.5倍。因此，仅以CaO改善泥浆沉降速率为评价指标，5%为最佳添加量；CaO并不能有效提高泥浆的沉降速率，从而不能快速实现泥水分离，但其可以有效降低泥浆自然沉降后上清液浊度。

2）有机絮凝剂聚丙烯酰胺（PAM）脱水试验

采用有机絮凝剂PAM对泥浆进行絮凝试验，具体试验编组以及使用药剂见表6.1-4。

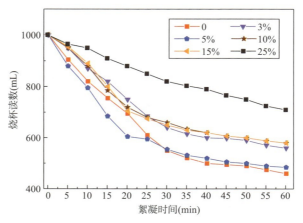

图 6.1-6 不同 CaO 添加量下泥浆的絮凝沉降曲线

PAM 絮凝剂表   表 6.1-4

编号	絮凝剂种类	分子量	离子度/水解度
C1	阳离子聚丙烯酰胺	≥700 万	4~7
C2			8~12
C3			14~17
C4		≥800 万	34~38
C5			50~55
C6			65~70
A1	阴离子聚丙烯酰胺	1900 万左右	30~35
A2			25~30
A3		1700 万左右	25~30
A4			15~20
A5		1500 万左右	10~15
NPAM	非离子聚丙烯酰胺	800 万~1000 万	1~3

（1）添加阳离子聚丙烯酰胺（CPAM）后，絮凝效果相差不大，上清液的浊度因离子度的不同而有所差异。阳离子聚丙烯酰胺的离子度和阳离子电荷的密度有关，密度越大其离子度越高，则分子量越低。本组试验以絮凝剂添加量 0.3% 进行试验，图 6.1-7 为 20min 后絮凝效果图。图 6.1-8 为 800 万的阳离子聚丙烯酰胺进行试验，20min 后絮凝效果图。

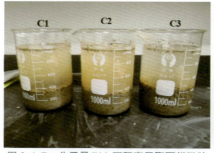

图 6.1-7 分子量 700 万阳离子聚丙烯酰胺（CPAM）脱水效果图

图 6.1-8 分子量 800 万阳离子聚丙烯酰胺（CPAM）脱水效果图

可以看出，由于添加量的减小，絮团的体积增大，上清液体积明显减少，同时上清液的浊度也比 C1、C2、C3 组试验的上清液浊度大，絮凝脱水效果并不好。且该絮凝剂离子度较大，药剂价格较高，因此不考虑使用分子量大于或等于 800 万的阳离子聚丙烯酰胺进行絮凝脱水。

（2）添加阴离子聚丙烯酰胺（APAM）后，上清液和絮体快速出现明显的分层现象，泥水分离效果较好。上清液和絮体快速出现明显的分层现象，泥水分离效果较好，泥浆上清液与泥浆颗粒之间形成了较为清晰的界面。本组试验以絮凝剂添加量 0.1% 进行试验，添加 30min 后絮凝效果图如图 6.1-9 所示。

图 6.1-9　添加阴离子聚丙烯酰胺（APAM）絮凝试样

（3）添加非离子聚丙烯酰胺（NPAM）后，泥浆絮凝沉降较快，形成的上清液体积比添加其他种类的絮凝剂后都要多，但形成的上清液较为浑浊。

本组试验以絮凝剂添加量 0.1% 进行试验，添加 1h 后絮凝效果如图 6.1-10 所示，添加非离子聚丙烯酰胺絮凝沉降曲线如图 6.1-11 所示。

图 6.1-10　添加非离子聚丙烯酰胺（NPAM）絮凝试样

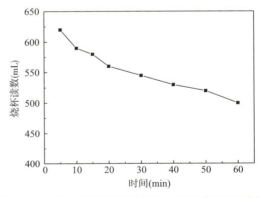

图 6.1-11　添加非离子聚丙烯酰胺（NPAM）絮凝沉降曲线

3）无机絮凝剂脱水试验

添加无机絮凝剂聚合氯化铝（PAC）后，泥浆絮凝沉降较缓慢，最终形成的上清液远少于有机絮凝剂添加后形成的上清液，泥水分离效果不好。添加聚合氯化铝（PAC）絮凝试样如图 6.1-12 所示，添加聚合铝（PAC）絮凝沉降曲线如图 6.1-13 所示。

综上所述，在项目中使用阴离子聚丙烯酰胺（APAM）作为絮凝剂是一个很好的选择。它能够快速地使上清液和絮体出现明显的分层现象，实现良好的泥水分离效果。此外，由于

PAM 大分子是长而细的链状体,在溶液中运动的阻力很大,因此分子量越高的 PAM 的溶液黏度越大,形成的絮体颗粒较大,不易破碎,更容易实现固液分离。这些特点使得阴离子聚丙烯酰胺(APAM)在黄河下游粉质黏土地层中废弃泥浆絮凝-浓缩具有很好的应用前景。

图 6.1-12　添加聚合氯化铝(PAC)絮凝试样

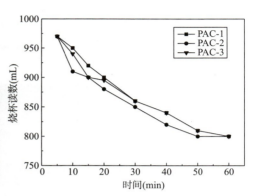

图 6.1-13　添加聚合氯化铝(PAC)絮凝沉降曲线

6.2　重力滤水-低压压滤-高压压榨一体化高效泥浆脱水处理技术

为解决盾构泥浆处理设备中存在的设备处理量低、不能连续运行等问题,结合带式压滤机连续运行及板框压滤机脱水程度高的特点,研究开发一体化的泥浆连续式高压脱水装备。该项目首先研制开发了一台适合试验室条件的小型连续式脱水设备,对设备用于泥浆脱水的可行性及设备的工艺参数进行了优化,为后续示范工程的现场设备设计制造提供条件;在室内小型设备的基础上,设计并基本生产完成了一台现场中试设备,后续对中试设备开展调试和优化工作。

6.2.1　室内泥浆压滤脱水试验

1)试验材料

试验所用泥浆取自济南穿黄隧道施工现场,为沉淀池里面的废弃泥浆,试验所选药剂见表 6.2-1。

泥浆试验所选用的絮凝剂　　　　表 6.2-1

序号	药剂	浓度	参数
1	阴离子型 PAM (下称 PAM-)	0.1%	分子量≥1800 万
2	阳离子型 PAM (下称 PAM+)	0.1%	离子度≥40%
3	聚合氯化铝 (下称 PAC)	5%	有效成分≥28%

2) 试验设备

在带式压滤机的基础上,研制了一台小型试验机。试验机如图 6.2-1 所示。

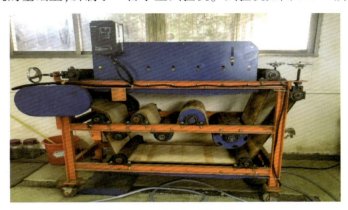

图 6.2-1　小型连续带式压滤机

该设备包括了重力脱水段、一级低压脱水段及二级低压脱水段,但是限于对压辊制造尺寸及压力的问题,小型试验机上难以设置高压型对压辊进行高压段滤水,但是不影响对该设备原理的验证。

3) 试验步骤

(1) 将样品置于水桶中,搅拌均匀后取一定量倒入烧杯中。

(2) 加入一定量的 PAM - 搅拌。

(3) 观察是否絮凝,如没有絮凝,重复第 2 步。

(4) 絮凝后再加入其他药剂(根据实验方案而定),进行搅拌。

(5) 将絮凝后的泥浆倒在带式压滤机试验机的滤带上,待泥团表面没有明显积水后,启动试验机进行压滤。

(6) 收集滤饼,测定含水率。

(7) 评价项目。

(8) 本次小型设备试验旨在初步探索处理工艺,指出可能的工程方案,故不设定量的评价项目。

4) 试验方案

使用图 6.2-1 所示的带式压滤机开展废弃泥浆的压滤脱水试验,具体试验方案见表 6.2-2。所用药剂包括 PAM 类和 PAC 类。为了尽可能地提高泥浆压滤脱水效果,开展不同药剂的单掺与复掺试验,药剂的添加方式按照现场废弃泥浆的处理工艺确定。

泥浆压滤试验方案　　　　表 6.2-2

序号	泥浆体积(mL)	加水稀释(mL)	药剂 1	药剂 2	药剂 3	备注
1	500	0	PAM -	PAM +		加入 PAM - 絮凝后,倒掉上清液并用力搅拌絮块使其破碎
2	500	0	PAC	PAM -		
3	500	0	PAM -			

续上表

序号	泥浆体积(mL)	加水稀释(mL)	药剂1	药剂2	药剂3	备注
4	500	500	PAM -	PAM +		加入 PAM - 絮凝后，倒掉上清液并用力搅拌絮块使其破碎 使用多联搅拌机搅拌，转速 350r/min，桨叶为单层平直桨叶
5	500	500	PAM -	PAC	PAM -	
6	500	500	PAM -	PAM +		
7	500	500	PAC	PAM -		
8	500	0	PAM -			
9	500	500	PAM -			

5）试验结果及分析

带式压滤的小型试验机试验结果见表 6.2-3。

小型试验机试验结果　　　　表 6.2-3

序号	试验结果	含水率(%)
1	加入 220mL PAM -，絮凝后泥水分层，上液浑浊；倒掉上液后，加入 50mL PAM +，搅拌均匀后，絮团大块、颗粒清晰	38.49
2	加入 60mL PAC 后，加入 300mL PAM -，未能成功絮凝	
3	加入 240mL PAM -，充分搅拌，絮团大块、颗粒清晰	40.99
4	加入 160mL PAM -，絮凝后泥水分层，上液浑浊；倒掉上液后，加入 30mL PAM +，搅拌均匀后，絮团大块、颗粒清晰	39.56
5	加入 180mL PAM -，絮凝后泥水分层，上液浑浊；加入 20mL PAC，搅拌均匀后絮团破碎；再次加入 10mL PAM -，上液比较清澈，絮团大块、颗粒清晰	39.46
6	加入 160mL PAM -，絮凝后泥水分层，上液浑浊，絮团大块、颗粒清晰；加入 30mL PAM +，搅拌均匀后上液依然浑浊，絮团变小，但颗粒依然清晰	40.66
7	加入 20mL PAC 后，加入 200mL PAM -，未能成功絮凝	
8	加入 220mL PAM - 后，启动搅拌机，搅拌 268s 后，PAM - 未能完全反应	
9	加入 160mL PAM - 后，启动搅拌机，搅拌 300s 后，PAM - 未能完全反应	

通过对小型试验机试验结果的分析，可以得到以下结论：

（1）泥浆可以直接加入 PAM - 进行絮凝，但是应注意搅拌时间。

（2）泥浆浓度与 PAM - 用量成正比。

（3）对本次试验样品而言，PAM + 并不是必须添加品。

（4）先加入 PAC，不利于絮凝。

（5）连续式压滤设备，可以实现连续运行，在未使用高压对压辊的前提下，可以将泥浆含水率控制在 40%。

（6）包含重力、一级、二级低压脱水段的连续式脱水设备在工艺原理上对泥浆进行脱水是可行的，如果将二级脱水段改为高压脱水，可以实现后续的深度脱水。

6.2.2 新型连续式高压脱水设备

目前的研究结果表明,泥浆经过调理,使用连续带式压滤机可以实现泥浆深度脱水的效果,并且兼具了连续运行的功能。但是小型试验机受限于机架结构强度、对辊尺寸及强度、滤带加工等问题,无法进一步实现高压段的脱水,压滤出的泥饼减量化程度不明显,也制约了后一步的处置及资源化利用。

在参考针对市政污泥深度脱水带式压滤机的基础上,研制了一台连续式高压脱水中型试验设备。该设备与试验所用小型试验设备以及其他针对市政污泥的带式高压设备的主要区别包括:

(1)将药剂的调理和浓缩集成于一体,实现了设备的集成化和小型化。

(2)重力脱水段实现连续、准确进料,解决了小型试验机试验需要人工布泥的问题。

(3)因泥浆经过重力段脱水后,较市政污泥,已经达到了预脱水的目的,因此在针对泥浆的高压带式脱水设备中,不再设置类似市政污泥脱水的契形脱水段,而是直接进入低压脱水段。

(4)原来针对市政污泥的高压带式设备,需要在高压段使用更高的过滤压力或使用多段式高压,才能保证污泥的脱水效果。泥浆以无机物为主,经过调理后泥水分离效果较为明显,因此在高压段的压力可以适当降低,并且经过多次测试,使用一个高压段即可保证脱水效果。大大降低了设备占地面积和运行成本。

1)设备组成及主要参数

设备的立面图及实体图如图 6.2-2、图 6.2-3 所示。

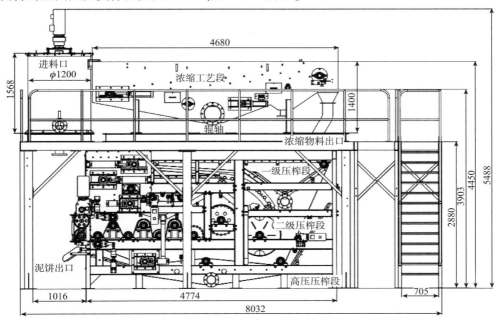

图 6.2-2 连续式高压脱水设备剖面图(尺寸单位:mm)

图 6.2-3　连续式高压脱水设备实物图

设备的功能分区主要包括：

(1) 重力脱水段

重力脱水段指进料斗进入的污泥由上滤布承托运行的一段区域，此区域由两部分组成：一部分为污泥浓缩段，另一部分为压滤段的前半段。被絮凝的泥浆泵送至滤带，使絮团之间的自由水在重力作用下与絮团分离，逐步降低絮团含水率，使得泥浆流动性变差，也为下一步进入低压区提供条件，避免因含水率过高出现跑泥、跑偏等问题。

重力脱水段的主要设备包括耙式分料器、翻转装置及带倾斜角的滤布等，污泥的布料高度可调节、耙式分料器与滤带采用软接触，可防止滤带意外损坏，使进料分布均匀，渗水迅速，提高了重力脱水的效率。

(2) 低压脱水段

泥浆经重力脱水之后，流动性明显变差，但仍难满足高压压榨脱水段对泥浆流动性的要求，因此，在高压脱水段和重力脱水段之间，加了一个低压脱水段，泥浆经该段的挤压脱水之后，流动性完全丧失，这样就保证了泥浆在高压脱水段不会被挤出，为通过高压段进一步降低含水率创造条件。辊轴的布置采用 S 形布设。

低压脱水段由辊轴和滤布组成，在一定的接触压力下，泥浆依靠滤布与辊轴之间的压力，将部分水分再次脱除，使泥浆完全失去流动性。

(3) 高压脱水段

泥浆经过低压脱水辊之后，在带张力的作用下，使上、下滤带夹着滤饼绕着高压榨辊进行反复地挤压与剪切作用，脱除了大量的毛细作用水，使滤饼水分逐渐减少。

低压和高压这两个工作区域在设备上可统称为压榨过滤段，压榨辊的布置方式一般有 P 形布置和 S 形布置两大类。P 形布置的辊轴，直径相同，滤带平直，辊轴与滤带的接触面小，压榨时间短，泥浆所受的压力大而强烈，常会造成亲水性颗粒从滤布两侧跑料。而 S 形布置即辊轴错开布置，滤布呈 S 形，辊轴与滤布接触面大，压榨时间长，泥浆所受的压力较小而缓和。本设备也采用 S 形布置，但压辊直径从大到小排列。泥浆在每个辊轴上所受的压强与滤布张力和辊轴直径有关，当滤布张力一定时，泥浆在大辊轴上受到的压强小，在小辊轴上受到的压强大，一般泥浆在脱水时，为防止从滤布两侧跑料，施加在它上面的压强从小到大逐步增加，泥浆中的水分逐步脱去，含固率逐渐提高，因此，辊轴直径大的在前，小的在后并逐步减少，这样在脱水区域上就分为低压脱水区和高压脱水区，保证达到产生较高的压力挤出泥浆中的水分，使泥饼含水率进一步降低。

本中试设备的关键参数：
①带宽1.5m，处理泥浆能力不小于60m³/h。
②重力脱水段：浓缩后含水率≤90%。
③低压脱水段：滤带张力3.0kg/cm²，含水率≤60%。
④高压脱水段：压力4.0kg/cm²，含水率：20%~40%。

2) 设备特点

采用中型试验机，对调理后的泥浆进行试验。由于中型试验机使用泥浆量较大，因此试验使用了小型试验机试验中效果较好的一组调理剂进行。调理剂采用0.048%分子量为1800万APAM和添加量为1%粒径150μm的CaO进行调理。试验共进行了两组，结果见表6.2-4。

中型试验机试验不同工艺段含水率　　　　　　　　　　　　　　表6.2-4

批次	进料	重力脱水段	低压脱水段	高压脱水段
1	357%	82.7%	66.7%	52.5%
2	351%	84.7%	63.8%	49.7%

3) 应用效果

使用重力滤水-低压压滤-高压压榨一体化高效泥浆脱水处理技术泥水盾构施工废弃泥浆采用该技术处理，减少泥饼外运体积8%。双线共产生230万m³废弃泥浆，按照原技术处理废弃泥浆约产生80万m³泥饼，共降低泥饼外运体积6.4万m³，重力滤水-低压压滤-高压压榨一体化高效泥浆脱水处理技术可以有效提高废弃泥浆脱水效率，降低泥饼含水率，减少泥饼外运成本，明显提高项目的经济效益。此外，改良后的泥饼共有5万m³泥饼用于周边道路填方工程，在满足使用要求基础上能够明显提高项目的经济效益，还能大大降低废弃渣土外运和堆放带来的占用土地、洒漏等环境污染风险。

6.3 脱水泥饼再利用技术

6.3.1 泥饼基础物理性质

泥饼的基本性质对其物理力学性能有决定性的作用，因此本章首先对泥饼的基本性质进行分析，包括土工含水率、pH、级配、有机质含量和液塑限指数等，结果见表6.3-1。

泥饼基本性质　　　　　　　　　　　　　　表6.3-1

土工含水率(%)	pH值	液限(%)	塑限(%)	塑性指数	有机质含量(%)
58	11.9	56.6	29.2	27.4	0.6

可以看出泥饼土工含水率仍然较高，为58%。泥饼pH值很大，为11.9，属于强碱性土，这主要是由于在板框压滤过程中添加了氧化钙作为助滤剂。泥饼有机质含量较低，液限、塑限和塑性指数均较高。

《土的工程分类标准》(GB/T 50145—2007)中17mm液限所对应的塑性图如图6.3-1所示,可以看出压滤后泥饼属于低液限粉土(ML),根据《公路路基设计规范》(JTG D30—2015),其不可以直接用于道路填方,需改性后才能使用。

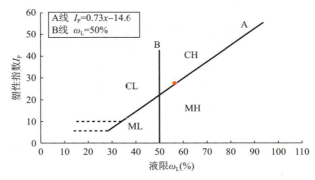

图6.3-1　17mm液限所对应的塑性图

6.3.2　石灰土改良土物理学性质测试

由于压滤后泥饼物理性能较差,不能直接用于道路填方,因此使用石灰对其进行改性,测试改良后土的物理力学性质,主要包括含水率、液塑限、压实试验和加州承载比试验。试验所用石灰取自工地现场。石灰的添加量分别为3%、6%、9%、12%和15%,添加量是按照泥饼干重百分比添加的。

1）含水率

泥饼含水率随石灰添加量变化曲线如图6.3-2所示,可以看出随着添加量的增加,泥饼含水率逐渐减小。当添加量由0增加至9%时,曲线接近直线,且斜率较大,说明在该添加量范围内,泥饼含水率随添加量变化幅度较大。当添加量继续增加时,曲线斜率逐渐减小,泥饼含水率随石灰添加量增加变化幅度逐渐减小,这表明添加量继续增加时,其对泥饼含水率的影响逐渐减小。

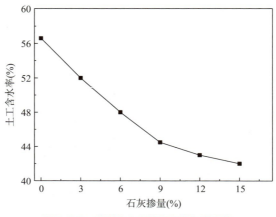

图6.3-2　泥饼含水率随石灰添加量变化

2）液塑限

液限是细粒土呈可塑状态的上限含水率,塑限是细粒土呈可塑状态的下限含水率。如

图 6.3-3 所示随着石灰添加量的增加,泥饼液限逐渐减小,塑限逐渐增加,塑性指数逐渐减小。当添加量由 0 增加至 15%,泥饼液限由 56.2% 降至 49%,变化幅度较小,且在石灰添加量逐渐增加过程中,泥饼液限变化曲线斜率基本相同,表明泥饼液限随石灰添加量增加变化不大。当石灰添加量由 0 增加至 9% 时,塑限增加幅度较大(14.6%),当添加量继续增加时,塑限保持稳定,几乎不再变化。当石灰添加量由 0 增加至 9% 时,塑性指数大幅度降低,当添加量继续增大时,曲线斜率减小,塑性指数降低速率变小,表明当石灰添加量大于 9% 时,石灰对泥的塑性指数的影响逐渐降低。

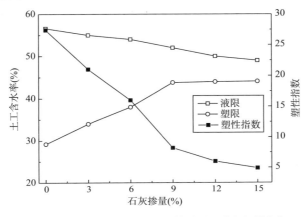

图 6.3-3 泥饼界限含水率及塑性指数随石灰添加量变化

3)击实试验

土的压实性能指的是在某一含水率下,通过施加外荷载的方式,使土能够压实到某种密实度的性质。通常认为,土的密实度越大,其承载力越大,路用性能就越好。因此,在工程应用中,土的压实性显得尤为重要。石灰改性土干密度随含水率变化曲线如图 6.3-4 所示。

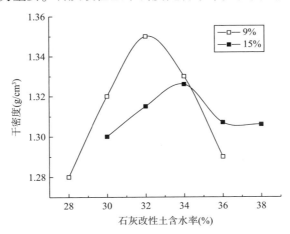

图 6.3-4 石灰改性土干密度随含水率变化曲线

由两组击实试验结果,可以得到 9% 石灰土和 15% 石灰改性土的最优含水率分别为 32% 和 34%,相应的最大干密度分别为 1.35g/cm³ 和 1.33g/cm³。

4) CBR 试验

加州承载比(CBR)定义为标准试件在贯入试样 2.5mm 时所施加的试验荷载与标准碎石材料在相同贯入深度时所施加的荷载之比值,以百分率表示。在工程中 CBR 是用来表征土强度的一个主要指标。

结合改性土基本性质测试结果,对 9% 和 15% 改性土在 100% 压实度下的试件进行 CBR 试验,结果见表 6.3-2 和表 6.3-3。参照《公路路基设计规范》(JTG D30—2015)对各种用途土的压实度与 CBR 值的要求(表 6.3-4、表 6.3-5)可以发现,压滤产生的泥饼经过石灰改性后,且不养护时,其 CBR 强度不满足一、二、三、四级公路的路堤和路基填土设计要求,不具有用于道路填方的可行性。这可能是因为改性土没有进行养护,导致强度较低,实际上现场应用时,都会有 7d 左右的养护时间,因此,对养护 7d 之后的土的 CBR 进行测试,结果见表 6.3-3,可以发现,养护 7d 之后的土样强度满足相关规范要求。因此,使用石灰改性废弃泥饼是可行的。后续还会使用其他改良剂对泥饼进行改良,并进行相关试验。

CBR 试验结果(未养护)　　　　　表 6.3-2

试验条件	压实度(%)	CBR(%)
9% 改性土	100	1.97
15% 改性土	100	1.88

CBR 试验结果(养护)　　　　　表 6.3-3

试验条件	压实度(%)	CBR(%)
9% 改性土	100	3.6
15% 改性土	100	3.2

路堤填料最小压实度与强度要求　　　　　表 6.3-4

项目	路面底面以下深度(m)	填料最小强度(CBR)(%)			压实度(%)		
		一级公路	二级公路	三、四级公路	一级公路	二级公路	三、四级公路
上路堤	0.8~1.5	4	3	3	≥94	≥94	≥93
下路堤	1.5 以下	3	2	2	≥93	≥92	≥90

路基填料最小压实度与强度要求　　　　　表 6.3-5

项目	路面底面以下深度(m)	填料最小强度(CBR)(%)			压实度(%)		
		一级公路	二级公路	三、四级公路	一级公路	二级公路	三、四级公路
填方路基	0~0.3	8	6	5	≥96	≥95	≥94
	0.3~0.8	5	4	3	≥96	≥95	≥94

6.4 废弃泥浆环保处理及资源化处理方案与现场应用

6.4.1 编制依据

根据施工条件和按序施工的原则,发挥设备性能,充分考虑质量及安全要求。项目场地平面布置图、泥水处理施工流程图如图 6.4-1、图 6.4-2 所示。

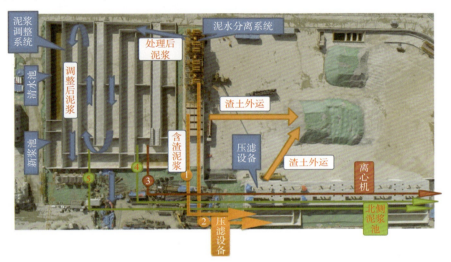

图 6.4-1 场地平面布置图

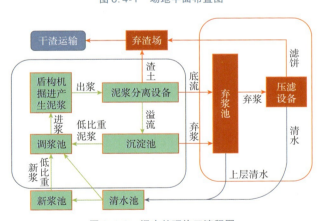

图 6.4-2 泥水处理施工流程图

6.4.2 泥水分离系统施工流程

泥水分离设备的选型依据黄河隧道的地质资料、颗分曲线、盾构掘进参数等,经计算进浆量 $Q_{in} = 2243 m^3/h$,出浆量 $Q_{out} = 2671 m^3/h$。

单台盾构机配一套三川德青生产的 ZXSⅡ-3000/20 型泥水处理设备。该工程使用的 ZXS

Ⅱ-3000/20 型泥水分离设备是由 3 套 1000m³/h 型泥水分离系统模块组成的,可根据其他工程的具体要求进行系统拆分或重组,具有较强的工程适用性。

泥水分离设备规格、型号为 ZXSⅡ-3000/20,每小时分离能力为 3000m³,最小分离粒径为 20μm,如图 6.4-3 所示。

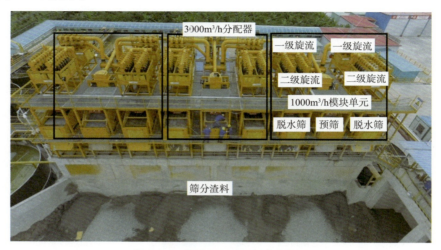

图 6.4-3　单套 3000m³ 泥水分离设备

泥水分离设备的工作原理如图 6.4-4 所示。

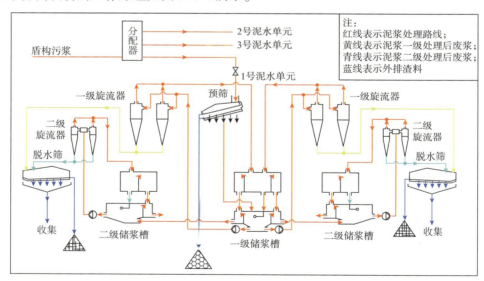

图 6.4-4　分离设备工作原理

(1) 盾构机排出的污浆由排泥泵直接送入预筛分系统,经过预筛分器上下两层粗筛的筛选将粒径 >3mm 的渣料筛出。

(2) 筛余的泥浆进入一级储浆槽,由一级渣浆泵泵送入一级旋流器组进行除渣旋流分选,旋流器组底流直接落入脱水筛粒径 >74μm 的渣由下层筛脱水后排出。

(3) 进行一级处理的泥浆进入二级储浆槽由二级渣浆泵从二级储浆槽内泵送入二级旋流

器组进行除泥旋流分选,旋流器组底流直接落入脱水筛粒径>20μm的渣由上层筛脱水后排出;先后经过两次除渣除泥处理后的泥浆进入调浆泥浆池,经调浆泥浆池调配后泵送回井下,进入盾构环流系统重复使用。

该工程隧道主要穿越地层以粉质黏土为主,在掘进时,泥水分离设备无法分离小于20μm的黏性颗粒,这些黏性颗粒随泥浆流入沉淀池,造成泥浆比重增大。泥水设备厂家根据黏性颗粒分析计算每环产生废浆(密度大于$1.2g/cm^3$)约$630m^3$,每环掘进结束后即可实测沉淀池内泥浆密度,若密度大于$1.2g/cm^3$,使用废浆泵将沉淀池内的泥浆排到废浆池。如果废浆不及时排出将会直接影响到泥浆的携渣能力及环流系统的泵送能力进而影响到盾构机的掘进效率。

施工准备工作计划安排时间10d,主要完成运输船及辅助设备等的调遣和吹船下水组装、输泥管线的架接、测量等开工准备工作。

6.4.3 压滤系统施工流程

系统工作步骤:泥浆收集→泥浆改性→压滤(含送浆、建压)→排水→隔膜压榨→吹气脱水→卸料→管路冲洗,单套压滤设备如图6.4-5所示。

图6.4-5 单套压滤设备

密度较大的废浆进入压滤单元进行固液分离,分离后渣料含水率≤30%,适合渣土车运输。

6.4.4 废液处理工艺

废浆处理施工中投放的药剂为生石灰,学名氧化钙,化学式为CaO。添加生石灰作为改良剂对泥浆进行改良处理。添加生石灰后排出水为碱性水,需对此碱性水添加草酸中和处理。中和后的水排至泥浆环流系统调浆池,不会对地下水产生影响。盾构施工产生不可循环的泥浆由压滤机添加药剂进行压滤处理,排出水pH值13~14,适时调整药剂添加量和中和剂添加量,始终将外排水pH值控制在要求范围内。大部分中和后的水进入泥浆环流系统调浆池循环使用,少部分中和后的水作为场地内扬尘治理措施之一的雾炮机用水,同时可作为施工用车的洗车用水等。

第 7 章
隧道衬砌结构高精度预制及拼装技术

大时代

盾智行

构未来

盾构段隧道设计为双管双层隧道,上层为双向六车道的市政公路,下层为轨道交通预留工程。该项目π形箱涵尺寸为5.42m×6m×2m(长×高×宽),是国内超大π形箱涵首次采用同步安装工艺,面临预制、吊装、运输、安装等一系列难题。受轨道交通限界影响,盾构施工、管片拼装及后期轨道施工累计最大偏差不能超过15cm,对盾构姿态控制、箱涵预制拼装精度要求高。

7.1 管片和箱涵模具设计

7.1.1 管片模具设计

济南黄河隧道工程,是国内直径最大的公路与城市轨道交通合建隧道,也是穿越黄河直径最大的盾构隧道,隧道盾构段长2.519km,隧道管片外径15.20m,管片内径为13.90m,壁厚0.65m,管片环宽2m。盾构隧道采用直径为15.76m的泥水平衡盾构机,一环管片采用"9+1"的10分块设计,每环质量约150t,单块质量最大为17t左右,管片混凝土强度等级为C60,抗渗等级为P12,3D模型如图7.1-1、图7.1-2所示。

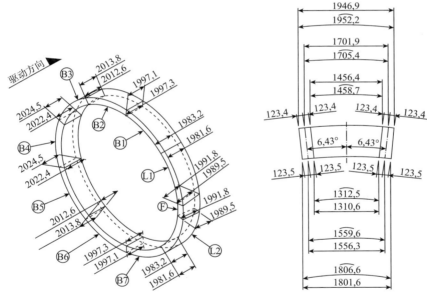

图7.1-1 济南黄河隧道管片成环3D模型　　图7.1-2 济南黄河隧道单块管片(F块)

在对钢模设计深入了解后,利用SolidWorks的参数化设计特点和设计库功能,可以非常容易地构建一套易于使用的傻瓜型钢模改型设计系统,管片模型如图7.1-3所示。

7.1.2 箱涵模具设计

预制场进行箱涵模型的3D验证和箱涵钢筋BIM设计,可以直接用于指导生产,箱涵3D模型与箱涵钢筋BIM模型如图7.1-4与图7.1-5所示。

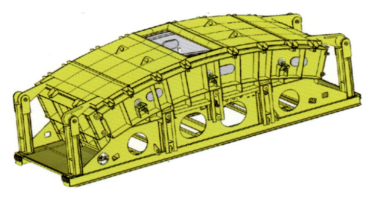

图 7.1-3　济南黄河隧道管片模具 3D 模型

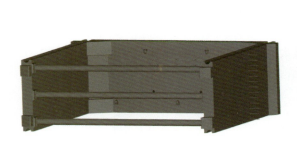

图 7.1-4　箱涵 3D 模型

图 7.1-5　箱涵钢筋 BIM 设计

自主研发液压顶推系统,实现了大型预制箱涵翻转难题(图 7.1-6),使得箱涵翻转更高效、安全、无磕碰。

图 7.1-6　箱涵翻转装置

7.2 衬砌结构预制技术

7.2.1 管片预制

管片、箱涵的拼装质量,很大程度由预制质量决定,为做好管片、箱涵的高精度预制,从预制方案到现场实施,都进行了详细策划和控制。

(1) BIM 建模精度验证技术。管片、箱涵采用 BIM 技术进行设计分析,精准定位每根钢筋、预埋件位置,同时按照施工要求制作钢筋焊接动画效果,固化焊接工作流程,指导工人生产,并将采用的管片模具 3D 建模,模拟模具脱模,从源头提高模具制造精度。

(2) 管片模具、箱涵模具制造技术的创新。为提高轨道式生产线的运行精度,管片模具在国内首次采用三对轮轴,避免了双轮轴模具运行过程中易引起的管片混凝土扰动和脱轨问题,同时在基础设计时采用精密水准仪测量,提高模具行走的精度控制。而箱涵模具直接摒弃惯例做法,首次采用数控铣床加工平台加工箱涵模板,加工精度为 0.5mm,首次采用重载精密直线滚动导轨作为所有内、外模的开合运动导轨,确保箱涵拼装的精度,管片模具如图 7.2-1 所示。

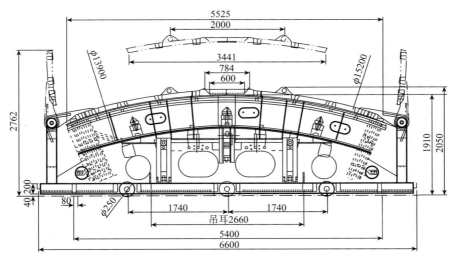

图 7.2-1　管片模具(尺寸单位:mm)

(3) 对管片生产线进行技术革新,确保模具行走平稳,提高模具施工工艺精度水平。以往生产线采用的模具顶推、挂钩拉模等形式,模具突然受撞击力,或者启动时受力过猛,容易产生混凝土扰动,对管片质量会产生一定的影响。本工程通过 PLC(型号:西门子 ET200S)TCP/IP 协议控制变频器 G120C 对交流电机的速度进行控制,通过变速行走来消除模具启动时的受力影响。

(4) 定期采用 3D 测量技术(图 7.2-2)测量模具精度,提高模具使用的控制精度。隧道管片模具采用 3D 成像技术来完成生产线模具的精度测量,测量精度 0.05mm。管片 3D 智能检测设备主要由桁架、工业机器人、3D 相机等核心部件构成。整个检测过程一键式操作,自动采集控制、自动分析处理、自动输出成果报表,无须人工干预。

图 7.2-2　管片 3D 测量

7.2.2　箱涵预制

1)箱涵高精度模具

以往箱涵模具制造一般采用钢板原板切割后直接加工成模板,类似于桥梁模板加工工艺,模板表面采用原钢板面,加工误差一般不超过 10mm,钢板背面采用方钢焊接,此类钢板在施工过程中容易变形,从而导致尺寸超标、漏浆等质量问题。

济南黄河隧道工程是实现济南新一轮规划发展及新旧动能转换的标志性工程,其重要性不言而喻,为实现这一目标,该次箱涵模板采用高刚性、高精度、高抗变形能力加工工艺,部分工艺设备如图 7.2-3 所示。

　　　　a)箱涵模板模板制作

　　　　b)模板加工龙门铣床

图 7.2-3　箱涵预制设备

(1)模板面均由钢板拼焊而成,模片厚度达 250mm。

(2)所有内、外模制作工艺如下:筋板框架拼焊后,进行回火和切削加工,然后拼焊模片面板,再进行二次回火和切削加工,经切削加工后,进行抛光抛亮处理。

(3)为消除内应力,提高稳定性,底模拼焊后,先进行回火处理,再进行金属切削加工。

(4)所有模片的周边、模片结合面、模片面板表面,底模周边、结合面、上平面,底模与导轨基座的结合面,所有导轨的安装基面均进行金属切削加工。

(5)底模上平面,内、外模片面板表面经切削加工后,再进行抛光处理。

（6）为提高箱涵制件的外表面光洁度，模片面板可采用Q235复合板制作。

（7）采用重载精密直线滚动导轨作为所有内、外模的开合运动导轨。

2）箱涵钢筋加工采用自动化设备

本工程引进美国最先进的数控钢筋锯切套丝生产线，如图7.2-4所示，它是一款集钢筋自动锯切、镦粗、套丝、打磨于一机的智能加工设备，该设备能将钢筋棒材按照需求自动锯切成所需要长度，并实现自动镦粗、套丝、打磨的工序加工，整套设备仅需1人操作，具有切削效率高、定尺精准、节能省料、操作简单等特点。

a)数控钢筋锯切套丝生产线　　　　　　　　b)钢筋套丝成品

图7.2-4　钢筋锯切套丝生产

本工程同时引进全自动数控钢筋弯箍机，如图7.2-5所示，它是一款一体化自动送料机构，尺寸精度高，操作简单，结合盘螺调直和预设钢筋图形弯制等功能，配有自动接料装置，只需一人即可操作设备，具有安全性能高、效率高、使用寿命长、故障率低等特点。

图7.2-5　自动数控钢筋弯箍机

7.2.3　质量检测

1）钢筋加工焊接信息化工序

钢筋加工班班组通过触控一体机登录钢筋笼班组岗信息化管理并根据生产管理人员下发的日计划对各个骨架焊接人员进行任务工单分配，班组长根据日计划并结合每位焊工的实际操作能力打印相对应的骨架条码标签，并将条码标签分发给每位焊工，骨架焊接人员每制作完一个骨架，就在骨架特定位置张贴骨架条码标签。钢筋加工工序如图7.2-6所示。

a)钢筋加工班组长登录信息化系统

b)班组长查询当日生产计划

c)班组长进行任务分配

d)班组长打印标签

e)班组长分发标签

f)焊工按照任务焊接

g)质检员持手持设备质检

h)合格钢筋笼存放

图 7.2-6

i)上传不合格钢筋笼信息

j)施工人员整改

图 7.2-6　钢筋加工工序

工人张贴完条码标签,须经质检员质检,质检人员通过 PDA 手持设备扫描条码标签,并判定其是否合格。质检合格的钢筋骨架通过平移小车运输到钢筋笼存放台,以备混凝土灌注时使用。质检不合格的钢筋骨架,直接上传平台,由相应工人针对不合格产品进行返修,返修合格后,方可经 PDA 手持设备判定,并将钢筋笼移运至存放平台。

2)混凝土灌注信息化工序

施工人员根据模型编号挑选匹配的钢筋笼,并配合行车将钢筋笼吊运至模型中。质检员检查钢筋笼是否匹配,确认匹配后,通过 PDA 手持设备扫描管片模型与管片钢筋笼上的二维码,将钢筋笼放入模型中。经过振捣、浇筑、收面、养护等工序后,待管片强度达到拆模强度时进行拆模作业。通过真空吸盘将管片运送到指定位置,待质检员检查管片合格后,张贴管片合格证以及条形码。混凝土灌注工序如图 7.2-7 所示。

a)挑选合适型号钢筋笼

b)钢筋笼入模

c)质检员检查钢筋笼是否匹配

d)混凝土灌注、振捣

图 7.2-7

e)混凝土收面

f)混凝土养护

g)管片拆模

h)打印粘贴管片标记

图 7.2-7　混凝土灌注工序

3）存放管理信息化工序

管片经过 2d 预养后，从车间通过低压电瓶车运送至水养池附近。并由施工人员进行扫码入池作业。待管片水养 7d 后，吊出管片，施工人员使用高压水枪将管片表面杂物冲刷干净后，运送至标好位置的存放场，如图 7.2-8 所示。并由相应的施工人员使用 PDA 手持设备进行扫描条码将管片入库，如图 7.2-9 所示。

图 7.2-8　管片预存区

a)PDA手持设备扫描条码管片入池

b)管片入池

c)管片出池

d)管片扫描条码标签入库

图7.2-9 存放工序

7.3 衬砌结构高精度拼装技术

7.3.1 管片、箱涵精调技术

管片、箱涵拼装质量是最终决定隧道成型质量的关键,主要从盾构姿态控制、拼装工艺等方面进行管控,最终实现高精度拼装。

(1)管片、箱涵的拼装质量与盾构姿态有密切关系,为做好盾构姿态控制,针对穿越地层为黄河下游全断面粉质黏土的特点,通过现场试验,对刀盘转速、推进速度、泥浆密度、注浆参数及注浆量进行验证,确定了适合该地层的掘进参数。考虑到泥浆密度对掘进速度影响较大,泥浆密度越大掘进速度越小,而掘进速度又对盾构姿态有影响,掘进速度越快盾构姿态越难控制,同时同步注浆的黏度、初凝时间等又对管片的上浮量产生影响,最终项目确定掘进速度控制在 15~25cm/min,泥浆密度控制在 $1.2g/cm^3$,同步注浆初凝时间控制在 6.5h 左右,能较好地控制盾构姿态,同时满足进度需求。

为实时显示盾构姿态,本工程盾构机配备了精准的 VMT 导向系统,安装了盾构数据监控系统,能够对异常参数、数据做到实时监控和报警,运用这些信息化手段,操作人员能够实施掌握盾构姿态,并根据管片上浮规律,提前进行姿态调整,做到设计轴线、纠偏曲线和成型管片轴线"三线合一",π 形预制箱涵精调拼装拖车如图 7.3-1 所示。

(2)管片、箱涵最终拼装是由操作人员完成的,拼装人员的素质和拼装工艺,对拼装质量影响较大。为此,本工程遵循"一丝不苟,精装管控"的原则,对拼装人员进行了系统培训,明确拼装要点和要求,如图 7.3-2 所示。

图 7.3-1　π 形预制箱涵精调拼装拖车

图 7.3-2　管片拼装

为方便交通组织,本工程在公轨合建隧道中首次采用 π 形预制箱涵同步施工工艺,此工艺精度要求高。为便于箱涵精度控制,始发井至黄河北岸大堤段箱涵首次采用可调节箱涵;为提高拼装质量,本工程开展了质量控制(QC)小组活动,最终通过将多块箱涵为一组测量放样、研发箱涵拼装精调机、做好盾构姿态控制等措施,实现了箱涵的高精度拼装。管片高精度拼装主要通过管片点位选择、拼装人员高水平操作来实现,成型隧道见图 7.3-3。

图 7.3-3　成型隧道

7.3.2　管片拼装

1)拼装前的准备

(1)管片、箱涵拼装前,用灰刀清除管片、箱涵上的浮灰、浮砂,并进行清洁。

(2)管片清理干净后,在地面上按拼装顺序排列堆放,按设计图要求及规定进行防水密封条、传力衬垫、防水涂料检查,经质检人员检查合格后填写"管片防水材料贴付检查表"。

(3)将检查合格后已粘贴防水材料的管片及管片接缝的连接件和配件、防水垫圈等,通过门式起重机装入管片车,经施工通道运送至工作面。

(4)操作人员应全面检查管片拼装机的动力及液压设备是否正常,是否灵活、安全可靠。

(5)施工前须根据计算选择合适的管片衬砌环和箱涵,了解管片、箱涵的设计类型、偏转角度、排列位置、拼装顺序和配筋要求。

(6)施工前需对上一环的环面质量进行检查和确认,并了解盾构姿态和盾尾间隙,以选择合适的管片拼装点位。

2)拼装工艺要求

管片安装流程见图7.3-4。

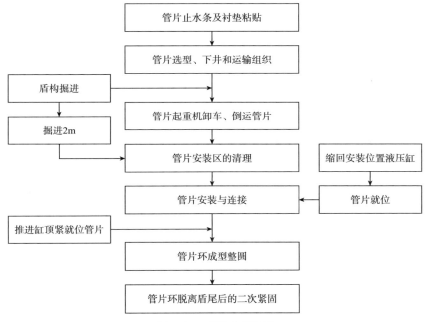

图7.3-4 管片安装流程

(1)管片采用通用楔形环管片,安装点位以满足隧道线形为前提,重点考虑管片安装后盾尾间隙要满足下一掘进循环限值,确保有足够的盾尾间隙,以防盾尾直接接触管片。管片安装前根据盾尾间隙、推进液压缸行程选择好拟安装管片的点位。

(2)盾构掘进到预定长度,且拟安装封顶块位置的推进液压缸行程大于2750mm时,盾构机停止掘进,进行管片安装。

(3)为保证管片安装精度,管片安装前需对安装区进行清理。

(4)管片安装时必须从隧道底部开始,然后依次安装相邻块,最后安装封顶块。每安装一块管片,立即将管片纵环向连接螺栓插入连接,并戴上螺母用气动扳手紧固。

(5)在安装最后一片管片前,应对防水密封条涂肥皂水或凡士林做润滑处理,安装时先径向插入1200mm,调整位置后缓慢纵向顶推,防止封顶块顶入时搓坏防水密封条。

(6)管片块安装到位后,应及时伸出相应位置的推进液压缸顶紧管片,待其顶推力大于稳定管片所需力后,方可移开管片拼装机。

(7)管片安装完后当管片环脱离盾尾时应对管片连接螺栓进行二次紧固。

(8)安装管片时采取有效措施避免损坏防水密封条,并应保证管片拼装质量,减少错台,保证其密封止水效果。安装管片后顶出推进液压缸,扭紧连接螺栓,保证防水密封条接缝紧密,防止由于相邻两片管片在盾构推进过程中发生错动,导致防水密封条接缝增大和错动,影响止水效果。管片拼装前,应严格检查,密封垫沟槽两侧及平面转角处不得有剥落、缺损。

(9)管片拼装质量按照《盾构法隧道施工及验收规范》(GB 50446—2017)和业主要求控制执行,见表7.3-1。

管片拼装允许偏差　　　　　　表7.3-1

检验项目	允许偏差						检验方法	检验数量	
	地铁隧道	公路隧道	铁路隧道	水工隧道	市政隧道	油气隧道		环数	点数
衬砌环椭圆度(‰)	±5	±6	±6	±8	±5	±6	断面仪、全站仪测量	每10环	—
衬砌环内错台(mm)	5	6	6	8	5	8	尺量	逐环	四点/环
衬砌环间错台(mm)	6	7	7	9	6	9	尺量	逐环	

(10)管片螺栓穿进螺栓孔,用气动扳手紧固螺栓。应选用对应螺栓的规格,见表7.3-2。

管片螺栓预紧扭矩表　　　　　　表7.3-2

螺栓类型	螺栓机械等级	预紧力矩
环向螺栓(M36)	8.8	2150Nm
纵向螺栓(M36)	8.8	2150Nm

7.3.3　箱涵拼装

1)箱涵拼装质量要求

(1)拼装精度:中间箱涵顶面与圆形隧道结构水平轴线距离、中间箱涵竖直轴线与圆形隧道结构竖直轴线距离误差控制在±10mm以内(必须保证箱涵之间的顺利连接)。

(2)中间箱涵与管环宜一一对应,不宜跨管片环缝拼装。如出线,首先应尽量通过较宽管片环位置进行调整,或加大管片接缝两侧箱涵的间距,并采用现浇钢筋混凝土进行结构连接。由于跨缝拼装造成的高差,需对箱涵底部通过砂浆找平。

(3)没有可调节高度螺栓的箱涵由跨缝拼装造成的高差,使用垫板衬垫找平。

(4)在没有可调节螺栓时,可通过在箱涵位于曲线外侧长边部位粘贴薄板(如丁腈软木橡胶板)的方式调整间隙,以实现对曲线半径的拟合。

(5)当中间箱涵接缝部位出现较大错台时,螺栓垫圈下应加设橡胶垫板,防止局部应力过高。

2)内部结构(可调节箱涵)施工工序

内部结构采用箱涵口字件预制,其余内部结构同步现浇的施工方案,内部结构可细分为

10个部分,如图7.3-5所示。自下而上,按照①~⑩的次序依次组织施工。其中,中间箱涵钢管横撑②应在箱涵下入工作井之前拼装完成,待底部内衬④开始浇筑时,方可拆除;在盾构掘进的同时,同步安装预制中间箱涵,安装时需根据高程测量对可调高度箱涵的高度用螺栓③进行调节。

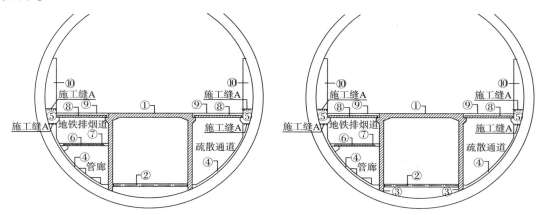

图7.3-5 箱涵施工

第 8 章
始发与接收技术

大时代

盾智行

构未来

济南黄河隧道北岸始发井长50m,宽27.4m,深29.5m,围护结构采用1200mm地下连续墙。始发井端头采用$\phi 850mm@600mm$搅拌桩加固施工,搅拌桩加固区范围为20m×50m,采用空桩+实桩施工,空桩长度为7m,水泥掺量为8%,实桩长度为26m,水泥掺量为20%,水灰比为1:1.5,加固深度为场坪高程以下33m。在紧邻地下连续墙位置设置2m宽冷冻加固区,具有开挖直径大、隧道净距小、始发轴线与工作井洞门垂直中线偏差大等特点;盾构接收时,由于盾构段与明挖暗埋段相连,接收井处不具备封闭的湿接收环境,采用水中接收时施工成本高,工艺复杂,施工周期长;由于接收段地层条件较好,采用干接收时能节省大量人力物力,施工周期短,工序更为简单,因此济南济泺路黄河隧道采用干接收。

8.1 盾构始发技术

8.1.1 大直径盾构进洞风险及对策

根据勘察成果,盾构段揭露了地层第四系覆盖层及燕山期基岩,覆盖层厚度在47.2~80.4m之间。盾构段埋深26.30~54.60m,盾构段穿越地层主要为粉质黏土层,含量一般为15.5%~45.5%,大部分含量在18.9%~33.6%之间,平均含量26.9%,另外多夹砂层及钙质结核层,其分布不均匀,局部富集成层,同时在砂层中发现少量砂结石,局部砂层中含砾卵石,母岩成分主要为砂岩,砾径一般5~20mm,大者30~45mm,个别大于110mm,砂层局部钙质胶结较好,取芯呈短柱状,锤击较难击碎;地下水类型主要为第四系松散覆盖层的孔隙潜水和弱承压水;南岸段上部地层的综合渗透系数为1.48m/d,北岸段综合渗透系数为10.8m/d,隧道承受的最大水压约为0.65MPa。隧道盾构始发段底层相对关系如图8.1-1所示。

该工程河段位于黄河下游泺口水文站附近,该河段为黄河下游弯曲性河道,黄河河道在该河段主河槽形态及位置相对比较稳定,大堤宽约1.4km,河道断面形态为复式,主槽一般呈U形断面,主河道水面宽400~600m,滩地宽900~1200m,主河槽平均水深4.6m,宽深比4~5。河道弯曲系数一般在1.20左右,河道纵比降约万分之一。泺口基本断面10年一遇洪水流量为8200m³/s,30年一遇至1000年一遇洪水流量均为11000m³/s。工程线位处河道2000年状态设防水位为34.21m,100年淤积后的设防洪水位为42.53m。主河道槽设防流量下最大冲刷水深为25.92m,主槽最低冲刷线高程为7.73m;滩地最大冲刷水深为13.99m,滩地冲刷线高程为19.66m;堤河最大冲刷水深18.16m,堤河冲刷线高程15.49m。根据工程区附近历史最高水位,参考有关资料,工程区建(构)筑物抗浮设计水位可按24.50m采用。

1)洞门密封失效风险及对策

由于隧道施工采用泥水盾构,在泥水压力形成时,必须通过洞门密封环来抵挡水土压力,且西线隧道始发轴线与工作井洞门垂直中线存在6.4‰的偏差。如果密封环达不到抵挡泥浆压力的要求,就会造成泥浆从洞门密封环间缝隙溢出,无法建立泥水压力平衡,导致墙体失稳、掌子面坍塌,引发危险。风险控制方法如下:

(1)提前考虑在盾构机各种工况下洞门密封环折板和橡胶帘布的长度,经过多方验算,确保密封环相关尺寸和材质强度满足工况需要。

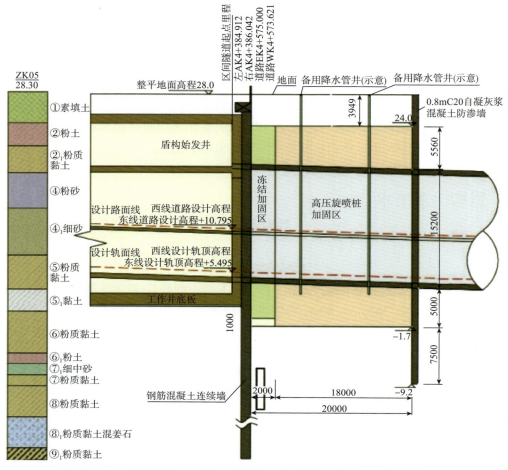

图 8.1-1 济南黄河隧道盾构始发段底层相对关系图(尺寸单位:mm,高程单位:m)

(2)在盾构机刀盘最近点离洞门密封钢板还有10cm时停止前移,人工测量刀盘到密封环四周的间隙,确定下一步盾构机调整姿态的加力情况。确保刀盘进入洞门密封时间隙达到设计要求,避免偏心。

(3)刀盘进入洞门密封时,人工分6个方向观察刀盘和密封相对位置,确保刀盘不剐蹭橡胶帘布。

2)洞门掌子面坍塌风险及对策

从洞门破除到盾构机刀盘顶住掌子面需要2~3d的时间,掌子面暴露时间过长;地下水位较高;洞门底部埋深27.94m,顶部11.74m,土体侧压力较大。这些风险都可能造成掌子面不稳坍塌。为防止洞门失稳带来的风险,可采取以下措施。

(1)对始发端头严格按照设计进行加固。采用搅拌桩、旋喷桩(加固范围纵向20m,横向线50m,竖向到洞门底部5m)加固,端头2m区域进行冷冻加固,增加了土体的强度和抗渗性,防止掌子面坍塌。

(2)选用优质泥浆,对掌子面进行加压喷涂,所加压力经过严格计算。通过压力对掌子面进行支撑,防止掌子面坍塌。加压过程缓慢进行,防止压力变化过大对掌子面造成扰动,甚至引起坍塌。

(3) 严格控制刀盘转速和掘进速度等掘进参数,以尽量少扰动掌子面的原则掘进。

(4) 开挖的过程中加强对地面监测点的监控测量,设置报警警戒值,当数据超限时马上通知项目部领导和盾构机机长,停止掘进并分析原因,问题解决后再继续掘进。

3) 盾构机栽头风险及对策

造成盾构机栽头的原因有以下两方面:首先是盾构始发拖架前端面离冷冻加固区有 4.6m 的距离,也就是说盾构机前移时下方有 4.6m 没有支撑;其次是刀盘进入深搅桩加固土体或原状土体时,盾构机会有不均匀沉降,且机头部位沉降偏大。因此可采取如下措施:

(1) 当盾构机前移时,在始发基座前沿进行轨道和钢制基座的延伸。在洞门破除完成后,在洞门底部靠近掌子面 2m 范围施工混凝土基座。

(2) 盾构机前移时,适当增加底部推力,使盾构机刀头微微上扬,防止栽头。

4) 负环失稳风险及对策

负环管片均为混凝土管片,其中 -8、-7 环需要进行空拼然后向反力架方向推移,并与反力架以钢管焊接的方式连接。这两环拼装时后部没有支撑,控制管片变形和偏移都相当困难。且盾构机前移时如果姿态偏离设计轴线过多,可能造成管片受力和管片轴线偏差过大,导致管片顶偏失稳。管片加固不牢固,也可能造成管片失稳。采取的措施有:

(1) 空拼 -8、-7 环管片时,每拼装一块及时将该块管片同盾构机内壳及其余管片通过预埋钢板可靠焊接。管片螺栓及时穿好,穿螺栓的扭矩必须达到设计值,并拧紧。

(2) 控制好盾构姿态,防止盾构机栽头,及时进行盾构姿态的纠偏。

(3) 管片拼装时及时进行管片内部预埋钢板的焊接加固,管片一旦脱出盾尾马上进行管片外部预埋件焊接加固,负环底部及两侧采用垫块和工字钢进行支撑。

8.1.2 复合地层端头井始发风险分析及对策

1) 地表沉降塌陷风险及对策

盾构始发掘进过程中,扰动地层,出土不平衡,造成地表沉降。另外掌子面切口压力不足也可能造成地表沉降,可采取以下措施:

(1) 严格控制盾构机掘进参数,如总推力、推进速度、排泥量,减少泥水压力波动,采用均匀掘进,避免对土体产生大的扰动,加强泥浆管理和出土量监控,防止超挖和欠挖。

(2) 加强壁后同步注浆控制。同步注浆是防止地层沉降的重要措施,应控制好同步注浆压力和注浆量。注浆量控制在 120% ~200%。为防止注浆压力过大而顶破覆土层,在注浆机的控制系统中设置压力限位阀。

(3) 加强监控量测,严格控制沉降。通过监测系统提供的测试数据,及时调整与控制盾构掘进过程中的施工参数,必要时采取管片壁后补注浆及地面跟踪措施,降低盾构施工对地面的影响。

2) 工作井被淹风险及对策

工作井施工期间及盾构始发期间正值雨季,工作井内是施工通道雨水的汇集地,同时,为保证盾构始发时安全,应对工作井进行防洪防汛处理,处理措施为在工作井下设置 4 台水泵,2 台备用泵,用于工作井的防洪防汛。

3）东西线隧道近距离始发风险及对策

东西线隧道近距离始发是该工程的重点，风险点在于东西线隧道始发段净距为9.87m，接近开挖半径，在西线始发完成后进行东线始发，由于隧道净距小，若操作不当，容易对已经完成拼装的管片造成挤压，严重时可能造成地面沉降。风险控制方法有：

(1) 备齐应急物资、提前进行演练，确保危机处理及时有序。

(2) 做好各项方案、预案的交底工作。

(3) 东西线盾构掘进时间间隔1个月以上，加强盾构施工管理，合理布置同步注浆以及二次注浆的时间。

(4) 加强施工与运营期间隧道结构监测。

4）西线隧道大洞门、大角度始发风险及对策

西线隧道盾构大洞门、大角度始发是该工程的难点，风险点在于西线隧道始发轴线与工作井洞门垂直中线存在6.4%的偏差，盾构机直径达15.76m，刀盘最前与最后与工作井壁相对位置偏差距离达1072mm。鉴于曾在苏通项目施工中发生过直径12.07m偏差达5%，盾构机扭转、栽头等严重事故，需要从以下几方面来妥善处理此偏差：

(1) 始发托架施工及反力架安装定位：大洞门、大角度始发施工，始发托架坐标一定要精准。考虑到混凝土托架在施工时有一定误差，放样定位时除保证中心轴线坐标外，还应保证四条方钢始发轨道的坐标准确性，增加始发托架的准确性；反力架安装时定位准确，反力架与始发轴线垂直，保证反力架前端面与 −8 环后端面平行。反力架受力验算时采用8500t进行验算，保证在受到不均布荷载时的稳定性。

(2) 始发洞门的防水：大洞门、大角度始发施工，内置洞门与盾构机成6.9%夹角，故在外置洞门设计时使用斜口洞门，保证外置洞门口与盾构机刀盘前端面平行，保证始发建仓帘布及二次密封的密封性能。

(3) 掘进姿态控制：大洞门、大角度始发施工，盾构机刀接触掌子面时会产生一侧先接触另一侧悬空的状况，这会导致盾构机受到的反作用力不均，如果不均布力过大，盾构机、始发托架、反力架会产生侧移，因此此时盾构机刀盘转速应控制在0.8~1.0r/min，掘进速度应控制在10mm/min，在接触到掌子面时推力缓慢加压，单组液压缸每次加压不高于10bar，同时注意盾构机与反力架、始发托架、外置洞门的几何关系有无变形，根据受力情况实时调整各组推进液压缸压力。

(4) 始发轴线确定：该段为大曲线始发，水平和竖直曲线半径分别为3000m和12000m，在始发时不考虑曲线要素，盾构机以线路切线方向垂直外置洞门进入加固区。

8.1.3 端头加固范围影响因素分析

为保证盾构机安全顺利始发，盾构端头加固采用冻结+搅拌桩加固措施，在搅拌桩与工作井地下连续墙接缝位置设置一排 $\phi 850mm@600mm$ 旋喷桩。盾构进出洞洞门外土体为软弱含水的土层，若不提前加固处理极易塌方、流砂、涌水，造成地面塌陷，甚至使盾构施工失去控制。为确保盾构机进出洞施工安全，必须对洞门外土体进行加固处理，当盾构始发出现异常时能够迅对端头地基进行降水。

盾构隧道端头加固所需范围的确定，一是沿隧道纵向加固长度的确定，二是盾构径向（横

向)加固范围的确定。目前,对于盾构隧道端头加固所需范围的争议比较多,目前多为经验判断,一般需要考虑的因素有加固土体的承载性能、隧道直径和埋深、地下水、盾构参数以及作业条件等。

盾构井端头加固的范围具体分析方法有:

(1)规范挡土墙抗滑移法:《建筑地基基础设计规范》(GB 50007—2011)对重力式挡土墙的抗滑移稳定性做了相应的规定和计算,抗滑移稳定安全系数为抗滑力与滑动力的比值,含义简单易懂,该方法将盾构井加固范围看成一个刚性重力式挡土墙来验算其抗滑移稳定性,并根据施工需求确定该抗滑移稳定安全系数,得到加固范围。

(2)朗肯破裂面法:朗肯土压力是一项经典的土力学课题,朗肯认为,半无限土体内各点的应力达到主动极限平衡应力状态时,破裂面与水平面的夹角为 $45°+\varphi/2$,φ 为土的内摩擦角。φ 取盾构范围内土的最小摩擦角,再结合实际地质情况推算出破裂角,即可通过该数据得到所需要的加固范围。

(3)材料力学法:材料力学法,即对材料处于力系平衡状态时进行分析,当材料处于极限平衡状态时,材料将会破坏,根据破坏时的材料强度反算材料的尺寸,从而得出加固范围。

本工程的盾构端头加固采用冻结 + $\phi850mm@600mm$ 搅拌桩加固措施,在搅拌桩与工作井地下连续墙接缝位置设置一排 $\phi850mm@600mm$ 旋喷桩。经过计算得到加固范围为纵向 20m,横向盾构外 5m,上下 5m,顶部距离地面 6.7m,横向加固长度为 25.2m,加固深度 33.7m,距隧道下缘最小深度为 5m。搅拌桩成桩 28d 后,采用钻芯法检验水泥土的强度、连续性及深度,取芯比例为 1%,斜孔不少于 2 孔,取芯部分采用水泥浆进行封堵。搅拌桩与旋喷桩 28d 无侧限抗压强度不小于 1.0MPa,渗透系数 $k \leqslant 1.0 \times 10^{-7} cm/s$。北岸工作井端头加固平面图、纵断面图、横断面图如图 8.1-2 ~ 图 8.1-4 所示。

8.1.4 端头加固施工关键技术

1)冷冻加固

本工程采用垂直冻结方案,冻结壁有效厚度 2m,盾构开洞范围为上下左右各 5m 范围,采用冻结法破除洞门时临时封水,盾构始发前要求冻结体平均温度不得大于 -13℃,盾构始发时维持冻结。端头冷冻加固冻结钻孔于 2019 年 5 月 13 日开始,积极冷冻时间为 2019 年 6 月 1 日至 7 月 15 日,维护冷冻时间至 8 月 24 日。在 -7、-8 环完成拼装与反力架连接完成且洞门破除完成,盾构机具备前移条件后开始解除。

(1)冷冻参数设定

始发端东线冻结孔 59 个,单个冻结孔长度 32.564m,冻结孔总长度 1921.276m;始发端东线冻结孔 59 个,单个冻结孔长度 32.564m,冻结孔总长度 1921.276m。冻土平均温度小于 -13℃,盐水温度在 -30 ~ -28℃之间。

盾构始发冻结加固条件为:冻结壁厚度≥2.0m;冻土平均温度≤ -13℃;洞门周边水平探孔温度≤ -5℃;盐水去回温差≤2℃。

始发、接收端头土体已进行了水泥土搅拌桩加固,荷载主要由搅拌桩加固体承担,冻结法加固作用是破除洞门时临时封水,不进行冻土强度验算。

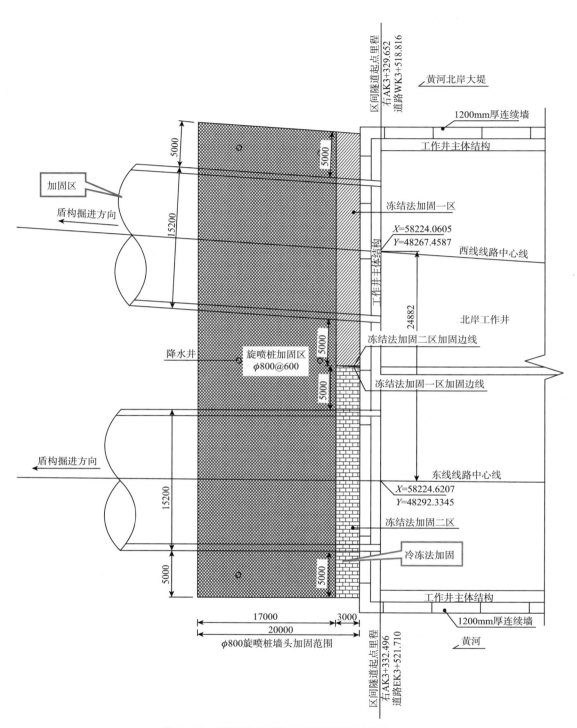

图 8.1-2 北岸工作井端头加固平面图(尺寸单位:mm)

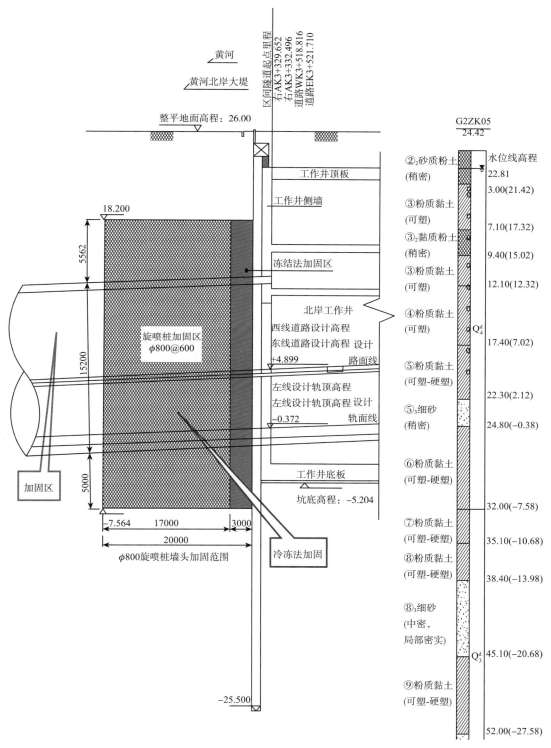

图 8.1-3　北岸工作井端头加固纵断面图(尺寸单位:mm)

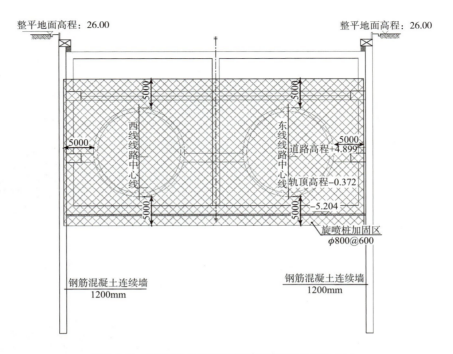

图 8.1-4 北岸工作井端头加固横断面图(尺寸单位:mm)

（2）垂直冻结孔布置

始发、接收端根据冻结孔布置尺寸和设计盐水温度（-30～-28℃）及冻结管规格 $\phi127mm\times5$ 等主要冻结技术参数，取本冻结壁设计平均温度为 -13℃，冻结壁有效厚度 2m。

单个洞门设计采用两排共计 59 个冻结孔，A 排 30 个、B 排 29 个；A 排孔距离槽壁 0.5m，相邻排间距 0.9m，孔间距 0.85m，插花布孔。测温孔布置 5 个（现场施工后布置在钻孔偏斜较大处，不在盾构推进范围内设置），冻结孔特征见表 8.1-1。

始发端冻结孔及测温孔特征一览表(单个洞门)　　　　表 8.1-1

孔排号	孔编号	数量(个)	单孔深度(m)	垂直倾角(°)	总孔深(m)	管材型号
A 排冻结孔	A1～A30	30	32.564	90	976.92	$\phi127mm\times5$
B 排冻结孔	B1～B29	29	32.564	90	944.356	$\phi127mm\times5$
测温孔	T1、T2、T4、T5	4	32	90	128	$\phi127mm\times5$
测温孔	T3	1	11.8	90	11.8	$\phi127mm\times5$
合计					2061.076	

工作井端头冷冻加固在设计外补加 11 个冷冻孔，11 个冷冻孔编号为 C1～C11，第一排补孔 C1～C5 距离地下连续墙外边缘 0.9m，第二排补孔 C6～C11 距离地下连续墙外边缘 1.9m。补孔深度均为 32.1m，孔间距为 850mm，具体位置如图 8.1-5 所示。补孔的施工工艺及技术指标与设计钻孔相同。

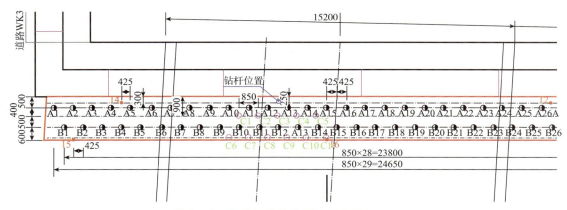

图 8.1-5 西线冷冻补孔平面图(尺寸单位:mm)

(3) 测温孔布置

为准确掌握冻结温度场变化情况,在每圈冻结孔最大终孔间距界面处布置测温孔,共布置 3 个测温孔,每个孔深 32.94m,用来监测冻结壁厚度、冻结壁平均温度、冻结壁与槽壁交界面温度和冻结情况。

(4) 冻结管起拔

拔管顺序为:在盾构始发进入洞门圈后,刀盘顶部距离冻结壁 20cm 时进行拔管作业施工,盾构推进范围内冻结管拔除至盾构上方 1m 处,进行二次冻结,盾构机到达工作井后,拔除所有的冻结管后用 M15 砂浆回填冻结管孔洞。

(5) 融沉控制和环境保护措施

融沉主要是冻土融化时排水固结引起的,滞后于冻土的融化,冻土融化时的沉降量与融层厚度、融层土的特性有关。根据施工经验和土工试验,冻土融化后,其高程可能略低于原始地层的高程,解冻后,可在隧道内进行适当的跟踪注浆,减小冻结对周围环境的影响。确保孔内充填密实,在冻结管拔出的同时在孔内灌注黄沙。

融沉注浆应配合测温孔测温及地面监测数据进行,技术要求如下:

①融沉补偿注浆材料:以单液水泥浆为主,注浆压力不大于 0.5MPa,并根据注浆压力情况进行调整。当一天隧道沉降大于 0.5mm,或累计隧道沉降大于 1.0mm 时,应进行融沉注浆补偿注浆;当隧道隆起达到 2.0mm 时应暂停注浆。

②注浆施工过程的监测:控制地面沉降变形是注浆的目的,因此解冻过程中,要加强地面变形监测、冻土温度监测。以上综合监测数据是注浆参数调整的依据。

③融沉注浆结束条件:融沉注浆的结束是以地面沉降变形稳定为依据。若冻结壁已全部融化,且不注浆的情况下实测地层沉降持续一个月且每半个月不大于 0.5mm,即可停止融沉注浆。

(6) 其他控制技术措施

①为了预防冻胀和融沉,设计选用标准制冷量较大的冷冻机组,在短时间内把盐水温度降到设计值,以加快冻土发展,提高冻土强度,减少冻胀和融沉量。

②及时掌握和调整盐水温度和盐水流量,必要时可采取间歇式冻结,控制冻土发展量,以减少冻胀和融沉。

③预计融沉量较大的部位可采取压浆充填,把融沉造成的危害降低到最低限度。

2)应急降水井

(1)地下水运动数学模型

根据水文地质概念模型,建立下列与之相适应的三维地下水运动非稳定流数学模型:

$$\begin{cases} \dfrac{\partial}{\partial x}\left(k_{xx}\dfrac{\partial h}{\partial x}\right)+\dfrac{\partial}{\partial y}\left(k_{yy}\dfrac{\partial h}{\partial y}\right)+\dfrac{\partial}{\partial z}\left(k_{zz}\dfrac{\partial h}{\partial z}\right)-W=\dfrac{E}{T}\dfrac{\partial h}{\partial t} & (x,y,z)\in\Omega \\ h(x,y,z,t)\mid_{t=0}=h_0(x,y,z) & (x,y,z)\in\Omega \\ h(x,y,z,t)\mid_{t=0}=h_0(x,y,z,t) & (x,y,z)\in\Gamma_1 \end{cases} \quad (8.1\text{-}1)$$

式中: $E=\begin{cases} S_y \text{ 潜水含水层} \\ S \text{ 承压含水层} \end{cases}$; $T=\begin{cases} M \text{ 承压含水层} \\ B \text{ 潜水含水层} \end{cases}$; $S_s=\dfrac{S}{M}$;

S_s——储水系数(1/m);

S_y——给水度;

M——承压含水层单元体厚度(m);

B——潜水含水层单元体地下水饱和厚度(m);

k_{xx}、k_{yy}、k_{zz}——各向异性主方向渗透系数(m/d);

h——点(x,y,z)在t时刻的水头值(m);

W——源汇项(1/d);

h_0——计算域初始水头值(m);

t——时间(d);

Ω——计算域;

Γ_1——第一类边界。

对整个渗流区进行离散后,采用有限差分法将上述数学模型进行离散,就可得到数值模型,以此为基础编制计算程序,计算、预测降水引起的地下水位的时空分布。

(2)渗流数值模型建立

根据已有的岩土工程勘察报告、水文地质条件、钻孔资料,模拟区平面范围按下述原则确定:以基坑为中心,边界布置在降水井影响半径以外。

①含水层的结构特征

根据基坑的几何形状、区域地层结构条件、场地工程地质及水文地质特性等信息,将模型剖分为118行、207列,5层,如图8.1-6所示。

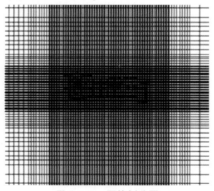

图8.1-6 网格划分图

② 模型参数特征

根据本工程的勘察资料和相关工程资料对模型进行赋值。模型中具体参数见表 8.1-2。

数值模拟计算参数列表　　　　　　　　　　　表 8.1-2

含水层	渗透系数（m/d）			储水系数（无量纲）
	Kx	Ky	Kz	
粉质黏土层	0.2	0.2	0.05	1.5e-4
粉砂层	2	2	0.2	2e-4

③ 水力特征

地下水渗流系统符合质量守恒定律和能量守恒定律；含水层分布广、厚度大，在常温常压下地下水运动符合达西定律；考虑浅、深层之间的流量交换以及渗流特点，地下水运动可概化成空间三维流；地下水系统的垂向运动主要是层间的越流，三维立体结构模型可以很好地解决越流问题；地下水系统的输入、输出随时间、空间变化，参数随空间变化，体现了系统的非均质性，但没有明显的方向性。

综上所述，模拟区可概化成非均质水向各向同性的三维非稳定地下水渗流系统。模拟区水文地质渗流系统通过概化、单元剖分，即可形成地下水三维非稳定渗流模型。

④ 源汇项处理方式

在模拟三维地下水软件 Visual Modflow 中，进行降水井处理和边界条件处理，如设置降水井过滤器长度、出水量等参数，在该次基坑降水模拟中，模型边界在降水井影响边界以外，故可将模型边界定义为定水头边界，水位不变。

⑤ 降水三维渗流模型建立的假设条件

初始水头埋深 -2m，降水运行 7d 坑外浅层水位降深等值线图如图 8.1-7 所示。

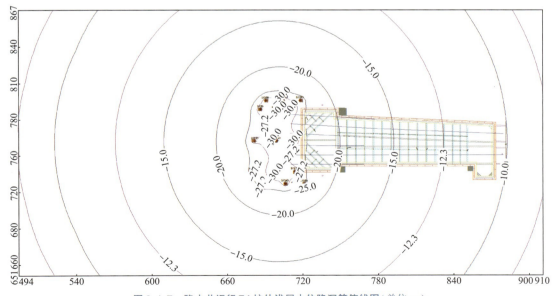

图 8.1-7　降水井运行 7d 坑外浅层水位降深等值线图（单位：m）

(3) 计算结果

降水计算时,建立模型,降水井前期抽水量按照 $3m^3/h$ 计算,降水井数量由 3 口依次增加进行降水模拟计算,直至水位降深能满足降水要求。

坑外降水井共布置 12 口,加固区以外井深设置为 37m,加固区以内井深设置为加固区底面以上 2m,深度为 31m。从运行结果来看,坑外布设 12 口降水井后,盾构段水位能够降至盾构底部 1m 位置。

8.2 盾构干接收技术

8.2.1 技术特点

(1)由于盾构在加固区中很难进行纠偏,因此必须保证盾构以良好的姿态进入加固区。盾构接收前应对盾构机的位置和盾构隧道的测量控制点进行准确的测量,明确实际隧道中心轴线与隧道设计中心轴线的关系,同时应对盾构接收井的洞门进行复核测量,确定盾构机的贯通姿态及掘进纠偏计划。因此,安排在隧道贯通前 150~300m 进行贯通前控制测量,贯通前控制测量工作包括地面控制网联测(平面和高程)及接收井洞门测定(平面和高程)等测量工作,以保证盾构接收的精度。

(2)盾构接收时,盾构从地层中脱出,盾构姿态难以调整,容易导致盾构与地层间隙过大,导致同步注浆浆液或地下水的涌出,地表沉降过大,导致周围建筑物安全受到影响,同时盾构接收时管片安装需要提供一定的反力,因此,盾构接收时设置钢基座,基座尺寸形式与隧道轴线坡度一致,盾构机出洞过程中利用基座上预留的轨道进行滑行,使得基座与盾构机基本吻合。盾构机步入工作井后通过盾体与基座,提供盾构机管片拼装时的反作用力;当基座轨道不够长时,采用钢制基座对盾构基座进行延长。

(3)盾构接收井附近,黄河水位较高,地下水较为丰富,容易导致接收井中及盾构接收过程中涌水突水等问题。因此,采取降水井降水的措施,加固区内共布置 9 口降水井,加固区内降水井不打穿加固区,深度为 36m,加固区以外设置 4 口降水井,井深设置为 39m。

(4)当洞口段土体不能满足盾构始发和接收对防水、防坍等安全要求时,需在盾构接收前对洞口地基进行加固处理。为保证盾构机安全顺利接收,济南济泺路穿黄隧道盾构端头加固采用 MJS+搅拌桩+素混凝土墙加固措施,素混凝土墙设在搅拌桩外围一周,厚度 800mm,素混凝土墙深度低于搅拌桩底部 5m,并在素混凝土墙与地下连续墙接头处打设 3 根 MJS 接缝止水桩。

(5)盾构机刀盘抵达地下连续墙后,由于地下连续墙为钢筋混凝土结构,盾构机磨墙困难,且将会导致盾构机磨损严重。因此,墙体破除采用人工破除。在进行洞门破除前,同时要完成全部水平探孔施工及外置洞门钢环焊接工作。

(6)济南济泺路穿黄隧道盾构接收时,洞门端头土体外露,未凝结的同步注浆浆液容易产生流失,承压水沿管片周圈可能因同步注浆不饱满而产生的空隙进入。一旦形成较大通路,水土会通过洞圈空隙涌入到工作井,从而导致工作井周边产生较大的沉降,同时对井内施工造成影响。因此采取注浆及浆液调整、密封气囊等洞门密封结构等措施对洞门进行封堵处理,防止同步注浆浆液或地下水涌出,确保盾构的安全接收以及接收现场的安全。

8.2.2 施工工艺流程

施工工艺流程如图8.2-1所示。

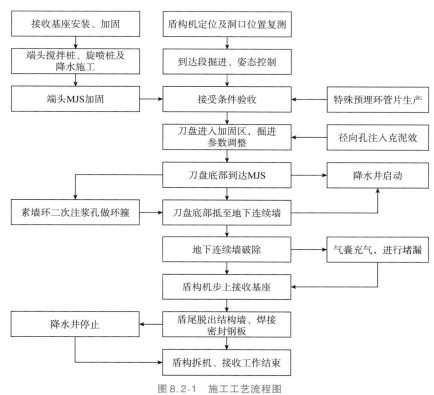

图8.2-1 施工工艺流程图

8.2.3 盾构接收准备工作

1)盾构定位及洞门位置复测

贯通前控制测量后应及时确认测量成果或是采用新成果,保障贯通精度。根据规范要求,高程贯通测量精度 < ±25mm,导线贯通测量误差 < ±50mm。

隧道内水准测量采用国家二等精密水准测量几何控制网,导线测量采用精密水准网。隧道内水准及导线控制网均由南岸明挖段引入隧道,控制点均设置南岸明挖段场地;接收端隧道洞门所处测量网控制点设置在南岸接收井场地内。

(1)地面控制网联测

利用GPS静态定位技术,对接收及接收端控制网所有控制点进行联测。联测时确保两端温度、风向及气象情况相一致,并尽量使用同一台GPS设备。复测时所用的仪器、方法及规范要求均与建立地面控制网测定时的仪器、方法及规范要求一致,根据联测结果,对控制点坐标进行校核,确保两端控制相一致。

（2）接收井洞门测定

利用全站仪及激光断面仪，在洞门预留钢圈上测设一定数量的测点，并根据测设结果，推算进洞门的实际中心坐标，以及各点到中心的距离。根据计算结果，判断是否需要调整掘进轴线，以保证顺利接收。

（3）隧道内陀螺定位施工

为保证盾构隧道水准及导线测量精度，在盾构机距离工作井 200m 范围时增加陀螺定位仪以保证隧道轴线定位精准。

盾构接收阶段，应当加强隧道内的水准及导线控制测量。通过增加控制测量的频率及减小换站距离来减小测量误差带来的影响，最终确保盾构顺利到达接收。

2）接收基座施工工艺

（1）接收基座施工

盾构接收基座采用钢基座，基座尺寸形式与隧道轴线坡度一致，盾构机出洞过程中利用基座上预留的轨道进行滑行，使基座与盾构机基本吻合。盾构机步入工作井后通过盾体与基座，提供盾构机管片拼装时的反作用力。接收基座俯视图如图 8.2-2 所示。

钢制反力基座采用 40H 型钢加固，两侧分别设置 4 根，间距 3.2m。沿掘进方向侧采用两根 40H 型钢双拼进行止挡，受力端横向使用型钢进行加固，确保基座在接收过程中的稳定性，并在双拼止挡 H 型钢内测浇筑 M20 砂浆。对盾构机接收托架钢结构建立有限元模型进行强度和刚度等验算，反力基座加固如图 8.2-3 所示。

图 8.2-2 接收基座俯视图

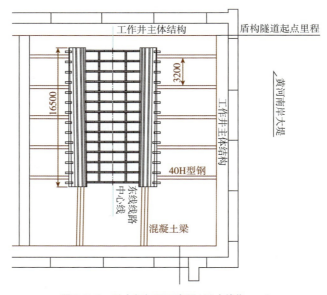

图 8.2-3 反力架加固示意图（尺寸单位：mm）

（2）基座轨道延长

接收基座前端距洞门连续墙内侧最大距离为4.2m，即盾构机在接触掌子面之前机头要悬空4.2m的长度。盾构机在这种情况下极易发生栽头的风险。为了避免这种风险，增加盾构机的稳定性，可以采取以下两种措施：在接收基座和洞门之间，焊接钢制基座，并在基座上安装导轨。在洞门破除完成后导轨由盾体下方向接收托架顺延而来；在内置洞门和破除后地墙下部浇筑M15砂浆混凝土基座用于支撑盾构机。混凝土基座为弧形结构，施工范围为盾构机掘进轴线左右各22.5°，钢支撑引轨及洞门内混凝土浇筑如图8.2-4所示。

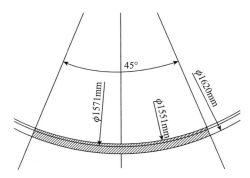

图8.2-4　钢支撑引轨及洞门内混凝土浇筑示意图

3）降水井施工

（1）降水井布置

降水井起到接收降水的作用，因东线先于西线接收，因此在此之前所有降水井应提前打设完成。加固区内共布置9口降水井，加固区内降水井不打穿加固区，深度为36m，加固区以外设置4口降水井，井深设置为39m，降水井布置如图8.2-5所示。

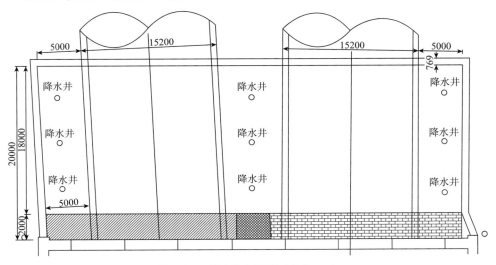

图8.2-5　降水井布置（尺寸单位：mm）

打设完成后根据运行结果，观察接收段水位能否降至盾构底部1m位置，确定加固区以外降水井最终数量。

（2）降水井成井施工

成井流程：准备工作→钻机进场→定位安装→开孔→下护口管→钻进→终孔后冲孔换浆→下井管→稀释泥浆→填砂→洗井→下泵试抽，降水井成井流程如图8.2-6所示。

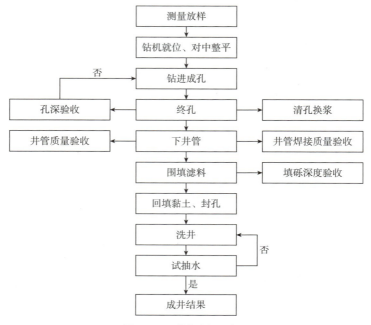

图8.2-6　成井流程示意图

①设备选型：工程钻井设备成孔采用反循环自然泥浆造浆，泥浆护壁回转钻进成孔，钻头选用带保径圈的三翼钻头，钻头直径按设计及规范要求选用，根据施工经验，使用这些钻头施工稳定性好，能确保成孔质量，有效控制成孔中的缩径现象，车载反循钻机如图8.2-7所示。

图8.2-7　车载反循钻机

②进场、定位、埋设护孔管：由总包方提供"三通一平"，具备条件后钻机进场。钻机应安放稳固、水平，孔口中心、磨盘中心、大钩应成一垂线。井管、砂料到位后才能开钻，要求整个钻孔孔壁圆整光滑，钻进时不允许采用有弯曲的钻杆。钻孔前首先要对钻头尺寸进行确认，确保

钻头尺寸满足成孔直径的要求。

③下井管：按设计井深事先将井管排列、组合，下管时所有深井的底部按高程严格控制，并且保持井口高程一致。井管应平稳入孔，每节井管的两埠要找平，其下端有45°坡角，焊接时两节井管应纵方向找直，并对称焊接，确保焊接垂直、完整无隙，保证焊接强度，以免脱落。为了保证井管不靠在井壁上和保证填砂厚度，在钢管滤水管上下部各加一组扶正器，保证环状填砂间隙厚度大于150mm，过滤器应刷洗干净。过滤器外包2层80目滤网。下管要准确到位，自然落下，稍转动落到位，不可强力压下，以免损坏过滤器结构。

④填料：在该工程中降水井宜采用粒径0.2~0.5cm的干净石硝，不含粉末。填料具体操作要求如下：应沿井口边，固定按单一方向旋转连续逐步均匀投放，投放速度宜不大于0.1m/min；宜采用铁锹或类似容积大小的物体投放，严禁用推车向井内倾倒，投料过程中严禁晃动井管；应及时测量井内滤料顶面高程，沿井口周长测量点不应少于4点且均匀分布，以最低点高程为准；滤料顶面高程达到设计要求时，实际投入滤料的方量应不少于理论方量。

此外，为了确保填料到位，应在井中放置一污水泵，坑外填料到位后，启动井内污水泵抽水，并伴随着坑外注清水，这样在井内外水流的带动下，砂料中泥浆颗粒会被水流带走，能降低泥浆浓度，不会造成泥皮包裹，确保降水井的出水效果。待上述操作完成后，再次测量填料高度，确认填料是否到位。

⑤止水：降水井黏土封孔深度为地面以下8m，黏土选用现场原状土封孔即可。

⑥洗井：首先利用空压机洗井，再用水泵洗井并清除井底存砂。洗井工作应在填料完成后及时进行，避免由于洗井不及时导致泥浆沉淀，井壁形成较厚泥皮并硬化，严重影响滤水效果和出水量；洗井应确保试抽水期间不断流。空压机洗井有一套完整的洗井设备，通过特制的洗井枪头向井底充气，通过充气将井内泥浆和井底沉渣搅动，充气的同时在井口形成负压，通过大气压力将混合的泥浆和沉渣吹出。持续一定时间，由于外界水源不断地向井内补给，泥浆沉渣不断地被带走，最后至水清砂净。

（3）基坑封井

封井时，在井内回填黏土至井管口下2m处，再回填素混凝土，井管口用钢板焊接封牢，如图8.2-8所示。

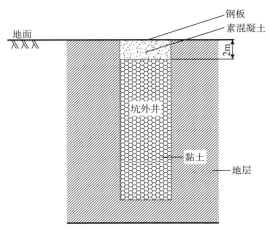

图8.2-8　坑外井封井示意图

(4)接收井端头加固施工

南岸接收井端头加固平面图如图8.2-9所示。

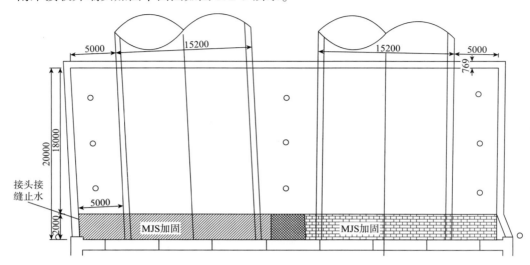

图8.2-9 南岸接收井端头加固平面图(尺寸单位:mm)

为保证盾构机安全顺利接收,盾构端头加固采用MJS+搅拌桩+素混凝土墙加固措施,素混凝土墙设在搅拌桩外围一周,厚度800mm,素混凝土墙深度低于搅拌桩底部5m,并在素混凝土墙与地下连续墙接头处打设3根MJS接缝止水桩。

(5)搅拌加固方案

盾构进出洞洞门外土体为软弱含水的土层,若不提前加固处理极易塌方、流砂、涌水,造成地面塌陷,甚至使盾构施工失去控制。

盾构端头加固采用MJS+ϕ850mm@600mm搅拌桩加固措施。纵向20m,横向盾构外5m,上下5m,顶部距离地面12m,横向加固长度为25.2m,加固深度37.8m,距隧道下缘最小深度为5m。搅拌桩成桩28d后,采用钻芯法检验水泥土的强度、连续性及深度,取芯比例1%,斜孔不少于2孔,取芯部分采用水泥浆进行封堵。搅拌桩与旋喷桩28d无侧限抗压强度不小于1.0MPa,渗透系数$k \leq 1.0 \times 10^{-7}$cm/s。

(6)素混凝土连续墙施工

在端头井加固区外侧设置一圈C15素混凝土地下连续墙,防止加固区旋喷桩的浆液流失,同时也能够保证加固区内的相对封闭,提高盾构接收施工的安全性。塑性混凝土具有低强度、高抗渗的性能特点,在提高盾构端头井混凝土抗渗能力的前提下,可大幅降低盾构切削穿越施工刀盘刀具的磨耗,提高盾构接收施工的安全性。

塑性混凝土接缝处采用锁口管接头,连续墙嵌入成槽深度约42.83m。

(7)MJS加固施工

MJS加固桩原理图如图8.2-10所示。

①试桩施工

a.根据设计要求,为确定施工各项参数,采用MJS工法施工前,先进行试桩施工,试桩位置需先探明管线,确定其适用性及各项施工参数,再进行大面积施工,确保施工质量。

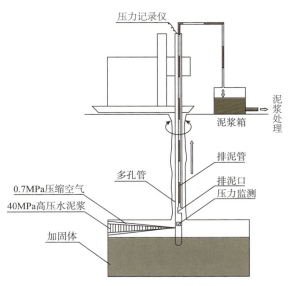

图 8.2-10　MJS 加固桩原理图

b. 工艺试桩结束后,提交工艺试桩成果报告,并以各方单位审查批准后,作为 MJS 桩施工的依据。

c. 获取操作参数,包括 MJS 桩水泥掺量、钻机钻进与提升速度、搅拌的钻杆旋转速度、喷停浆时间等。

②MJS 施工

MJS 施工采用的主机 SI-50S-220-C 见图 8.2-11。

图 8.2-11　MJS 施工采用的主机 SI-50S-220-C

a. 依据设计图纸放线确定桩位。

b. 清理地表硬化路面上的障碍物,开挖中转、排浆沟槽。

c. 为了保证工期,需预先成孔。

d. 引孔机选用安迈 MDL-180A 顶驱全套管钻机,需配备三叶钻头及金刚石钻头,以便破除局部障碍。

e. 由于成孔质量对 MJS 施工有很大影响，必须按技术参数进行施工，保证成孔中心与桩位中心误差小于 50mm，深度大于设计深度 1m 以上，垂直度误差小于 1/200。

f. 连接电源、数据线、各路管线，管线连接应确保密封，使管内没有空气。

g. 检查设备的运行情况，确保主机、高压泵、空压机、泥浆搅拌系统、MJS 管理装置等都处于正常工作状态，然后进行主机就位，机架放置平稳后开始校零。

h. 钻杆下放，即在引孔内将钻杆下放至设计深度，如果在钻杆下放过程中下放困难，打开削孔水进行正常削孔钻进。

i. 对接钻杆和钻头，对接时认真检查密封圈情况，查看是否缺失或损坏。

j. 重复 c 步骤和 d 步骤，直到钻头到达预定深度，钻杆到位。

k. 钻头到达预定深度后，开始校零，使动力头"0"刻度、喷嘴、钻杆上白线处于同一条直线，然后设定各工艺参数，包括摇摆角度、引拔速度、回转数等，设定好参数之后，开始施工。

l. 定位置喷射，先开倒吸水流和倒吸空气，在确认排浆正常时，打开排泥阀门，开启高压水泥泵和主空气空压机。为保证桩底端的施工质量，首先用水向上喷设 100cm，压力为 20Mpa，喷射时间 5min，然后把水切换成水泥浆，钻杆重新下放到位后开始向上喷射施工。

m. 在开启高压水泥泵时，压力不可太高，应逐步增压，直到达到指定压力，在达到指定压力并确认地内压力正常后，才可开始提升。水切换成水泥浆时，压力会自动上升，压力有突变时方可调节压力。

n. 施工时密切监测地内压力，压力不正常时，必须及时调整排浆阀大小控制地内压力在安全范围以内。

o. 当提升一根钻杆后，对钻杆进行拆卸，需把水泥浆切换成水后方可拆卸，当水泥浆泵压力有下调趋势，说明水流已经到达喷嘴位置，此时关闭水泥浆泵、主空气、倒吸空气和倒吸水流。

p. 注意在拆卸钻杆的过程中，认真检查密封圈和数据线的情况，查看其是否损坏，地内压力显示是否正常，如有问题应及时排除方可继续喷浆。拆卸钻杆后，需及时对钻杆进行冲洗及保养。

q. 重复以上步骤，直到施工结束。施工结束后，对设备进行冲洗和保养。

③始发与接收端头加固方法对比

盾构始发井采用了冷冻加固+搅拌桩加固方法，而接收井采用了 MJS+搅拌桩+素混凝土墙加固的措施，两者的主要区别在于冷冻加固方法与 MJS 加固方法。

冷冻加固方法是通过在盾构始发端头周围的土体中注入低温冷却剂，使土体温度降低到 -20℃ 以下，从而形成冻土，提高其强度及稳定性，达到有效的阻水作用并在其保护下创造无污染、无噪声的施工环境。能够在涌水、流砂、淤泥等松散含水复杂地层条件的施工中使用，能够抵抗土压力并隔绝地下水与开挖体之间的联系。但是地下水流对土体中冻结情况影响较大，地下水流流经冻结管时，带走冻结管散发的冷量，并不断传递给低水头方向；不同渗流情况下，渗流速度越大温度曲线下降速率越慢，冻结效果越差，渗流速度与冻结壁形成速度成反比。同时冷冻加固方法也存在一定的土层冻融问题，冷冻过程中可能造成土体膨胀从而导致地面抬升，而解冻时会使得土体下沉，导致土体不稳定，因此冷冻加固的方案尤为重要。

MJS加固方法则是通过在盾构始发端头周围的土体中注入水泥浆,形成一个环形加固带,从而增强土体的承载能力,具有施工空间小、桩径大、成桩质量好、强制排浆和地内压力监控功能,可以对排泥进行集中管理,并通过调整强制排浆量达到控制地内压力的目的,从而减小喷射能量的损耗,降低施工对周边环境的影响。可保证盾构安全始发并减小始发工序对地表及周边建筑的影响。MJS加固方法采用多孔管的构造形式,全方位高压喷射注浆可进行水平、倾斜、垂直施工。

4)最后12环特殊环管片钢板预埋

当盾构机推进最后12环(1249~1259环)时,同步焊接最后12环管片预埋钢板。预埋钢板分纵向预埋钢板和环向预埋钢板,用来加固管片的环缝和纵缝,见图8.2-12。钢板尺寸采用15cm×15cm×1.5cm(长×宽×厚)。除F块以外,接收环每块管片预留3个二次注浆孔,延环向均匀分布。洞门管片以外的其余11环管片在内弧面对应位置预埋钢板,洞门管片除了内弧面预埋钢板外,在其外弧面预埋厚15mm满铺的钢板。另外在洞门环管片背面满敷钢板。管片连接采用加工成型的T字形钢板,焊接时要确保焊缝饱满,焊渣清除干净。

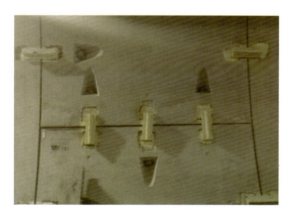 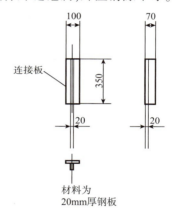

图8.2-12 负环加固示意图

8.2.4 接收施工技术

1)接收阶段划分

对于接收段施工,根据工况及地质条件的不同,分为到达段、加固区及工作井内推进三个区段。对于各个不同区段,采取相应的施工参数,以顺利完成进洞接收工作。同时,对于接收段施工,盾构掘进轴线控制尤为关键。

(1)达到段掘进

盾构到达接收过程中,要根据进洞段地质条件、覆土厚度、降水情况确定合理的切口压力、泥水性能指标等掘进参数并做出书面交底,根据地表隆陷监测结果及时调整切口压力。

在盾构接收段掘进速度要保持相对平稳,减少对土体的扰动,加强盾构隧道的轴线控制。同步注浆量和注浆压力要根据推进速度、出渣量适当调整,由于盾尾刷经过长距离的掘进,会出现一定程度的磨损,在进行同步注浆时以压力进行控制,注浆量不宜过大,防止盾尾出现漏浆。

(2) 加固区掘进

由于加固土体强度较高,在加固区掘进时速度要放缓至 5~10mm/min,泥水压力根据监测数据及时调整并严格控制。

盾构进入加固体掘进后要加强接收井的观察与沉降监测。总的要求是:低速度、小推力、合理的切口压力(根据地下水位进行计算)和及时饱满的回填注浆,并进行径向注入克泥效。在最后 10 环管片拼装中要加强管片螺栓的安装控制,严格按照要求三次复紧螺栓。

盾构机在贯通的最后一环掘进时,要以低速度、小推力、小扭矩、合理的泥水压力掘进,并在上一环注入的同步注浆凝结后掘进贯通区间隧道,在盾构贯通前应逐步降低压力至切口压力,刀盘破壁后关闭 samsong 系统进排气阀。

(3) 工作井内推进

盾构机刀盘破开剩余 MJS 体进入工作井后,应继续向前推进,推进过程中同步注浆应均匀充盈,进行管片拼装时液压缸伸缩顶推加力应缓慢进行,避免拼装时盾构前移或千斤顶松动,确保管片环与环之间密封良好,无渗漏水发生。

刀盘空推阶段,为防止刀盘前方破除洞门后,尤其是盾体大半脱出土体的最后几环,无法为管片拼装提供足够反力,如图 8.2-13 所示,导致管片拼装时环缝三元乙丙止水条压接不紧实,影响管片密封性能的情况,在管片拼装时基座与盾体使用相同 H 型钢焊接在一起,提供拼装时所需反力,拼装完成后使用 T 形块对管片进行加固。

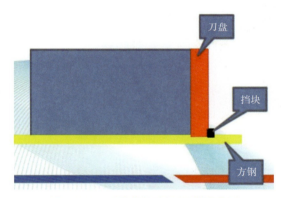

图 8.2-13 管片拼装时反力提供示意图

2) 接收段盾构掘进参数

接收段盾构掘进参数见表 8.2-1。

接收段掘进速度及刀盘转速表　　表 8.2-1

项目	刀盘转速(r/min)	掘进速度(mm/min)	地层特征	备注
到达段掘进 (倒数 50m 处)	1.5	15~20	Q4 粉质黏土	加强监测及姿态控制
到达段掘进 (进入加固区)	0.8	7~12	加固地层	低速度,小推力
进洞段推进		10~15	接收基座空推	小推力

接收段掘进施工注意事项：

(1) 泥水压力计算以实测地下水位进行调整。泥水压力严格按参数进行控制，偏差幅度在 ±0.1bar 之间。

(2) 为维护掌子面的稳定，应加强新浆拌制，进浆泥水密度控制在 $1.15 \sim 1.20 \mathrm{g/cm^3}$，泥浆黏度控制在 19~20s 范围内。

(3) 盾构机掘进时，必须严格控制每环的出渣量，以保护掌子面稳定，防止超挖造成地表沉降。

3) 洞门破除施工工艺

待盾构机刀盘抵达地下连续墙后再进行地下连续墙墙体破除。墙体破除采用人工破除，破除方向自上而下进行，一次性破除至第二排地下连续墙主筋，并进行钢筋剥离。破除完成的碎渣土，采用 25t 汽车起重机吊装至地面集中堆放。在进行洞门破除前，要完成全部水平探孔施工及外置洞门钢环焊接工作。

盾构接收洞门范围内主要有地下连续墙影响盾构机接收，洞门破除施工安排在 MJS 完成后、盾构机具备接收条件的情况下。破除前，先在洞门环顶部设置 1 个、底部设置 3 个水平探孔，对加固情况进行检测。探孔无明水流出（在凿除围护连续墙前应进行探孔检查，确保探孔处无涌砂突水现象，地层稳定以及 MJS 桩强度达到设计要求，即可正式凿除围护连续墙）后，方可进行洞门破除施工。

洞门破除支架采用 $\phi 48 \times 3.2 \mathrm{mm}$ 盘扣式支架，支架立杆按 1200mm×1200mm 的间距进行布设，纵向搭设三排（在洞门内部增加一排），宽度超过洞门圈范围 1m，第一排支架距离主体结构墙体 1m。支架层距为 3m，搭设完成 3m 后采用 100mm×100mm 的方木铺设于支架上，方木上方满铺木胶板作为临时作业平台。作业平台 3m 一层直至洞门顶部，洞门破除分层示意图与破除支架搭设立面图如图 8.2-14、图 8.2-15 所示。

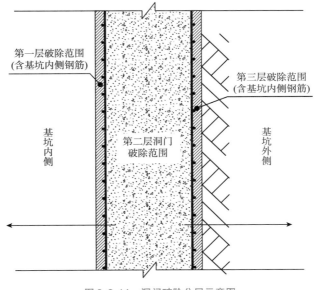

图 8.2-14　洞门破除分层示意图

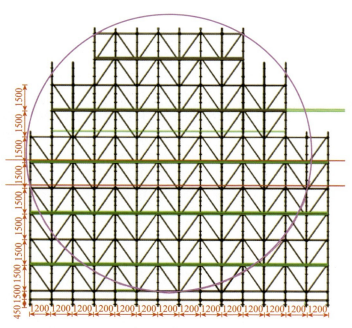

图 8.2-15　洞门破除支架搭设立面图(尺寸单位:mm)

进行洞门破除时,洞门分为两个区域,上部 5m 采用人工破除,下部 11.2m 采用人工(风镐)和机械(挖掘机破碎锤)配合的方式进行破除,洞门从顶至底部均一次性破除完成,直接清理至盾构刀盘,洞门破除立面图与洞门破除施工图如图 8.2-16、图 8.2-17 所示。

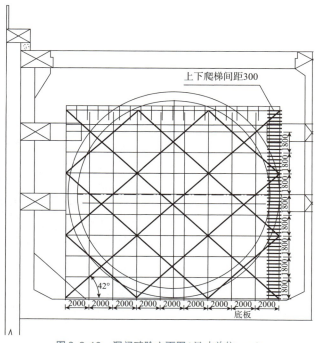

图 8.2-16　洞门破除立面图(尺寸单位:mm)

图 8.2-17　洞门破除施工图

破除过程中对洞门范围墙体位移变化密切观测,一旦发现洞门圈内墙体有大量渗漏水现象,立即停止洞门连续墙破除,对渗水部位进行注浆封堵,以防水土流失;如未发现异常情况,可继续破除。破除不能一次完成,要分层剥离。

凿除时要在洞口安排专人观察土体稳定状态,还要经常与地面沉降监测人员沟通,确保安全。割除工作应保证预留洞门轮廓线范围内围护结构钢筋全部切断,切口平整,以避免盾构刀盘被围护结构的钢筋挂住,探孔位置如图 8.2-18 所示。

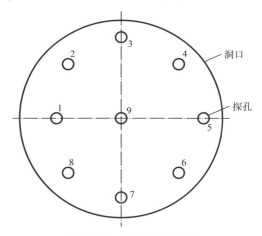

图 8.2-18　探孔位置示意图

4)洞门封堵施工

(1)同步注浆调整

当盾构机推进最后 10 环时,应加强盾构同步注浆施工,减小浆液凝固时间,并根据管片沉降和渗漏水情况,适时进行二次注浆施工。同步注浆初凝时间不超过 6h,以获得早期强度,保证良好的注浆效果。固结体强度 1d 不小于 0.2MPa,28d 不小于 1.0MPa,早强砂浆配合比见表 8.2-2。

早强砂浆配合比 表8.2-2

材料名称	水泥	粉煤灰	膨润土	黄砂	水	保塑剂
每立方米材料用量(kg)	110	240	80	950	370	10

(2)径向加注克泥效施工

当盾构机推进最后12环时,通过盾体外侧径向注浆管向地层中注入克泥效,及时填充盾体外地层间隙,减小对地层的扰动。中盾设置8个注浆孔,均可以进行注入,以中盾顶部4个孔位为主进行注入。现场采用双液浆施工,其中A液为克泥效浆液,采用400kg克泥效+850kg清水配制,B液为水玻璃浆液,A液与B液按照10:1同步注入,每环注入量为$4m^3$左右,注浆压力略大于切口压力。

(3)二次注浆加固

当盾构拼装到最后30环时,通过二次注浆形成环箍来保证加固区止水效果,该段1246环至1260环最后15环管片每环预留28根注浆孔,方便环箍同步注浆施工。

盾构接收时同步浆液凝固过程中,可能存在局部不均匀、浆液的凝固收缩和浆液的稀释流失,为提高背衬注浆层的防水性及密实度,有效填充管片后的环形间隙,根据监测结果及管片渗漏情况,接收完成后再对接收段100环进行二次补强注浆。二次注浆作业时,需与盾尾保持6m以上距离,防止浆液堵塞同步注浆管路或破坏盾尾刷。二次补强注浆材料以水泥浆和水玻璃为主,其配合比(体积比)见表8.2-3。

二次注浆配合比($1m^3$) 表8.2-3

水泥浆(水灰比1:1)	水玻璃(波美度35,模数2.4)
1	0.5

二次注浆采用双液浆(水泥+水玻璃)。浆液配比及其相关参数指标如下:

浆液配合比:水泥水玻璃体积比为1:0.5,浆液扩散半径1.0m。浆液初凝时间35~40s;3d抗压强度7.8MPa,7d抗压强度11.2MPa,28d抗压强度13.3MPa。

注浆设备:注浆泵1台(双液注浆泵);小型浆液拌和筒1个;注浆阀6个;50m ϕ32mm注浆软管3条,1条备用,三通1个。

注浆压力:双液浆注浆压力控制在0.3~0.5MPa。

二次补强注浆工艺:在注浆前先选择合适的注浆孔位,装上注浆单向逆止阀后,用电锤钻穿该孔位后的混凝土保护层,接上三通及水泥浆管和水玻璃管。注双液浆时,先注纯水泥浆液1min后,打开水玻璃阀进行混合注入,终孔时应加大水玻璃的浓度。在一个孔注浆完结后应等待5~10min后将该注浆头打开疏通查看注入效果,如果水很大,应再次注入,至有较少水流出时可终孔。拆除注浆头并用双快水泥砂浆对注浆孔进行封堵,带上塑料螺堵并进行下一个孔位注浆。注浆过程中应有排气孔,排气孔原则上设在预注浆孔上,并安装注浆单向逆止阀,同时打开球阀,直至出现冒浆时关闭球阀。10min后检查注浆效果,如有水溢出,应对该孔进行注浆。

最后通过预埋钢环上注浆孔对末环管片进行注浆加固。注浆的过程中要密切关注洞门的情况,一旦发现有漏浆现象应立即停止注浆并进行封堵处理。确保洞口注浆密实,洞门圈封堵严密。

(4)洞门密封结构

①预埋洞门环加工安装

盾构机工作井预埋内置洞门钢环设计为轴向宽度 800mm、径向宽度 200mm、厚度 15mm 的圆环板结构,钢环内侧面直径 16.2m。

预埋钢环竖直埋设于主体结构内,钢环外侧设置锚筋埋入主体结构中。预埋钢环内设计有预埋注浆管,预埋注浆管为 24 根 ϕ50mm 注浆管(壁厚 4mm)用于气囊密封背后堵漏。ϕ50mm 预埋管沿圆周均匀布设,并与钢环内侧面连通,实际接收过程中根据渗漏情况选择点位进行注浆堵漏。预埋注浆管如图 8.2-19 所示。

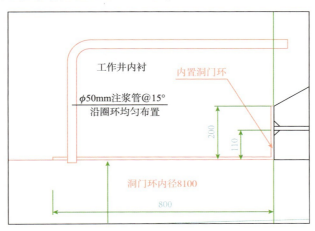

图 8.2-19 预埋注浆管路图(尺寸单位:mm)

②外置洞门密封环

盾构机工作井外置洞门密封钢环设计为轴向宽度 930mm、径向宽度 315mm、厚度 15mm 的圆环焊接钢板结构,钢环内侧面直径 16.2m。密封钢环由封板、加劲板、圆环板、气囊密封、气囊保护 1.5mm 厚弹簧板等组成,如图 8.2-20、图 8.2-21 所示。密封环整环环面与盾构机设计轴线垂直。

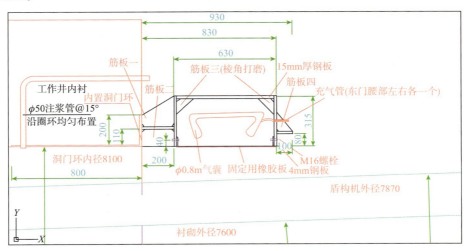

图 8.2-20 密封装置示意图(气囊未充气状态)(气囊截面放大图)(尺寸单位:mm)

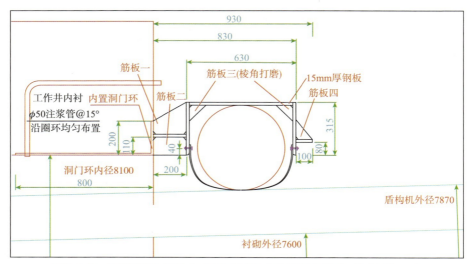

图 8.2-21 密封装置示意图(气囊充气状态)(气囊截面放大图)(尺寸单位:mm)

外置洞门密封钢环按照设计线路洞门位置进行安装。安装时在预埋洞门环法兰面上测量定位密封钢环分块线,并做出标志。外置密封钢环设计 8 块拼装完成后整体吊装,现场采用 300t 汽车起重机配合人工进行吊装,焊接在内置洞门钢环法兰面上。外置洞门密封钢环要求安装牢固、止水,采用双面焊接,并且通过外侧加劲板将外置密封环牢牢固定在预埋洞门环上。

当刀盘切口位置和外置洞门齐平时,气囊充气,打开气囊,上部气囊压力大于腰部注浆压力 2bar,下部气囊大于底部注浆压力 2bar。

在盾构到达洞门环位置时气囊排气,降低对盾尾的包裹力,查看有无明水漏出,若有清水渗出继续使用同步注浆或洞门钢环预留注浆孔注双液浆进行封堵,直至四周尤其底部无水漏出方可继续前移盾体,盾尾脱出外置洞门及管片,洞门密封结构如图 8.2-22 所示。

图 8.2-22 洞门密封结构

③洞门密封钢板

盾构机完成进入接收井,管片背后缝隙填满后,开始焊接安装密封钢板,将末环管片外弧面预埋钢板与洞门钢环连接一体,防止洞门出现渗漏水。密封钢板由 Q345 环形钢板分块切割而成,外环直径 16.5m,内环直径 15.2m,厚度 1cm。施工前应搭设稳定的脚手架作为工作平台,密封钢板由上向下逐步焊接施工,且保证焊缝饱满无渗漏。接收洞门封堵措施局部放大示意图如图 8.2-23 所示。

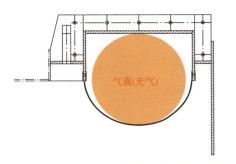
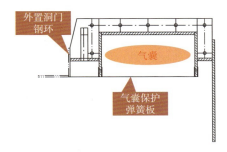

图 8.2-23 接收洞门封堵措施局部放大示意图

密封钢板焊接完成且接缝无渗漏后,加固区可停止降水作业,盾构接收工作全部完成。

8.2.5 工程应用概况

济南黄河隧道(济泺路穿黄隧道)位于济南城市中部,隧道采用城市道路与轨道交通 M2 线同管共建方案,为超大断面盾构法隧道。

隧道接收井与明挖暗埋段相连,采用湿接收工法作业条件困难,且将会导致过大的施工成本、复杂的施工流程以及较长的施工工期,因此采用了超大直径泥水盾构干接收的施工工法。盾构掘进至盾构附近后,进行贯通前控制测量工作,确保盾构正确的掘进姿态和盾构接收精度;同时安装接收基座和延长钢制基座,为管片的安装提供足够的反力,确保隧道路线的正确以及洞门与盾构间隙的正常封堵。洞门破除采取人工破除的方法,以防止刀盘面板的过大磨损,确保洞门封堵的正常进行等。盾构接收时地下水较为丰富,洞门外土体为软弱含水的土层,极易出现塌方、流砂、涌水,造成地面塌陷,甚至使盾构施工失去控制,因此采取降水井降水、端头加固、洞门封堵等施工措施,端头加固采用 MJS + 搅拌桩 + 素混凝土墙加固,确保盾构接收施工的安全性,同时洞门封堵采取注浆及浆液调整、洞门密封结构等措施,以防止过大的地表沉降以及涌水等事故。

通过超大直径泥水盾构干接收工法的引用,有效地降低了施工风险,保证盾构的安全高效接收,大大缩短了施工工期,提高了施工效率,进一步丰富和完善了企业在该领域内的施工经验和技术水平,为以后同类工程施工决策、方案调整提供科学依据,为同类工程施工提供了新的施工思路。

部分施工图片如图 8.2-24~图 8.2-26 所示。

图 8.2-24 洞门破除

图 8.2-25 盾构接收　　　　　　　图 8.2-26 洞门密封环

第 9 章

超深大盾构工作井基坑施工安全控制技术

大时代

盾智行

构未来

黄河为地上悬河，工作井位于黄河Ⅰ级阶地，地下水位高，水位地质条件复杂；开挖深度内地层以第四系全新统冲积、冲洪积粉质黏土、粉土、砂层为主，土层易受扰动而强度发生变化，土质条件差。黄河隧道盾构始发井和接收井开挖深度最深达35m，属于超深基坑，目前尚未积累类似超深基坑工程经验，存在基坑涌水、支护失稳的风险，因此在基坑开挖与维护结构施工时要注意基坑变形的监测及预测。

9.1 黄河中下游典型粉质黏土的工程特性

9.1.1 工作井坑外土体应力路径

济南黄河隧道南岸接收井分布地层以粉黏、粉砂土质为主，围绕其所处地层，利用应变控制式三轴压缩试验仪，根据相应的应力路径对粉质黏土土质进行固结排水、不排水试验，试验方案见表9.1-1~表9.1-3。

常规土工试验方案　　　　　　　　　　表9.1-1

试验名称	试验方法	试验目的(参数/关系曲线)
筛分试验	筛分法/沉降法	粒径级配累计曲线、求不均匀系数C_u、曲率系数C_c
密度试验	环刀法	土的密度ρ
含水率试验	烘干法	含水率ω
比重试验	比重瓶法	土的比重G_s
界限含水率试验	液、塑限联合测定法	塑性指数和液性指数
固结压缩试验	标准固结法	压缩系数a、压缩模量E_s、参考切线模量E_{oed}^{ref}等

三轴压缩试验方案　　　　　　　　　　表9.1-2

试验	应力路径	对应施工工况
三轴固结排水剪切试验	正常加荷试验	常规土层(参考割线模量E_{50}^{ref})
	轴压不变,围压卸荷	开挖基坑时的边坡
三轴固结不排水剪切试验	正常加荷试验	常规土层
	轴压不变,围压卸荷	开挖基坑时的边坡
	轴压不变,围压卸荷至报警值的120%、100%、80%,轴压加荷	在基坑开挖之后的周边土体上突加荷载
三轴固结排水加载-卸载-加载试验	轴向荷载加载至破坏值的40%后卸载,卸载完成之后加载至破坏值的60%	目的为测得参考卸载再加载模量E_{ur}^{ref}

初步取土方案　　　　　　　　　　表 9.1-3

试验类型	应力路径	不同围压(kPa)（根据实际土体状态调整）	重复试验次数	待测土体	薄壁取土器取土次数（一次取样 8 个）
三轴固结不排水试验	正常加荷	50、100、200、400	一种土层 24 个试样×3 次	济南黄河隧道南岸工作井粉质黏土黏质粉土	168 个试样＝30 次＋(4 次)每种土体各 32 次
	轴压不变、围压卸荷	50、100、200、400			
	轴压不变、围压卸荷至报警值的 120%、100%、80%，轴压加荷	(50、100、200、400)×3			
三轴固结排水试验	正常加荷	50、100、200、400			
	轴压不变、围压卸荷	50、100、200、400			

通过三轴试验，得到以下结论：侧向卸荷试验能够比较准确地体现基坑工程土体变形不明显、破坏迅速的现象；通过保持围压大小不变，增加轴向荷载至土样压缩破坏，在这种应力路径下，土体会发生软化，更容易发生变形破坏。

对黄河北岸工作井的开挖采用 Abaqus 软件进行数值模拟，所建立的模型为图 9.1-1 所示的半基坑平面应变模型。模型长 120m、深 100m，基坑深 30m、宽 25m。基坑内部设置 7 道支撑，埋深依次为 0m、5.1m、9m、12.4m、15.5m、19.6m、24.1m。地下连续墙材质为 C35 混凝土，采用一维梁单元进行模拟，厚 1.2m。模型采用的单位：力(kN)，长度(m)。

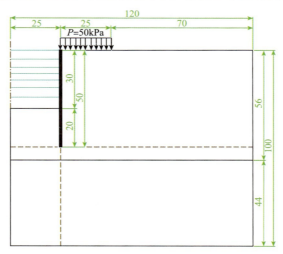

图 9.1-1　Abaqus 中建立的模型(尺寸单位：m)

1) 地下连续墙变形规律

地下连续墙的水平位移变化是评估模型好坏的一项重要因素。在基坑开挖到一定深度时，由于主动土压力的作用，地下连续墙应在坑底以上一定距离处出现水平位移极值。

图 9.1-2 显示从第 4 层土体开挖开始,坑底以上约 2m 处的水平位移出现了明显的凸起,这说明这部分地下连续墙受到了主动力的作用。而浅层土开挖时则没有出现凸起现象,这是由于浅层土自重应力不足,导致主动土压力无法使得地下连续墙发生较大的水平位移。由图 9.1-2 可知模型模拟结果较好。

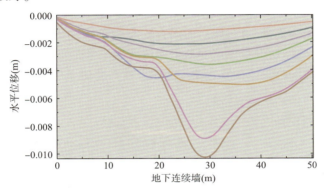

图 9.1-2　地下连续墙在每一步开挖及堆载完成后的水平位移曲线

2) 支撑轴力及变形规律

利用 ABAQUS 对轴力进行逐增量步的分析,将变形缩放调整至 100 倍。如图 9.1-3 所示,在分析时长为 0 时,支撑存在变形,但轴力为 0,证明支撑从竣工到后续开挖的过程得到了模拟。随着分析时长的增加,支撑持续变形,其中的轴力亦在持续增加。与此同时,基坑的开挖也在进行中。证明对工程实际的模拟成功。

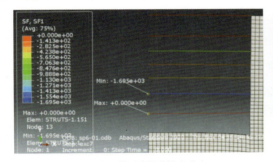

a) 分析步开始时支撑的轴力分布
(Abaqus 中以拉为正,单位为 kN)

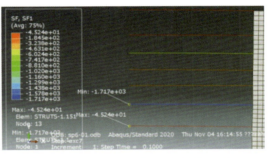

b) 增量步1结束时支撑的轴力分布,显示第7道支撑出现轴力,且具有轻微的向上弯曲的变形

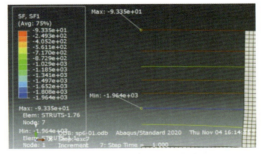

c) 分析步最终的轴力及变形状态

图 9.1-3　分析步 Exc7 中支撑轴力及变形的状态变化

图9.1-3c)显示了Exc7结束时七道支撑中的轴力分布。最大轴力出现在第6道支撑中,该支撑为截面尺寸为1200mm×1500mm的混凝土支撑。第3、6道混凝土支撑中的轴力比钢支撑及第1道混凝土支撑大得多,证明每道支撑的力学性能都得到了充分发挥。

9.1.2 超深基坑土压力动态变化规律

以朗肯土压力理论为基础,进行墙后土压力反演计算,探究基坑施工过程中动态土压力的形成过程,以及土压力随基坑开挖深度和地下连续墙墙体弯曲变形的动态变化规律,现场可以根据变化规律采取对应的决策。图9.1-4为南岸工作井北侧土压力变化曲线。

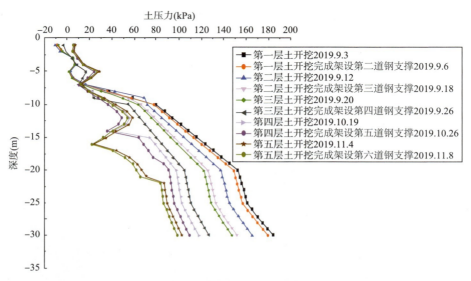

图9.1-4 南岸工作井北侧土压力变化图

基坑开挖面范围内,土层压力呈非线性变化,基坑开挖面以下部分土压力基本都呈线性变化关系。随着基坑开挖的逐步进行,土压力逐渐减小,这与基坑开挖土体产生应力释放,土压力由静止土压力向主动土压力演化有关。图9.1-5为南岸工作井北侧不同深度土压力隧时间变化曲线。

9.1.3 基坑开挖及大吨位吊装应力路径模拟

如图9.1-6所示,在深基坑的开挖过程中,基坑各位置土体随着坑内卸土,其应力状态主要分为:坑内被动区、坑外主动区、过渡区三个区。

针对大盾构工作井超深基坑多步开挖和大吨位吊装的特点,进行多次数值模拟,研究坑内被动区、坑外主动区、过渡区相关土体单元应力路径。

1)基坑开挖时各区域应力路径模拟

根据现场实际施工,结合相关地质勘察报告,建立盾构工作井开挖数值计算模型如图9.1-7式所示,分别在3个区域选取6个典型土体单元进行分析,提取相应应力值,按照施工工况进行绘制相应的应力路径。

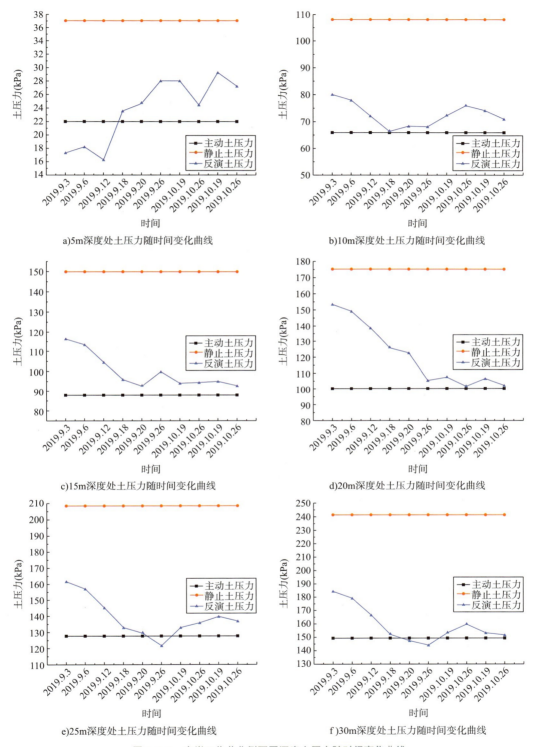

图 9.1-5　南岸工作井北侧不同深度土压力随时间变化曲线

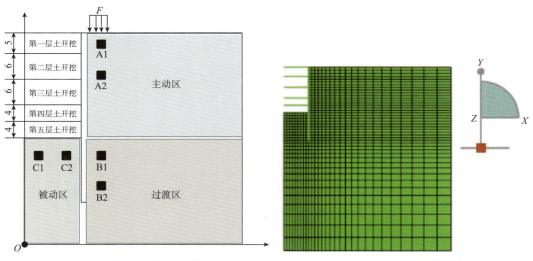

图9.1-6 土体应力状态(尺寸单位:m)　　　图9.1-7 模拟计算模型

如图9.1-8所示,坑外主动区土体单元主应力旋转角度较小,因此计算时,可不考虑主应力轴旋转带来的影响,但主动区土体其路径为侧向卸荷竖向加荷的过程,与地质勘察报告中提供的三轴加荷参数存在本质的区别;坑内被动区的土体单元主应力轴旋转明显,呈现出阶跃式增长,缺少中间过渡阶段,最终主应力偏转角接近90°,随着距离基坑中心距离的增大,主应力旋转角逐渐减小,若不考虑开挖后土体的应力偏转效应,将会大大降低基坑的安全性;过渡区应力状态介于主动区与被动区之间,且应力变化较为复杂。

2) 基坑开挖主应力轴旋转及土体承载力变化模拟

采用三轴试验及基本土工试验所得土体参数,对黄河北岸开挖工序进行了模拟分析。

(1) 主应力轴旋转的定性分析

图9.1-9可用于描述整个基坑开挖过程的主动区、被动区与过渡区主应力轴旋转角的变化。在主动区的地下连续墙附近大致存在一个楔形范围,该范围内的主应力轴呈明显的顺时针旋转,且距离其边缘越近,旋转量越大。超出这个范围的单元可认为处于理想的轴向卸荷状态。埋深较浅时,由于卸荷不足,主应力轴仍呈竖直状态;但随着基坑开挖的进行,卸荷逐渐充分,此时主应力轴可达到水平。

由于地下连续墙的作用,过渡区与被动区在地下连续墙附近的主应力轴转角差异明显,过渡区的主应力轴呈顺时针旋转,但角度总体不大。

主动区土体受到支撑及地下连续墙的被动力作用,因此主应力轴的分布呈现出拱形,土体内部存在土拱效应。主应力轴的分布还受到支撑轴力的影响。在轴力过大的第3道和第6道支撑附近,会出现形似集中力在一点处平衡的主应力轴分布。

(2) 基坑开挖对土体承载力的影响论证

通过对比开挖与未开挖条件下的地表中点竖向位移,观察到基坑开挖明显降低了土体承载能力。荷载增加至500kPa时,基坑存在时土体的竖向位移显著大于无基坑条件,反映出土体的承载力受到开挖活动的影响。结果中,竖向位移的增量直接展示了基坑开挖对土体力学行为的影响。如图9.1-10所示,蓝色和橙色曲线分别表示无基坑开挖和有基坑开挖时荷载的 $p\text{-}s$ 曲线。

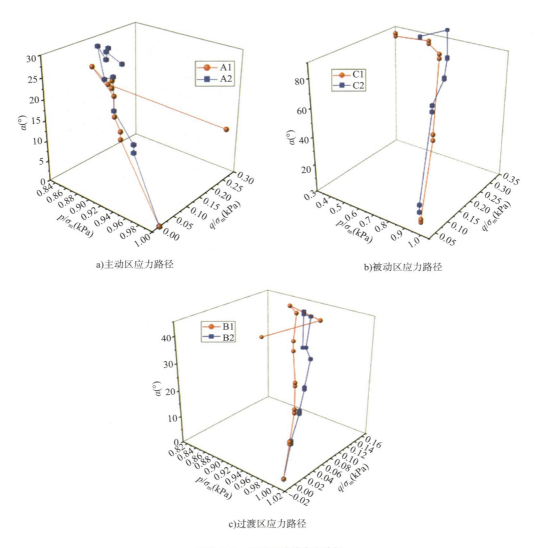

a) 主动区应力路径

b) 被动区应力路径

c) 过渡区应力路径

图 9.1-8 三种区域的应力路径

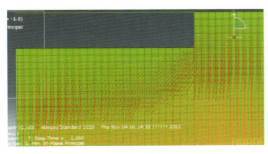

a) 第1层土开挖结束后的主应力轴分布

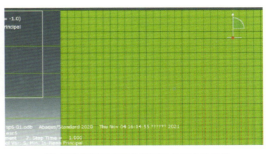

b) 第5层土开挖结束后主动区的主应力轴分布

图 9.1-9

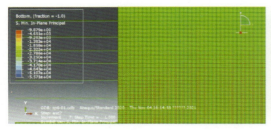
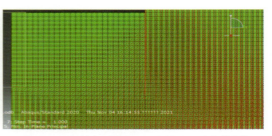

c) 第7层土开挖结束后主动区的主应力轴分布   d) 第7层土开挖结束后被动区和过渡区的主应力轴分布

图 9.1-9　开挖结束后的主应力轴分布

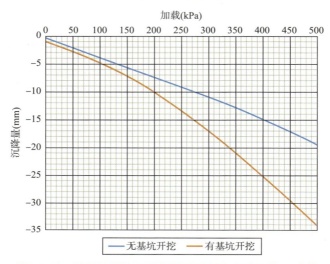

图 9.1-10　无基坑开挖和有基坑开挖时荷载中点 1521 的 $p\text{-}s$ 曲线

根据《建筑地基基础设计规范》(GB 50007—2011)第 C.0.7 条,当 $p\text{-}s$ 曲线上有比例界限时,取该比例界限所对应的荷载值作为地基承载力特征值。将 $\varphi_k = 20.0°$、$M_b = 0.51$、$M_c = 5.66$ 代入该规范公式计算得出该点地基承载力特征值为:

$$f_a = M_b \gamma b + M_c c_k = 0.51 \times 19.6 \times 25 + 5.66 \times 21.3 = 370.458 (\text{kPa})$$

这个值对应 $p\text{-}s$ 曲线距初始直线的偏移量是 0.4mm,因此达到 0.4mm 偏移量的点可视为 $p\text{-}s$ 曲线上的比例界限。当有基坑开挖时,对应 0.4mm 偏移量的加载大小约为 130kPa,约为规范承载力特征值的三分之一。直接用观察图形,可以确定无基坑开挖时的地基承载力特征值约为 290kPa,有基坑开挖时的地基承载力特征值约为 110kPa。

图 9.1-10 的 $p\text{-}s$ 曲线可以说明,深基坑开挖将给基坑周边土体的承载力带来巨大的削弱作用。这印证了侧向卸荷的应力状态变化对基坑周边土体承载力的影响。

如图 9.1-11 是基坑周边超载距基坑的远端在无基坑开挖(蓝色)和有基坑开挖(橙色)时的 $p\text{-}s$ 曲线。该点模拟的是承压板的边缘,存在应力集中的影响,因此两个状态下的极限位移量均比荷载中点大,且肉眼判断无基坑开挖时的地基承载力特征值有所降低,约为 270kPa。而有基坑开挖时的地基承载力特征值因数据点距基坑较远而有所提高,约为 160kPa。

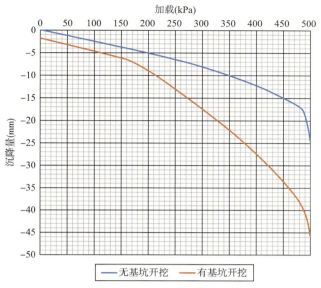

图 9.1-11　无基坑开挖和有基坑开挖时荷载角点 1509 的 $p\text{-}s$ 曲线

9.2　深大工作井基坑变形预测及工作井开挖渗流分析技术

9.2.1　MSD 理论基坑变形的机制

1）MSD 理论的应用条件

基坑变形预测 MSD 理论，是一种通过分析基坑开挖过程的能量守恒关系来进行变形推导的理论。此理论将工程现场土体的各向异性性质以及该性质在抗剪强度指标上产生的作用纳入计算，可以较好地展现基坑开挖全过程的形变情况。具体应用条件见表 9.2-1。

MSD 理论的应用条件　　　　　　表 9.2-1

项目	应用条件
土质条件	软（黏）土基坑
支护结构形式	地下连续墙结合内支撑
基坑变形形式	刚性变形或柔性变形，不存在滑移

2）基坑变形分区

基坑工程的形变划分成四个区域，变形分区见图 9.2-1～图 9.2-4，这四个区域分别为长方形 ABCD、扇形 DCE、扇形 FHE 以及三角形 HIF。对于基坑不同区域的形变，应采用各自的方程式进行计算。

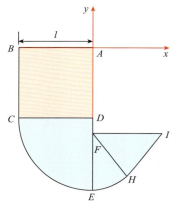
图 9.2-1 矩形 ABCD 的变形

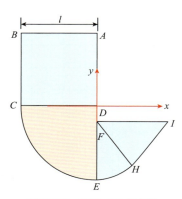
图 9.2-2 扇形 CDE 的变形

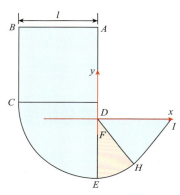
图 9.2-3 扇形 EFH 的变形

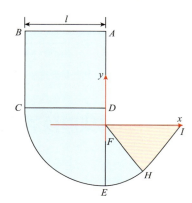
图 9.2-4 三角形 DHI 的变形

在矩形 ABCD 中,水平和垂直方向的变形分别为:

$$\begin{cases} \Delta w_x = -\dfrac{\Delta w_{max}}{2}\left[1-\cos\left(\dfrac{2\pi x}{l}\right)\right] \\ \Delta w_y = -\dfrac{\Delta w_{max}}{2}\left[1-\cos\left(\dfrac{2\pi y}{l}\right)\right] \end{cases} \tag{9.2-1}$$

在扇形 CDE 中,水平和垂直方向的变形分别为:

$$\begin{cases} \Delta w_x = \dfrac{\Delta w_{max}}{2}\left[1-\cos\left(\dfrac{2\pi\sqrt{x^2+y^2}}{l}\right)\right]\left[\dfrac{-y}{\sqrt{x^2+y^2}}\right] \\ \Delta w_y = \dfrac{\Delta w_{max}}{2}\left[1-\cos\left(\dfrac{2\pi\sqrt{x^2+y^2}}{l}\right)\right]\left[\dfrac{-x}{\sqrt{x^2+y^2}}\right] \end{cases} \tag{9.2-2}$$

在扇形 EFH 中,水平和垂直方向的变形分别为:

$$\begin{cases} \Delta w_x = \dfrac{\Delta w_{max}}{4B}\left[1+\cos\left(\dfrac{2\pi y}{l}\right)\right]\left[\sin\left(\dfrac{\pi x}{B}\right)\right] \\ \Delta w_y = \dfrac{l \cdot \Delta w_{max}}{4B}\left[\pi+\dfrac{2\pi y}{l}+\sin\left(\dfrac{2\pi y}{l}\right)\right]\left[\sin\left(\dfrac{2\pi y}{B}\right)\right] \end{cases} \tag{9.2-3}$$

在三角形 DHI 中,水平和垂直方向的变形分别为:

$$\begin{cases} \Delta w_x = \dfrac{\Delta w_{\max}}{2} \left[1 - \cos\left(\dfrac{2\pi(h + \sqrt{x^2 + y^2})}{l}\right) \right] \left[\dfrac{y}{\sqrt{x^2 + y^2}} \right] \\ \Delta w_y = \dfrac{\Delta w_{\max}}{2} \left[1 - \cos\left(\dfrac{2\pi(h + \sqrt{x^2 + y^2})}{l}\right) \right] \left[\dfrac{x}{\sqrt{x^2 + y^2}} \right] \end{cases} \quad (9.2\text{-}4)$$

式中：$\Delta w_{\max}$——工程中围护墙结构形变的峰值；

Δw_x——围护墙结构在水平方向的形变；

Δw_y——围护结构在竖直方向的形变；

l——形变影响区域的宽度范围。

3）MSD 理论基坑变形的机制

（1）悬臂型基坑变形机制

在基坑开挖施工过程中，首先在无任何内支撑的情况下向下开挖至一定深度处，在这一阶段基坑的变形为：整个基坑体系，包括坑周的土体以围护墙底端为中心，做三角形转动，其中围护墙为非变形的刚性转动。此后再进行内撑施作和下一步开挖。根据现场的地质条件，一般每开挖 3~5m 设一道支撑。此阶段的坑内外岩土体共分为两个三角形区，见图 9.2-5。

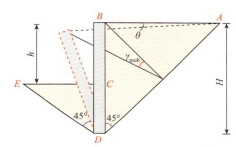

图 9.2-5 悬臂型基坑变形增量机制

在图 9.2-5 中，有：

$$\gamma_{\text{mob}} = 2\Delta\theta \quad (9.2\text{-}5)$$

$$\tan\theta = \dfrac{\Delta w_{\max}}{L} \quad (9.2\text{-}6)$$

式中：θ——整个基坑体系刚性变形的转动角；

γ_{mob}——是土体表观剪应变，大小等于 $2-\theta$，通过表观剪切强度系数与表观剪应变增加值拟合即可得出；

L——围护墙结构的深度；

$\Delta w_{\max}$——开挖墙体顶部峰值位移增量。

由于基坑开挖时转动角极小，根据式（9.2-6），有：

$$\tan\theta = \theta = \dfrac{\Delta w_{\max}}{L} \quad (9.2\text{-}7)$$

$$\Delta w_{\max} = L\theta = \dfrac{L\gamma_{\text{mob}}}{2} \quad (9.2\text{-}8)$$

（2）有内撑时基坑变形机制

当基坑工程施工时，单次向下挖掘某道内撑下方岩土体过程中，围护墙结构将产生类似余弦函数的水平形变 Δw。Δw 计算方法如下：

$$\Delta w = \dfrac{\Delta w_{\max}}{2} \left[1 - \cos\left(\dfrac{2\pi y}{l}\right) \right] \quad (9.2\text{-}9)$$

221

其中
$$l = \alpha s \tag{9.2-10}$$

式中：Δw——在当前施作的内撑下方区域某位置围护墙结构水平位移变化值，如图 9.2-6 所示；

Δw_{max}——在当前施作的内撑下方区域围护墙结构水平位移最大值；

l——形变影响区域的宽度范围；

s——当前施作的内撑和围护墙最底端的距离；

α——形变范围系数。

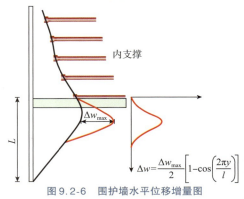

图 9.2-6 围护墙水平位移增量图

当在较硬质地层中施作围护墙结构时，α 值为 1；当在软黏土中布设围护墙结构时，α 值为 2。在现场施工时，地下连续墙基本处于这两者之间的地层状况中，地下连续墙在深度方向上发生的峰值变形一般紧靠工程的开挖面，一般可以认为 $1 < \alpha < 2$。

在基坑挖掘和施作内撑时，基坑各深度位置上土体形变机理如图 9.2-7 所示，将坑周岩土体分成 ACDB、EDC、HFE 和 IFH 几个变形区。在开挖并施作内撑时，围护结构产生位移形变，同时伴随着坑周地面的沉降。在地层内部，四个区域内的土体表现为余弦函数变形，由变形传递规律可知，围护墙水平位移量等于该位置墙后产生的地面沉降大小，两者都符合所示的余弦函数式[式（9.2-9）]。在图 9.2-7 中，每个箭头上变形的大小始终稳定，并向后方的位置传递。

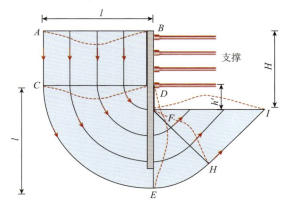

图 9.2-7 内撑式基坑变形增量机制

4）基坑变形中的能量守恒

MSD 理论产生的重要基础在于，该理论认为土体抗剪强度与剪应变表现为函数关系。当工程施工时，场地土体的应力状态受到扰动，产生了直接施加于围护墙的土压力场，在力的作用下，围护墙结构发生了变形和位移。同时坑周的岩土体也具有相对运动的趋势，这一趋势必然将伴随内力的产生，即剪应力。当位移发生时，土体内力做功，基坑体系中发生了能量的守恒转换。在工程的全部施工周期，整个工程始终遵守能量守恒定律，外力（重力）做功始终等于内力做功。土体内力做功一方面表现为剪应力做功，另一方面还包括内支撑压缩变形时内力做功和围护墙结构发生弯曲变形时的内力做功,前者以压缩弹性势能的方式存储于内支撑中,后者以弯曲变形能的方式存储于围护墙结构中。在整个基坑体系中,能量的总量不变。

(1)土体重力做功

在基坑开挖过程中,基坑开挖到底时总重力势能变化量为 $W_{总}$,开挖到第 m 阶段时重力势能变化量为 W_m,可用图9.2-8表示其做功原理。

此时土体重力做功的计算公式为:

$$W_m = \sum_{i=1}^{I} [\int_{vol} \gamma_t(m,i) v(m,i) d\Omega] \quad (9.2\text{-}11)$$

$$W = \sum_{M-1}^{M} W_m \quad (9.2\text{-}12)$$

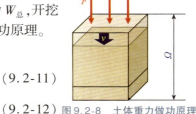

图9.2-8 土体重力做功原理

式中:Ω——变形区域的影响范围;
  i——工程施工现场的土层,总层数为 I;
  m——基坑工程施工设计层数,总开挖为 M 层;
$\gamma_t(m,i)$——第 m 次开挖,第 i 层土的平均重度;
$v(m,i)$——第 m 次开挖施工时,第 i 层岩土体的垂向位移变化量。

通过将开挖的土层分成多层,就可以更加准确地计算各个阶段累积后的土层外力所做的功,得到基坑开挖影响范围内土体总重力势能的变化量。

(2)土体剪应力做功

在基坑施工中,当岩土体发生塑性形变,而无相对滑移时,土体内的剪切强度并未到达应有的抗剪强度 c_u,将此时表现出来的抗剪强度定义为不排水抗剪强度的表观值 c_{mob}。将表观抗剪强度系数 $\beta(m,i)$ 定义为不排水抗剪强度表观值 c_{mob} 与真实抗剪强度 c_u 的比值,见式(9.2-13)。

$$\beta(m,i) = \frac{c_{mob}}{c_u} \quad (9.2\text{-}13)$$

认为施工过程在不排水的条件下进行,土体剪应力做功(即基坑体系的内力做功),其原理如图9.2-9所示。

剪应力做功的计算式为:

$$U = \sum_{i=1}^{I} \left[\iiint c_{mob}(m,i) \Delta\gamma(m,i) d\Omega \right] = \sum_{i=1}^{I} \left[\iiint \beta c_u(m,i) \Delta\gamma(m,i) d\Omega \right] \quad (9.2\text{-}14)$$

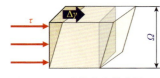

图9.2-9 土体内力做功原理

式中:$c_{mob}(m,i)$——表观抗剪强度;
  $\Delta\gamma$——土体的剪应变;
  β——土体的表观抗剪强度系数;
  $c_u(m,i)$——不排水抗剪强度值;
$\Delta\gamma(m,i)$——第 m 次开挖地层时,第 i 层土的固结不排水情况下的剪应变增量。

采用该计算公式,可以计算得出基坑开挖过程中坑内各层土内力做功情况。

(3)围护墙体的弯曲应变能

学者在原有 MSD 理论的研究上引入了围护墙弯曲变形储存的变形能 P 这一概念,并考虑了土体的各向异性,发表了改进 MSD 理论。P 可通过围护墙结构抗弯刚度 EI 和围护墙水平位移变形增量值 Δw 积分得到:

$$P = \frac{EI}{2} \int_0^w \left[\frac{d^2 w_x}{dy^2}\right]^2 dy \qquad (9.2\text{-}15)$$

将式代入,得:

$$P = \frac{\pi^5 EIs (\Delta w_{\max})^2}{l^4} + \frac{\pi^4 EI (\Delta w_{\max})^2 \sin\left(\frac{4\pi s}{l}\right)}{4l^3} \qquad (9.2\text{-}16)$$

式中:EI——工程围护墙结构抗弯刚度。

(4)内支撑的压缩弹性势能

后来有学者提出基坑内支撑的压缩弹性势能 V 这一概念,V 的计算公式为:

$$V = \sum \frac{E_p A_p}{2 l_p} (\Delta_{hp})^2 \sin\omega \qquad (9.2\text{-}17)$$

式中:$E_p A_p$——第 p 道支撑的抗压刚度;

l_p——该道内支撑的长度;

ω——该内支撑与基坑侧壁的夹角,对于垂直于基坑内壁的支撑,$\sin\omega = 1$;

Δ_{hp}——该道支撑在此位置的变形量,等于基坑围护墙结构在该位置的变形量。

在基坑工程施工开挖期间,存在的能量守恒关系为:土体外力(重力)做功 W 等于土体内力(剪应力)做功 U、围护墙的弯曲变形能 P 与内支撑的压缩弹性势能 V 之和。即:

$$W = U + P + V \qquad (9.2\text{-}18)$$

9.2.2　基于优化 MSD 法的盾构工作井变形动态分析

在使用 MSD 法计算土体内力做功时,地层中土体的应力与应变之间的关系是关键的计算参数之一,表观剪切强度系数 β 是重要的中间变量,通过基坑中的能量守恒关系可求出 β,进而与土体的应力-应变关系进行对照,求得土体的表观剪应变 γ_{mob},并求出最大水平位移 $\Delta w_{\max}$。

不同超固结比土的 γ_{mob} 与 β 的关系满足式(9.2-20)~式(9.2-24)。

当超固结比 $OCR = 0.5$ 时,有:

$$\beta = -0.75346 e^{\frac{-100\gamma_{mob}}{0.024}} + 0.821 \qquad (9.2\text{-}19)$$

当超固结比 $OCR = 1$ 时,有:

$$\beta = -0.75346 e^{\frac{-100\gamma_{mob}}{0.035}} + 0.821 \qquad (9.2\text{-}20)$$

当超固结比 $OCR = 2$ 时,有:

$$\beta = -0.75346 e^{\frac{-100\gamma_{mob}}{0.169}} + 0.821 \qquad (9.2\text{-}21)$$

当超固结比 $OCR = 4$ 时,有:

$$\beta = -0.75346 e^{\frac{-100\gamma_{mob}}{0.545}} + 0.821 \qquad (9.2\text{-}22)$$

当超固结比 $OCR = 8$ 时,有:

$$\beta = -0.75346e^{\frac{-100\gamma_{mob}}{0.614}} + 0.821 \tag{9.2-23}$$

分析相关的文献资料,结合工程数据,认为在基坑施工范围内,土体的有效应力 σ_{vo} 沿着地层深度 z 的分布关系满足:

$$\sigma_{vo} = 7.19z + 24.5 \tag{9.2-24}$$

$$c_u = \lambda(7.19z + 24.5) = c_0 + c_1 z \tag{9.2-25}$$

式中:λ——不排水抗剪强度与有效应力的比值。

该工程使用改进的 MSD 理论分析济南黄河隧道北岸盾构工作井基坑工程变形。改进的 MSD 理论与 MSD 理论的区别主要在于,改进的 MSD 理论在原有的能量守恒方程中引入了墙体自身的弯曲应变能和内支撑的压缩弹性势能。本次计算选择第 3 流水段最接近基坑长边中点的位置处进行计算,该部分采用 3 道钢支撑结合 2 道混凝土支撑的支护形式,围护墙厚度为 1.2m、深 40m,此处基坑设计开挖深度为 25m。

根据现场工况,将基坑开挖与支撑架设分别表示为不同的施工步骤,分为 6 步依次进行计算,见表 9.2-2。

施工步骤　　　　　　　　　　　　　　　　　　　表 9.2-2

施工步骤	施工内容
第一步	悬臂开挖至地下 3m
第二步	开挖至 7m 并在 3m 处设置第一道支撑(混凝土支撑)
第三步	开挖至 11m 并在 7m 处设置第二道支撑(钢支撑)
第四步	开挖至 15m 并在 11m 处设置第三道支撑(混凝土支撑)
第五步	开挖至 20m 并在 15m 处设置第四道支撑(钢支撑)
第六步	开挖至 25m 并在 20m 处设置第五道支撑(钢支撑)

计算选取了基坑长边中点位置处的基坑剖面,表 9.2-3 给出了该剖面在开挖过程中各层土的厚度及力学参数。

土层的力学参数　　　　　　　　　　　　　　　　表 9.2-3

岩土名称	砂质粉土	黏质粉土	细砂	粉质黏土	钙质结核	基岩
层厚(m)	1.5	9.5	1	8	1	19
重度(kN/m^3)	19.5	19.1	20.4	19.1	21.0	22.0
孔隙比	0.843	0.815	0.631	0.815	0.50	0.50
屈服强度 E_{50ref}(MPa)	5	18	30	18	35	35
泊松比	0.30	0.30	0.29	0.30	0.30	0.35

基坑各步骤开挖对应的地层情况如图 9.2-10 所示。

1)基坑悬臂开挖变形计算

悬臂开挖阶段,坑外土体绕围护墙趾转动,此时无任何内支撑,墙体本身无任何形变,无须考虑弯曲应变能 P 和内支撑压缩弹性势能 V,则此时的守恒计算式为:

$$W = U \tag{9.2-26}$$

式中:W——土体重力做的总功;

U——土体剪应力做的总功。

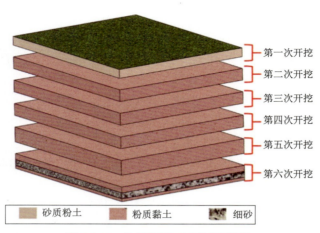

图 9.2-10　各步骤开挖对应的地层情况

无内支撑时,开挖深度 $h_u=3\mathrm{m}$,此时根据能量守恒关系,即能计算土体剪切强度表观系数 β。土体重力势能做功为:

$$W_1 = \iint \gamma_t v \mathrm{d}\Omega = \int_0^L \mathrm{d}x \int_0^x \frac{\Delta w_{\max}}{L} x \mathrm{d}z = \frac{\gamma_t \Delta w_{\max} L^2}{6} \quad (9.2\text{-}27)$$

$$W_2 = \iint \gamma_t v \mathrm{d}\Omega = \int_0^L \mathrm{d}x \int_0^x \frac{\Delta w_{\max}}{L} x \mathrm{d}z = \frac{\gamma_t \Delta w_{\max}(L-h_u)^3}{6L} \quad (9.2\text{-}28)$$

式中:W_1——图 9.2-5 中三角形 ABD 区域土体重力所做的正功;

W_2——三角形 CED 区域土体重力所做的负功,其 $L=40\mathrm{m}$。

该层砂质粉土重度 $\gamma_t=19.5\mathrm{kN/m^3}$,开挖深度 $h_u=3\mathrm{m}$,则土体重力势能所做的总功分别为:

$$W = W_1 - W_2 = \frac{\gamma_t \Delta w_{\max}}{6}\left[L^2 - \frac{(L-h_u)^3}{L}\right] = 1073\Delta w_{\max} \quad (9.2\text{-}29)$$

$$\Delta w_{\text{顶}} = L \cdot \Delta\theta = 8.4(\mathrm{mm})$$

土体剪应力所做的功为:

$$U_1 = \iint \beta c_u \Delta\gamma \mathrm{d}\Omega = \beta \int_0^L \mathrm{d}x \int_0^x \frac{2\Delta w_{\max}}{L}(c_0+c_1 z)\mathrm{d}z = \frac{\beta\Delta w_{\max}}{L}\left(c_0 L^2 + \frac{1}{3}c_1 L^3\right) \quad (9.2\text{-}30)$$

$$U_2 = \iint \beta c_u \Delta\gamma \mathrm{d}\Omega = \beta \int_0^{L-h_u} \mathrm{d}x \int_0^x \frac{2\Delta w_{\max}}{L}(c_0+c_1 h_u+c_1 z)\mathrm{d}z$$

$$= \frac{\beta\Delta w_{\max}}{L}\left[c_0(L-h_u)^2 + c_1 h_u(L-h_u)^2 + \frac{1}{3}c_1(L-h_u)^2\right] \quad (9.2\text{-}31)$$

分别计算基坑内外各位置土体内力做功,该层土体超固结比 $OCR=1$,对应 $c_0=5.25$,$c_1=1.25$,则土体内力(剪应力)所做的总功为:

$$U = U_1+U_2 = \beta\Delta w_{\max}\left\{c_0\left[L+\frac{(L-h_u)^2}{L}\right]+c_1\left(\frac{2}{3}L^2-h_u^2+\frac{2}{3}\frac{h_u^3}{L}\right)\right\} = 1758\beta\Delta w_{\max}$$

$$(9.2\text{-}32)$$

计算可得 $\beta=0.592$,拟合所得的应力应变曲线可知此时 $\gamma_{\mathrm{mob}}=0.042\%$,则 $\Delta\theta=0.021\%$,则根据式求得基坑顶部位移 $\Delta w_{\text{顶}}=L\cdot\Delta\theta=8.4\mathrm{mm}$。

2)有内支撑时的变形计算

当工程开始施作内撑时,则必须开始考虑基坑围护墙的弯曲变形能 P 和内撑的压缩弹性势能 V。根据能量守恒关系求得最大位移 $\Delta w_{\max}$,此时守恒方程为:

$$W = U + P + V \tag{9.2-33}$$

基坑围护墙结构主要嵌于较软弱的粉质黏土层,因此取变形区域影响系数 $\alpha = 1.5$,即开挖变形影响区长度 $l = 1.5s$。

(1) 设置第一道支撑(混凝土支撑)时的基坑变形

在 3m 位置施作第一道内支撑(混凝土支撑),并挖至 7m 深度时,此时土体是为粉质黏土,重度 $\gamma_t = 19.5 \text{kN/m}^3$,超固结比 $OCR = 1$,此支撑离围护墙趾长度 $s = 37\text{m}$,即开挖变形区影响长度 $l = 1.5s = 55.5\text{m}$。分别计算得各层土体外力(重力)做的功和内力(剪应力)做的功,进行累加后,重力和剪应力做功分别为:

$$W = 2280\Delta w_{\max} \tag{9.2-34}$$

$$U = 4357\beta\Delta w_{\max} \tag{9.2-35}$$

已知该盾构工作井围护墙结构抗弯刚度 $EI = 1037.7\text{kN/m}^2$,第一道混凝土支撑的抗压刚度 $E_A P_A = 1716\text{MN/m}$,支撑的有效长度 $l_p = 35\text{m}$,计算得此时围护墙体的弯曲变形能和内支撑压缩弹性势能为:

$$V = 20\Delta w_{\max}^2 \tag{9.2-36}$$

$$P = 4.7\Delta w_{\max}^2 \tag{9.2-37}$$

则有

$$\Delta\gamma_{\text{mob}} = \frac{2\Delta w_{\max}}{l} = \frac{2\Delta w_{\max}}{55.5} = 0.036\Delta w_{\max} \tag{9.2-38}$$

根据土体应力-应变关系,结合能量守恒方程可得墙体最大水平位移 $\Delta w_{\max} = 4.3\text{mm}$,$\Delta\gamma_{\text{mob}} = 0.0155\%$,计算得到该支撑下方墙体位移情况。

(2) 设置第二道支撑(钢支撑)时的基坑变形

在 7m 位置施作第二道内支撑(钢支撑),并挖到 11m 时,地层土体为粉质黏土,重度 $\gamma_t = 19.5\text{kN/m}^3$,超固结比 $OCR = 2$,此支撑离围护墙趾长度 $s = 33\text{m}$,变形区域影响系数开挖变形区影响长度 $l = 1.5s = 49.5\text{m}$。可分别计算得各层土体外力(重力)所做的功和内力(剪应力)做的功,进行累加后,重力和剪应力做的总功分别为:

$$W = 3218\Delta w_{\max} \tag{9.2-39}$$

$$U = 4099\beta\Delta w_{\max} \tag{9.2-40}$$

已知该盾构工作井围护墙结构抗弯刚度 $EI = 1037.7\text{kN/m}^2$,第二道内支撑(钢支撑)的抗压刚度 $E_A P_A = 482\text{MN/m}$,该道支撑的有效长度 $l_p = 35\text{m}$,根据式(9.2-41)~式(9.2-43),计算得到此次围护墙体的弯曲变形能和内支撑的压缩弹性势能分别为:

$$P = 8.9\Delta w_{\max}^2 \tag{9.2-41}$$

$$V = 1.2\Delta w_{\max}^2 \tag{9.2-42}$$

则有

$$\Delta\gamma_{\text{mob}} = \frac{2\Delta w_{\max}}{l} = \frac{2\Delta w_{\max}}{49.5} = 0.0404\Delta w_{\max} \tag{9.2-43}$$

根据土体应力-应变关系，结合能量守恒方程可得墙体最大水平位移 $\Delta w_{max} = 6.3\text{m}$，$\Delta \gamma_{mob} = 0.0255\%$。

(3) 设置第三道支撑（混凝土支撑）时的基坑变形

在 11m 位置施作第二道内撑（钢支撑），并继续挖到 15m，对应的地层土体为粉质黏土，重度 $\gamma_t = 19.5\text{kN/m}^3$，超固结比 $OCR = 2$，此支撑离围护墙趾长度 $s = 29\text{m}$，变形区域影响系数开挖变形区影响长度 $l = 1.5s = 43.5\text{m}$。分别计算得各层土体外力（重力）所做的功和内力（剪应力）做的功，进行累加后，重力和剪应力做的总功分别为：

$$W = 3970\Delta w_{max} \quad (9.2\text{-}44)$$

$$U = 2349\beta\Delta w_{max} \quad (9.2\text{-}45)$$

已知该盾构工作井围护墙结构抗弯刚度 $EI = 1037.7\text{kN/m}^2$，第三道支撑（钢支撑）的抗压刚度 $E_A P_A = 1716\text{MN/m}$，支撑的有效长度 $l_p = 35\text{m}$，根据式（9.2-46）~式（9.2-48）计算得此时围护墙体的弯曲变形能和内支撑压缩弹性势能：

$$P = 13\Delta w_{max}^2 \quad (9.2\text{-}46)$$

$$V = 20\Delta w_{max}^2 \quad (9.2\text{-}47)$$

则有

$$\Delta \gamma_{mob} = \frac{2\Delta w_{max}}{l} = \frac{2\Delta w_{max}}{43.5} = 0.046\Delta w_{max} \quad (9.2\text{-}48)$$

根据土层土应力-应变关系式，结合能量守恒方程可得墙体最大水平位移 $\Delta w_{max} = 10.2\text{mm}$，$\Delta \gamma_{mob} = 0.047\%$。

依照同样的计算方法，可计算得到：当开挖至 20m 并在 15m 处设置第四道内撑（钢支撑）时，围护墙结构在水平方向位移峰值 $\Delta w_{max} = 7.1\text{mm}$；开挖至 25m 并在 20m 处设置第五道内撑（钢支撑）时，围护墙结构在水平方向位移峰值 $\Delta w_{max} = 4.2\text{mm}$。

3）最终位移图像的叠加

按照 MSD 基坑变形理论，计算出每一个阶段的最大位移量，利用余弦函数绘制出各个开挖步骤时围护墙的位移曲线，获得利用改进 MSD 法计算得到的最终围护墙水平位移曲线，如图 9.2-11 所示。

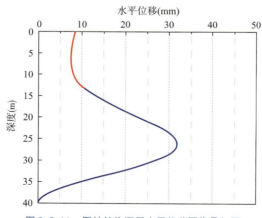

图 9.2-11　围护结构深层水平位移图像叠加图

图 9.2-11 展示了利用改进 MSD 理论计算所得的该基坑在第三施工流水段的围护墙结构位移变形情况,该图由六步开挖的 MSD 计算位移曲线叠加而来。由该图可知,利用 MSD 理论计算所得的围护墙顶水平位移为 8.4mm,在深度方向上,围护墙水平位移表现为先增大后减小的分布,位移最大值出现在 26m 深度处,处于基坑底部以深 1m 位置,最大值为 32mm。

9.2.3 盾构工作井开挖渗流分析

实际工程中一般基坑开挖的影响范围约是基坑开挖深度的 3 倍左右。该工程基坑深约为 30m,因此建立模型尺寸为:模型总体长度 350m,宽 180m,深度方向上深 100m。开挖的基坑模型位于总模型的中间位置,基坑模型长度 151m,基坑宽度 19~33.2m,基坑深度 30m,三维模型的具体尺寸如图 9.2-12 所示。

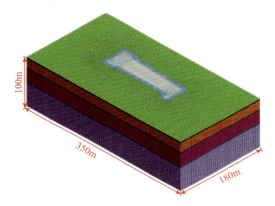

图 9.2-12 三维模型示意图

根据实际的地层条件,对地层进行简化,共划分为 5 个地层。考虑到不同土体的性质不同,对不同土体选用不同的结构模型。对于粉土、黏土这一类较软的土选用修正 Mohr-Coulomb 模型,对于砂土这类摩擦系数较高的土则采用 Mohr-Coulomb 模型。结构材料均使用弹性模型进行模拟。模型中采用的计算参数见表 9.2-4 和表 9.2-5。

各土层计算参数　　　　表 9.2-4

岩土名称	砂质粉土	粉质黏土	细砂	粉质黏土	钙质结核	基岩
层厚(m)	3	19	2	28	2	46
重度(kN/m³)	19.5	19.1	20.4	19.1	21.0	22.0
孔隙比	0.843	0.815	0.631	0.815	0.50	0.5
E_{50ref}(MPa)	5	18	30	18	35	35
泊松比	0.30	0.30	0.29	0.3	0.30	0.35

围护结构各部分计算参数　　　　表 9.2-5

围护结构	重度(kN/m³)	弹性模量(MPa)	泊松比
混凝土材料	20	31500	0.3
钢材	78.5	2.06×10^5	0.3

模型通过二维线框扩展为三维实体,然后进行网格划分,见图9.2-13。

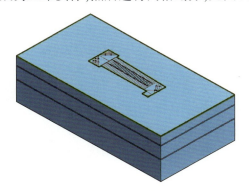

图9.2-13 模型实体划分

在全部几何形状完成后,建立网格之前执行播种。该模型当中基坑内布格构柱和内支撑,设置间距为2m,基坑周边间距为3m,场地边缘间距为5m。网格划分时,3D网格在三维实体形状上自动生成,单元形状选择混合网格生成器。

考虑渗流,需要设置节点水头,首先定义模型总水头,然后定义坑内初始水位和每次降水时的节点水头,保证基坑每一步开挖前成功进行降水,即降到基坑开挖面以下1m处。

在总模型的地面设置节点的X、Y和Z三个方向的位移约束,在模型的左侧和右侧设置模型相应的侧向约束,在模型最上表面,不进行节点约束,见图9.2-14。

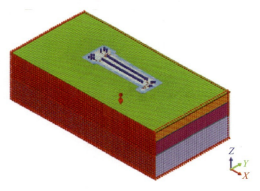

图9.2-14 边界条件约束示意模型

设置重力,各个单元所受到的重力,通过设置材料的密度自动获得。

该次数值模拟施工阶段分为15个阶段,分别为初始渗流场阶段、初始应力阶段、修筑地下连续墙和格构柱阶段、第一次降水、第一次开挖,直到第六次降水、第六次开挖。

1)初始渗流场阶段

场地的初始渗流场阶段主要模拟的是场地在基坑大规模开挖前,已经存在的土体及地下水状态。研究数据为基坑开挖土体、基坑周围土体。激活坑内初始水位和总水头,见图9.2-15。

2)初始应力状态阶段

初始应力状态阶段主要模拟的是初始渗流场之后施加边界条件,激活模型岩土土体边界条件和重力,见图9.2-16。

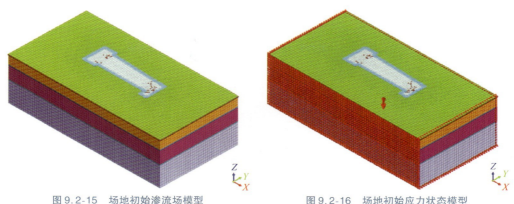

图9.2-15 场地初始渗流场模型　　　　　图9.2-16 场地初始应力状态模型

3）修筑地下连续墙阶段

如图9.2-17所示，为地下连续墙施工完成阶段，在这个施工阶段，激活的数据为地下连续墙、格构立柱（兼抗拔桩）和桩的转动约束。使用板单元模型模拟基坑中的地下连续墙，地下连续墙厚度为1.2m，深度为51.5m，尺寸控制精度为3m。由于截水帷幕和刚性连接不能同时存在，因此需要将刚性连接钝化。

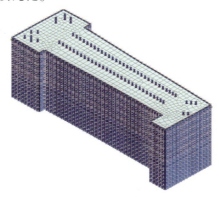

图9.2-17 地下连续墙施工完成

4）第一次降水

在这个施工阶段，主要模拟了基坑第一部开挖前需要对基坑进行降水，见图9.2-18，第一次基坑开挖2m，降水位置为基坑下3m，每次降水都保持在基坑开挖面以下1m位置处。

5）后续开挖及降水

通过梁单元模拟基坑冠梁，截面为实心矩形，尺寸为1.2m×2m。支撑体系中，通过梁单元来模拟混凝土支撑，截面为实心矩形，尺寸为1.2m×1.2m。通过梁单元模拟围檩，截面为实心矩形，尺寸为1.5m×2m。支撑体系当中，通过梁单元来模拟钢支撑，截面为管形，钢管外径为0.609m，内径为0.593m。后续有降水和开挖共11个施工阶段。

基坑开挖完成后，周围地表发生沉降。通过建立位移云图计算，考虑渗流时，最大沉降发生在基坑中部靠外的位置，最大沉降约为19.7mm。最大沉降发生在距离基坑边15m左右位置处；未考虑渗流时，沉降趋势和考虑沉降时十分接近，只是在数值上发生了变化，最大沉降位置并未发生改变，最大沉降约为11.3mm。

图 9.2-18　第一次降水

6）基坑开挖对地下连续墙水平位移的影响

通过建立渗流时地下连续墙变化云图，基坑施工造成的地下连续墙水平位移随着地下连续墙深度的增加，从顶端开始先增大后减小，呈抛物线形状，且地下连续墙中部位移为负值，表现为向基坑内凸的趋势，顶端位移最小，基坑开挖面处位移最大。无论是否考虑渗流条件，地下连续墙水平位移趋势基本相同。因为渗流对地下连续墙的影响，地下连续墙的变形特征也发生了变化。不考虑渗流时，地下连续墙从上到下，先增加后减小，但是达到最大变形以后下降得比较快，而考虑渗流时，其变形达到最大值以后下降得比较慢，也就是说，在基坑开挖面以下仍然存在较大的变形。考虑渗流条件下的变形最大值约为 26.0mm，不考虑渗流时最大变形为 12.7mm。

7）基坑开挖于地下连续墙竖向位移的影响

通过对地下连续墙的竖向位移分析发现，地下连续墙最大位移发生在图 9.2-19、图 9.2-20 中蓝色部分，原因可能是因为此处的支撑设置数量较少，导致地下连续墙受力不均，从而发生较大沉降。除此之外沉降较大处为基坑长边中部以及基坑短边部分。未考虑渗流时地下连续墙的沉降较大，最大为 15.9mm，考虑渗流时最大沉降为 5.7mm，相差比较大的原因主要是此处支撑较少，导致墙体中部发生较大位移，也说明渗流会对地下连续墙产生较大应力，加剧其变形。

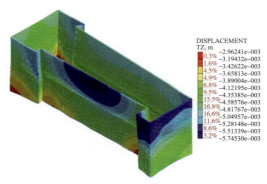

图 9.2-19　未考虑渗流时地下连续墙竖向位移云图

8) 基坑开挖对于地下连续墙应力的影响

提取基坑开挖完成后地下连续墙应力云图,在基坑上部边处应力较小,均不超过 $1.7 \times 10^3 kN/m^2$。而应力最大值出现在基坑围护结构的边角处,并且靠近下部的应力更大,最大可以达到 10MPa 左右。

建立不同深度地下连续墙云图,分析发现地下连续墙的入土深度与墙体内侧弯矩成反比关系。止水帷幕可以有效地减小坑外地表沉降量,在止水帷幕不同深度下基坑周围地表沉降趋势基本一致。止水帷幕深度不同,坑外地表沉降也不同,坑外同一位置处,随着止水帷幕深度的增加,地表沉降量逐渐减小,但减小的效果随着止水帷幕深度的增加而减弱。但是当止水帷幕达到一定深度后,坑外地表沉降差别不大,说明此时坑外地表沉降减小到了较低水平,这对实际工程中选择止水帷幕深度具有指导意义。实际工程中在达到止水效果的同时,应尽可能地降低施工成本。

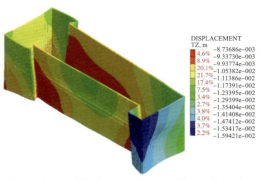

图 9.2-20 考虑渗流时地下连续墙竖向位移云图

9) 渗流对基坑底部隆起的影响

通过建立模型分析发现,基坑底部隆起十分不均匀,在有桩的地方几乎没有隆起,而在桩与桩之间以及没有桩的地方会产生十分明显的隆起。隆起最大的部位发生在基坑的盾构工作井内,此处没有打抗拔桩,因此隆起较大。未考虑渗流时,基坑底部隆起最大为 30.7mm,考虑渗流时最大隆起量达到 66.7mm。此时如果不及时处理,极有可能发生基坑突涌事故。

10) 渗流速度

渗流速度分布整体上遵循一定规律,渗流速度最大处出现在基坑底部,距离基坑越远,地下水渗流速度越慢,在模型计算范围内渗流速度最小为 1.58mm/d,渗流速度非常小。靠近截水帷幕底部,渗流速度越大,最大点在截水帷幕最底端,可以达到 2.89m/d。渗流速度较大的部分出现在靠近基坑边缘的地方,中部速度较慢,约为 0.5m/d。从图 9.2-21 可知,由于基坑内部布设格构柱,导致坑下土到基坑内流速发生十分明显的变化,格构柱的存在,打乱了地下水的渗流规律,导致坑内隆起不规则。

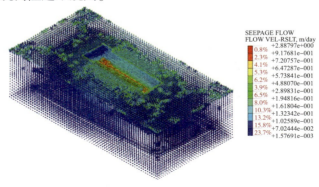

图 9.2-21 渗流速度云图

9.3 基坑开挖安全控制技术

9.3.1 基坑开挖方案

1）基坑开挖方案制约因素

(1) 工程筹划要求北岸盾构井需为盾构提供始发条件，工期十分紧张；

(2) 南岸明挖段受交通导改限制，场地内有其他施工，施工组织难度大；

(3) 受交通导改限制，现场施工场地狭小，通行条件较差。

2）基坑开挖、支护方案

综合考虑以上因素，根据工程筹划，北岸土方开挖施工采取端头井往北放坡开挖。北端头土方开挖采取垂直提土运输方式，场地内布置2台垂直提升设备，保证每天开挖量。

南工作井基坑考虑工期及工作范围有限，采用2台垂直提升设备。

基坑开挖与支撑安装遵循"时空效应"的原理，在开挖过程中应掌握好"分层、分步、对称、平衡、限时"五要点，遵循"纵向分段、竖向分层、横向分块、先撑后挖、快速封底"的施工原则。桩间网喷及钢支撑架设紧随土方开挖，减少无支撑暴露时间。开挖纵坡不陡于1:3.0。施工现场设临时存渣场（若有场地条件），采用装载机或挖掘机装车外运。钢支撑在场外加工，现场拼接，采用挖机配合50t汽车起重机吊装。

3）基坑开挖原则与注意事项

(1) 基坑开挖须充分利用"时空效应"以提高工程施工质量，合理划分开挖顺序和每步开挖土体的空间尺寸，保证每一工况挖土及钢支撑的安装时间≤16h。

(2) 基坑开挖必须在围护结构、桩顶圈梁达到设计强度后方可进行，桩后超载≤20kPa。

(3) 开挖前测放基坑边坡坡线，采用自然放坡、分层分段开挖。

(4) 开挖基坑采取"分层开挖、随挖随撑、支撑与挖土配合"的开挖方式，严禁超挖，在地层变形要求较严格时，采取"分层、分区、分块、分段、抽槽开挖、留土护壁、及时支撑、减少无支撑暴露时间"等方式开挖。横向先开挖中间土体，后开挖两侧土，待两侧土体剩余20~30cm时用人工开挖。

(5) 基坑开挖采用挖掘机，当基坑深度在4.0m以内时，直接利用挖掘机挖土装车，当基坑开挖至4.0m以下时，明挖段标准段采用挖掘机接力出运土方。根据以往施工经验，考虑到支撑的位置对长臂挖机出土的影响，最后剩余土采用小挖机翻土，门式起重机垂直提升，自卸车土方外运；明挖段中间段至4m以下可以直接使用长臂挖机出土。最后剩余土方由小挖机倒土，长臂挖机直接出运土方，配备大型自卸车运输外运。

(6) 基坑内支撑安装紧随土方开挖作业进行，及时按照设计要求预加轴力，并根据监测数据复加轴力或采取加强措施；按照"先撑后挖"的原则，确保支撑安装的及时性和有效性。该明挖段施工场地狭小，钢支撑管段在场外加工，施工时运抵现场拼接。基坑宽度较小，支撑较短，采用地面拼接后整体吊装的方式安装，吊装作业通过100t履带式起重机配合25t汽车起重机完成。基坑角部的钢筋混凝土支撑现浇完成。

(7)在施工过程中,特别是在接近管线的范围和管线埋深的可能深度范围内,采用人工小心挖掘,以免破损、损坏管线,确保施工期间所有地下管线的安全和正常使用。

(8)因基坑内空间受限,作业机械较多,设专人指挥、调度车辆及机械,确保施工安全。

(9)合理安排施工顺序,使基坑开挖、支护支撑及结构施工有序衔接,避免因工序平行作业引起窝工、互相干扰等现象,提高施工效率及安全性。

4)基坑开挖施工顺序

以西明挖段为例,基坑开挖顺序如图 9.3-1 及表 9.3-1 所示。

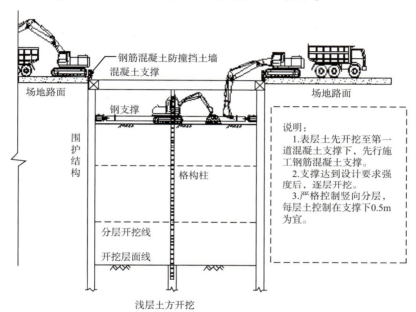

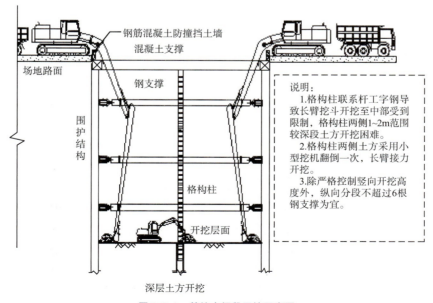

图 9.3-1 基坑中间段开挖示意图

基坑开挖步序　　　　　　　　　　表9.3-1

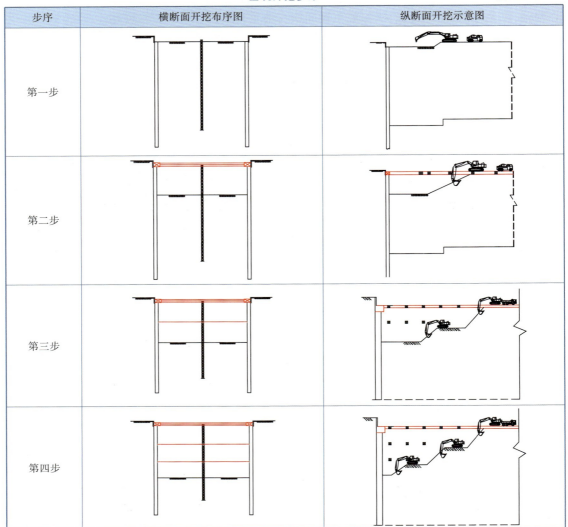

5）基坑开挖质量要求

(1) 人工清底后,槽底高程与设计高程允许偏差为 $-20\sim+10\mathrm{mm}$,不得扰动原状土。

(2) 各层间高程允许偏差为 $\pm150\mathrm{mm}$。

(3) 边坡允许偏差为 $+200\mathrm{mm}$,严禁亏坡。

(4) 挖土机严禁碰撞连续墙、钢管支撑。

(5) 测量员随时测量,保证基底高程和基坑线。

9.3.2 基坑开挖技术措施

(1) 基坑开挖施工前,基坑周围设截排水沟截排地面水,地面采用混凝土硬化,防止地表水渗入基坑,基坑内采用明沟排水,沿明挖段纵向每50m设一集水坑。基坑渗水沿排水明沟汇入集水坑,由水泵排至地面,经处理后排入市政排水系统。雨季施工加强降水和排水措施,确保工程安全和设备的正常运转,做到大雨后能立即复工。

(2)钢支撑开槽支撑,并按规定施加预应力,检查并确认支撑的稳定性安全性后,方可继续开挖。基坑开挖过程中要防止挖土机械及起吊作业碰撞支撑体系。

(3)基坑周围设置安全护栏。基坑边缘堆置土方和建筑材料,或沿挖方边缘移动运输工具和机械,应距基坑上部边缘不少于2m,弃土堆置高度不应超过1.0m,并且不能超过设计荷载值。钢支撑上方不得施加任何竖向荷载。

(4)基坑开挖至基底垫层以上300mm时,应及时进行清底验槽,并采用人工挖除剩余土方,挖至设计高程后应及时平整基坑,疏干坑内积水,及时施作垫层。减少暴露时间,防止曝晒和雨水浸刷破坏地基土的原状结构。

(5)基坑开挖前应预见事故的可能性,施工前准备一定数量的应急材料,做好基坑抢险加固准备工作。当围护结构出现渗漏水的情况时,应对土层中的渗漏点进行封堵,以避免造成地下水大量流失,并保证周边建(构)筑物的安全。

出现涌砂、涌水、坑底隆起失稳,围护结构变形过大或有失稳前兆时,应立即停止施工,并采取切实有效的措施,确保施工安全、顺利进行。

(6)钢支撑必须及时和格构柱钢系梁用限位板紧密连接,施工过程中加强监测,若钢管横撑轴力过大,横撑挠曲变形接近允许值时,采取增加临时横向支撑等措施,防止横撑挠曲变形过大,保证钢支撑受力稳定,确保基坑安全。

(7)加强监控量测,重点做好围护结构、基底土体和地下水水位、水压力监测,确保结构和施工安全。

9.4 盾构超大吨位吊装施工对结构的影响

9.4.1 基坑开挖期吊装短时荷载作用影响

结合济南黄河隧道工程南岸工作井基坑开挖过程,通过现场试验和数值模拟的研究方法,建立数值计算模型,制定详细的智能化监测方案,通过全向实时位移管进行全天24h监测,并结合详细的施工工况,探究在粉黏土地层中,短时荷载作用下地下连续墙+内撑支护结构受力及变形规律。南岸基坑开挖荷载作用次数及时间表见表9.4-1。

济南黄河隧道南岸基坑开挖荷载作用次数及时间表   表9.4-1

项目	施工时间(d)	施工车辆	吨位(t)	作业次数(次)	作业时长(h)	最短作用时长(h)	最长作用时长(h)	平均作用时长(h)
土体开挖	48	渣土车	25	3100	0.25~0.3	0.25	0.3	0.27
支撑施作	44	汽车起重机	20	16	2.5~13.5	2.5	13.5	8
		汽车起重机	25	79	2~12	2	12	7
		汽车起重机	80	17	2~11.5	2	11.5	6.75
		汽车起重机	100	22	3~11.5	3	11.5	7.25

济南黄河隧道工程南岸工作井基坑自第一层土开挖至第八层土开挖完成,总计用时95d。为了监测位移变化情况,在施工场地布设全向实时位移管,实物及布设图如图9.4-1及图9.4-2所示。

图9.4-1 全向实时位移管

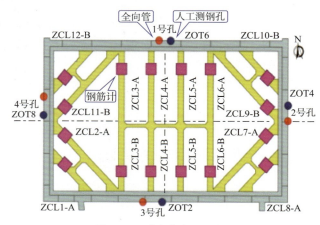

图9.4-2 全向管布设位置图

随着基坑开挖,地下连续墙变形逐渐增大,最大位移点逐渐下移,截至第六层土开挖完成后,地下连续墙变形最大位置出现在基坑南侧,累计最大位移为56.6mm,已经超过红色预警值。地下连续墙位移过大的原因是,基坑南侧距离基坑约12m的位置在施工高压旋喷桩,土体受到巨大的压力挤压,进而作用到地下连续墙上,导致地下连续墙位移增大。

在坑顶以下15m内地下连续墙的变形恢复量较大,且荷载越大,影响深度越深,荷载的影响深度大致在坑顶以下15m内。短时荷载越小,作用时间越短,"回弹量"越大。地下连续墙的恢复变形主要在吊装结束后的3h内完成,越往后恢复变形量越小。

9.4.2 自动化监测平台现场试验

1)阵列式位移计

墙体水平位移采用阵列位移计(图9.4-3)进行监测,水平位移监测装置由阵列位移计、数据采集仪、云平台软件三部分组成。HC-3D-3阵列式阵列位移计由一系列连续相接的MEMS

加速度传感器构成,系统可自动确定每个传感器单元的空间形态,从而实现对目标物的三维变形监测,阵列式位移计安装及布置图如图 9.4-4 所示。

图 9.4-3　阵列式位移计

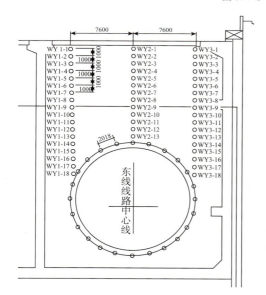

图 9.4-4　阵列式位移计安装及布置图

2) 振弦式应变计

HC-9000 型振弦式应变计埋设于混凝土结构物表面,当结构物受力或因温度变化发生线性伸缩变形时,与结构物刚性固连的应变计产生同步变形,通过前、后端座传递给振弦使其产生应力变化,从而改变振弦的固有振动频率。实物图及布置图如图 9.4-5 所示。

3) 自动化监测平台

通过与各个监测装置的无线连接,收集监测数据并形成图表展示,如图 9.4-6 所示,便于观测。

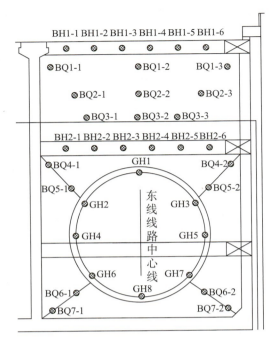

图9.4-5 振弦式应变计及布置图

图9.4-6 自动化监测平台页面

自动化监测数据如图9.4-7所示,由图分析可知,WY1、WY2、WY3、WY4总体位移趋势是整体朝坑内移动,受北侧路基板上堆放盾构机部件荷载大小波动特性的影响,主体墙体变形表现出一定的动力变化特性,虽然顶部出现向坑内的变形,但是受第一道环框梁位移约束作用影响,其水平位移动力响应较小。WY1、WY3最大累计变形增量分别出现在WY1-17、WY3-17监测点,位于洞门左右两侧中部偏上位置处,分别为 −1.412mm、−1.024mm,与三维数值模拟结果较为吻合;由于第二道环框梁约束限制了主体墙体位移,WY2最大累计变形增量出现在WY2-11监测点,位于第二道环框梁上方,为 −1.136mm。

在第一道环框梁位置处,WY3-1处的位移较WY1-1、WY2-1大,且随着吊装施工的进行不断增加,究其原因主要有以下两点:一是吊装前期260t履带式起重机在工作井东侧位置处吊装盾构机刀盘,作业范围在WY3监测点上方的路基板上;二是堆放的盾构机部件主要在WY3

监测点上方的路基板上,综合上述两个原因,对WY3-1处的位移影响较大,最大累计变形增量为-0.53mm,发生在北侧路基板上拆解管片拼装机工况下。WY4最大累计变形增量出现在WY4-17监测点,位于洞门左侧中部偏上位置处,为-3.92mm,与WY1最大累计变形增量出现位置相近,二者监测数据能相互吻合。

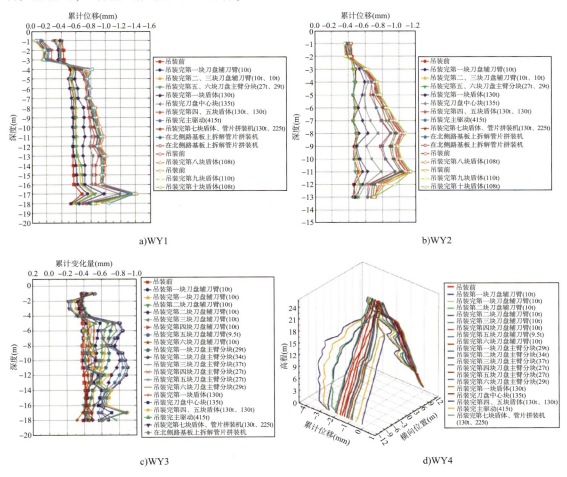

图9.4-7 自动化监测数据(吊装引起的侧墙变形增量)

9.5 盾构机吊装安全控制技术

9.5.1 盾构机吊装验算

盾构机主机及后配套吊装各部件分别采用650t履带式起重机和300t履带式起重机,在实际工况条件下验算,履带式起重机的起吊能力均能满足要求,履带式起重机吊装能力分析见表9.5-1。

履带式起重机吊装能力分析　　　　　表 9.5-1

序号	名称	质量(t)	起重机型号	主臂(m)	吊装半径(m)	额定吊装负荷(t)	起重机负荷率(%)	吊装口	验算结果
1	盾体1	125	QUY650	42	20.1	415(超起)	30.12	1号吊装口	满足
2	盾体2	130	QUY650	42	20.1	415(超起)	33.24	1号吊装口	满足
3	盾体3	130	QUY650	42	20.1	415(超起)	31.32	1号吊装口	满足
4	盾体4	130	QUY650	42	20.1	415(超起)	31.32	1号吊装口	满足
5	盾体5	90	QUY650	42	20.1	415(超起)	23.01	1号吊装口	满足
6	盾体6	140	QUY650	42	20.1	415(超起)	35.80	1号吊装口	满足
7	盾体7	90	QUY650	42	20.1	415(超起)	21.68	1号吊装口	满足
8	盾体8	130	QUY650	42	20.1	415(超起)	31.32	1号吊装口	满足
9	盾体9	130	QUY650	42	20.1	415(超起)	31.32	1号吊装口	满足
10	盾体10	137	QUY650	42	20.1	415(超起)	35.03	1号吊装口	满足
11	盾尾1	42	德马格TT2	24	18	89.2	47.08	1号吊装口	满足
12	盾尾2	68	德马格TT2	24	18	89.2	76.23	1号吊装口	满足
13	盾尾3	68	德马格TT2	24	18	89.2	61.65	1号吊装口	满足
14	盾尾4	30	德马格TT2	24	18	89.2	33.6	1号吊装口	满足
15	刀盘(含吊具)	380	QUY650	42	13.43	560(超起)	67.85	1号吊装口	满足
16	主驱动(含附件)	398	QUY650	42	18.5	425(超起)	85.3%	1号吊装口	满足
17	井字架(上)	60	德马格TT2	24	17.4	89.2	67.2	1号吊装口	满足
18	井字架(下)	60	德马格TT2	24	17.4	89.2	67.2	1号吊装口	满足
19	管片拼装机(含行走梁、平台)	151.4	QUY650	42	18	436(超起)	34.7	1号吊装口	满足
20	一号拖车第一节	258	QUY650	42	14	560(超起)	46.1	2号吊装口	满足
21	一号拖车第二节	194	QUY650	24	14	560(超起)	34.64	2号吊装口	满足
22	连接桥前	64	德马格TT2	24	14	129	49.6	3号吊装口	满足
23	连接桥中	66.2	德马格TT2	24	14	129	51	3号吊装口	满足
24	连接桥后	75.7	德马格TT2	24	14	129	58.7	3号吊装口	满足
25	二号拖车(含管片拼装机)	152+25	QUY650	42	14	560(超起)	31.6	3号吊装口	满足

续上表

序号	名称	质量(t)	起重机型号	主臂(m)	吊装半径(m)	额定吊装负荷(t)	起重机负荷率(%)	吊装口	验算结果
26	三号拖车（含箱涵起重机）	153+20	QUY650	42	14	560（超起）	30.89	3号吊装口	满足
27	四号拖车	112	QUY650	42	14	187	59.9	3号吊装口	满足
28	五号拖车（前）	143	QUY650	42	14	187	76.1	3号吊装口	满足
29	五号拖车（后）	88	QUY650	42	14	187	47.1	3号吊装口	满足
30	喂片机	29.75	德马格TT2	24	14	89.2	33	3号吊装口	满足

注：超起工况即起重机设计最大载荷的百分之一百零五以上。

9.5.2 吊具验算

1）绳圈及钢丝绳验算

（1）锁环规格

索环长度应为索环中心线的周长，钢丝绳索环长度偏差应为 $\pm d$（d 为索环公称直径）或公称长度的 $\pm 1\%$，取两者中较大值。

由纤维芯或钢芯钢丝绳制作的直径为 24~60mm 的缆式索环，长度偏差应为 $\pm d$ 或公称长度的 $\pm 1\%$，取两者中较大值。

由钢芯钢丝绳制作的直径为 66~600mm 的缆式索环，长度偏差应为 $\pm 0.5d$ 或公称长度的 $\pm 0.5\%$，取两者中较大值。

（2）无接头绳圈额定工作载荷计算

根据《起重机械用钢丝绳检验和报废实用规范》(GB/T 5972—2006)，单根钢丝绳最大受力：

$$S = G/N \cdot \sin b \tag{9.5-1}$$

式中：G——起吊荷载；

N——吊索数量；

b——吊索与水平面夹角，取 64°。

根据规范数钢丝绳计算强度降低率应按规范取值；钢丝绳安全系数应 ≥8；吊装质量 >100t 时，钢丝绳安全系数应 ≥10。

（3）钢丝绳验算

对盾构机拼装机、盾体、后配套拖车（二、三、四、五）：钢丝绳采用 ϕ90mm-8m6×61+IWR 结构，公称强度为1770MPa，钢丝绳安全系数应 ≥8；吊装质量 >100t 时，钢丝绳安全系数应 ≥10。根据盾构机起吊重量表，盾构机拼装机、盾体、后配套拖车（二、三、四、五），三号拖车158t 为最重，采用四根钢丝绳，四个吊点吊装，$S = G/N \cdot \sin b = 1580/4 \cdot \sin 75° = 381.5$ kN。

依据《起重机械用钢丝绳检验和报废实用规范》(GB/T 5972—2006)：ϕ90mm-8m 钢丝绳的最小破断力为4390kN，钢丝绳安全系数 =4390/381.5 =11.5（施工要求 ≥10），满足使用要求。

其余部件均小于158t,满足施工要求。

对盾构机盾尾、井字架、桥架、喂片机:钢丝绳 φ64mm-16m6X61＋IWR 结构,公称强度为1770MPa,钢丝绳安全系数应≥8;吊装质量>100t时,钢丝绳安全系数应≥10。根据盾构机起吊重量表,盾构机盾尾、井字架、桥架钢、喂片机,桥架后76t 为最重,采用四根钢丝绳,四个吊点吊装,$S = G/N \cdot \sin b = 760/4 \cdot \sin 75° = 183.5 kN$。

依据《起重机械用钢丝绳检验和报废实用规范》(GB/T 5972—2006):

φ64mm-16m 钢丝绳的最小破断力为2220kN,钢丝绳安全系数 = 2220/183.5 = 12.1(施工要求≥10),满足使用要求。

其余部件均小于76t,满足施工要求。

2)卸扣验算

吊装主驱动时每个卸扣的受力为389t/2 = 194.5t,选择本身安全系数不小于4的卸扣,另外动载系数取1.2。吊装主驱动时的选用的卸扣为 194.5×1.2 = 233.4t,故主驱动吊装时选择300t卸扣满足要求。图9.5-1 为卸扣示意图。

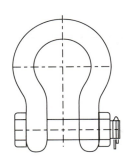

图9.5-1 卸扣示意图

吊装一号拖车前段时每个卸扣的受力为258t/4 = 64.5t,选择本身安全系数不小于4的卸扣,另外动载系数取1.2。吊装1号拖车时的选用的卸扣为 64.5×1.2 = 77.5t,故后配套拖车吊装时选择85t卸扣满足要求,其余部件均小于258t,满足施工要求。

3)吊耳验算

图9.5-2 和图9.5-3 为吊耳示意图及实图。

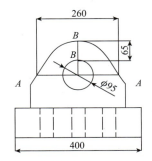

图9.5-2 吊耳示意图(尺寸单位:mm)　　图9.5-3 吊耳实图

(1) 吊耳的最大负荷（按重量最大 6 号盾体 140t 计算）

吊耳的允许负荷按下式计算：

$$P = CN/n \tag{9.5-2}$$

式中：P——吊耳允许负荷（N）；

N——荷载（1t = 10000N），取 1400000N；

C——不均匀受力系数（一般取值在 1.1~1.3 之间），取 1.2；

n——同时受力的吊耳数，取 4。

将 $N=140\text{t}$、$C=1.2$、$n=4$ 代入式（9.5-2）得，$P = 1.2 \times 1400000/4 = 420000$（N）。

(2) 拉应力计算

拉应力的最不利位置在 A-A 断面，其强度计算公式为：

$$\sigma = N \cdot D/S_1 \tag{9.5-3}$$

式中：σ——拉应力；

N——荷载（1t = 10000N），取 350000N；

D——动载系数（一般取值在 1.1~1.3 之间），取 1.2；

S_1——A-A 断面处的截面积，取 16500mm^2。

代入数值得 $\sigma = 350000 \times 1.2/16500 = 25.45$（N/mm²）$\leq [\sigma] = 270\text{N/mm}^2$，合格。$[\sigma]$ 为钢材允许拉应力，查表为 270N/mm²。

(3) 剪应力计算

剪应力的最不利位置在 B-B 断面，其强度计算公式为：

$$\tau = N \cdot D/S_2 \tag{9.5-4}$$

式中：τ——剪应力；

N——荷载（1t = 10000N），取 350000N；

D——动载系数（一般取值在 1.1~1.3 之间）；

S_2——B-B 断面处的截面积，取 6500mm^2；

代入数值得 $\tau = 350000 \times 1.2/6500 = 64.6$（N/mm²）$\leq [\tau] = 155\text{N/mm}^2$，合格。$[\tau]$ 为钢材允许剪应力，查表为 155N/mm²。

(4) 局部挤压应力计算

局部挤压应力的最不利位置在吊耳与销轴的结合处，其强度计算公式为：

$$\sigma_{cj} = N \cdot D/(t \cdot d) \tag{9.5-5}$$

式中：σ_{cj}——局部挤压应力；

N——荷载（1t = 10000N），取 350000N；

t——吊耳厚度，取 100mm；

D——动载系数（一般取值在 1.1~1.3 之间），取 1.2；

d——销轴直径（85t 卸扣，销轴直径 76mm）。

代入数值得 $\sigma_{cj} = 350000 \times 1.2/(100 \times 76) = 49.4$（N/mm²）$\leq [\sigma_{cj}] = 2700\text{N/mm}^2$，合格。$[\sigma_{cj}]$ 为钢材允许压应力，查表为 2700N/mm²。

(5) 焊缝计算

$$P = N \cdot D/L_W \times h \tag{9.5-6}$$

式中：P——焊缝应力；

N——荷载（1t = 10000N），取350000N；

D——动载系数（一般取值在1.3~1.5之间），取1.5；

L_W——焊缝长度（一般取焊缝周长，减去2倍焊缝高度）；

h——焊缝高度（取100mm钢板的0.7倍）。

代入数值得 $P = 350000 \times 1.5/(800-140) \times 70 = 11.4(N/mm^2) \leq [\sigma_1] = 270N/mm^2$，合格。$[\sigma_1]$为焊缝允许应力，查表为270N/mm²。

4）盾构机后配套拖车吊耳验算

拖车吊耳示意图及实图如图9.5-4、图9.5-5所示，吊耳选用厚度为100mm的Q345钢板。

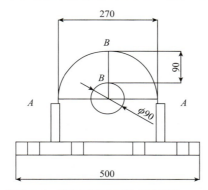

图9.5-4 拖车吊耳示意图（尺寸单位：mm）

图9.5-5 拖车吊耳实图

（1）吊耳的允许负荷（按一号拖车前部最重部分258t计算）

吊耳的允许负荷 $P = CN/n = 1.2 \times 340000/4 = 102000(N)$

（2）拉应力计算

如图9.5-5所示，拉应力的最不利位置在A-A断面，其强度计算公式见式（9.5-3），荷载N取645000N，代入数值得 $\sigma = 645000 \times 1.2/18000 = 43(N/mm^2) \leq [\sigma] = 270N/mm^2$，合格。$[\sigma]$为钢材允许拉应力，查表为270N/mm²。

（3）剪应力计算

如图9.5-5所示，剪应力的最不利位置在B-B断面，其强度计算公式见式（9.5-4），荷载N取645000N，代入数值得 $\tau = 645000 \times 1.2/9000 = 86(N/mm^2) \leq [\tau] = 155N/mm^2$，合格。$[\tau]$为钢材允许剪应力，查表为155N/mm²。

（4）局部挤压应力计算

如图9.5-5所示，局部挤压应力的最不利位置在吊耳与销轴的结合处，其强度计算公式见式（9.5-5），荷载N取645000N，代入数值得 $\sigma_{cj} = 645000 \times 1.2/(100 \times 85) = 91.1(N/mm^2) \leq [\sigma_{cj}] = 270N/mm^2$，合格。$[\sigma_{cj}]$为钢材允许压应力，查表为270N/mm²。

（5）焊缝计算

计算公式见式（9.5-6），荷载N取645000N，代入数值得 $P = 645000 \times 1.5/(680-140) \times 70 = 36.5(N/mm^2) \leq [\sigma_1] = 270N/mm^2$，合格。$[\sigma_1]$为焊缝允许应力，查表为270N/mm²。

注：以上许用应力数据采自《钢结构设计规范》（GB 50017—2017）。

9.5.3 地基承载力验算

吊装主要采用一台650t及一台300t履带式起重机进行吊装。650t最大吊装部件为刀盘,质量为370t。300t履带式起重机最大吊装部件为连接桥,质量为71t。

1)端头加固段地基承载力计算

吊装区域地面已经采用C50混凝土硬化,双向配筋,硬化厚度500mm,其中始发端头地基经过三轴搅拌桩改良加固。在地表上铺设10块规格为3000mm×6000mm×250mm钢制路基箱,使履带受力均匀,通过钢制路基箱均匀扩散至深层地基土上。

路基箱加工工艺:筋框采用18号槽钢,中间隔框,接缝处满焊,面板为20mm厚钢板,与18号槽钢隔框处满焊,底板为12mm厚钢板,开口与隔框处满焊,面板、底板、外框圈为满焊,而板上加装防滑条14根,与面板形成牢固的间接焊接,然后安装吊耳,进行整体打磨、油漆。

650t履带式起重机机身自重量(包含臂杆)215t,车身配重200t,中心压重60t,超起平衡重300t;600吊钩+索具质量13t,专用路基箱长6m、宽2m、质量23t,吊装最大件刀盘质量为370t,取吊装最大件刀盘(质量370t)时的工况。

$G_{总} = 215 + 200 + 60 + 300 + 13 + 23 + 370 = 1181(t)$。

起重机下地基受力面积按履带式起重机履带下垫块面积计算:

履带板下路基箱 $S = 3 \times 6 \times 10 = 180(m^2)$

$P = G \cdot g/S = 1181 \times 10^3 \times 9.8/180 = 64.29(kPa)$

吊车回转起吊对地不均匀荷载,取均布荷载的1.2倍,所以则最大地基承载力为:64.29×1.2=77.148kPa。

端头加固侧采用三轴搅拌桩满堂加固,根据《建筑地基处理技术规范》(JGJ 79—2012),该地基属于复合地基。

复合地基承载力特征值:

$$f_{spk} = \lambda \cdot m \cdot \frac{R_a}{A_p} + \beta \cdot (1 - m) \cdot f_{sk} \quad (9.5\text{-}7)$$

式中:f_{spk}——复合地基承载力特征值(kPa);
  λ——单桩承载力发挥系数,按0.8计算;
  R_a——单桩竖向承载力特征值(kN);
  A_p——桩的截面积(m^2);
  β——桩间土承载力发挥系数,按0.9计算。

$$R_a = \eta f_{cu} A \quad (9.5\text{-}8)$$

式中:η——桩身强度折减系数,干法可取0.20~0.30,湿法可取0.2~0.25。
  f_{cu}——与搅拌桩桩身水泥土配比相同的室内加固土试块(边长为70.7mm的立方体,也可采用边长为50mm的立方体)在标准养护条件下90d龄期的立方体抗压强度平均值(kPa);单头、双头搅拌桩不宜小于1MPa;型钢水泥土搅拌桩不宜小于0.8MPa;按试验取芯结果最小值1.13MPa进行计算。
  A——桩的面积。

$R_a = 0.2 \times 1000 \times 0.502 = 100.4(kN)$

$m = 1$(采用满堂旋喷)

$A = 0.502 \text{m}^2$

$f_{\text{spk}} = 0.8 \times 1.13 \times 100.4 / 0.502 = 180.8(\text{kPa})$

f_{spk}大于77.148kPa,根据验算地基承载力满足要求。

2)工作井最大载荷计算

采用 Midas GTS 对工作井进行计算,侧墙弯矩如图9.5-6所示。前侧墙计算结果见表9.5-2。

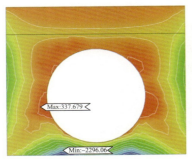

a)前侧墙水平方向弯矩

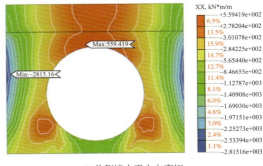

b)前侧墙水平方向弯矩

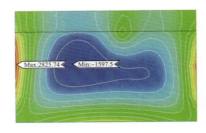

c)侧墙水平方向弯矩

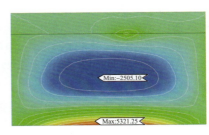

d)侧墙竖直方向弯矩

图9.5-6 前侧墙水平方向弯矩

前侧墙计算结果统计表　　表9.5-2

截面位置	宽(m)	高(m)	施工期弯矩标准值(N·m)	配筋	需要面积(m²)	实际面积(m²)
盾构侧水平向(外)	1000	1800	2815	32@100+36@100	6616	7360
盾构侧水平向(内)	1000	1800	560	32@100+36@100	3600	4906
盾构侧竖向(外)	1000	1800	2297	32@100+36@100	5374	6252
盾构侧竖向(内)	1000	1800	337	32@100+36@100	3600	6154

根据表9.5-2,按照承载能力极限状态计算,工作井在盾构吊装阶段满足规范要求。

9.5.4 吊装注意事项

(1)吊装作业前,吊车进场路线、组装及作业应按场地要求进行清理,履带式起重机作业时履带下必须加垫路基箱,其作业场地要求平整,地面承载能力不小于15t/m² 吊机应确保处于水平位置,钢丝绳必须完好复合相关要求。

（2）履带式起重机吊装作业时，其回转半径范围内不应有障碍物。

（3）大型物件及分段翻身离地不高于0.5m，吊运前应划出警戒区，检查各点受力情况及吊耳的焊接质量，并经试吊，确认安全可靠，方可指挥起吊翻身。

（4）吊运物上的零星物件必须清除，防止吊运中坠落伤人。

1）试吊

盾构机吊装前先进行试吊装，以检验起重机的整体性能和吊耳的焊接质量。整个试吊过程按空载、静载的程序进行。为确保安全，盾构机部件吊装时必须进行试吊，以确保吊装工作安全进行。

（1）试吊前起重机的检查

试吊前应对起重机性能进行认真检查，确认起重机的各项性能可靠。

（2）盾构机部件的试吊

试吊时吊绳挂牢固，起重机缓缓起升，将吊绳绷直稍停，试吊高度为300~500mm。将吊钩起落各3次，制动时检查吊钩是否有溜钩现象，以验证制动时整机的稳定性。试吊中，指挥信号工、挂钩工、司机必须协调配合。如发现吊物重心滑移或其他物件粘连等情况时，必须立即停止起吊，采取措施并确认安全后方可起吊。

2）试吊要求

履带式起重机吊装作业前应进行试吊，起吊物件应有专人负责，统一指挥。指挥时不准戴手套，手势要清楚，信号要明确，不得远距离指挥吊物。

起吊大型重吨位物件时，必须先试吊，离地不高于0.5m，经检查确认稳妥，并用围绳牵住吊物保持平稳，方可指挥起吊运行。要求试吊2次方可正常吊运。

大型物件及分段翻身吊运前，应划出警戒区，检查各点受力情况及吊攀的焊接质量，并经试吊，确认安全可靠，方可指挥起吊翻身。

吊运物上的零星物件必须清除，防止吊运中坠落伤人。

筒接收法，为后续合建段基坑开挖和结构施工节省了工期3个月以上。

第10章
总结与展望

大时代

盾智行

构未来

为解决超大直径盾构隧道第一次穿越地上悬河的难题,在国家自然科学基金项目资助下,依托济南黄河济泺路隧道工程,以"产-学-研-用"联合攻关模式,围绕盾构结泥饼控制、滞排防控措施、废浆高效处理、管片上浮机理与变形控制、首次下穿悬河沉降综合控制、临黄深大基坑安全等方面开展系统研究,攻克了诸多技术难题,最终提出超大直径盾构穿越"地上悬河"综合建造技术。

10.1 技术总结

1) 高黏粒钙质结核地层盾构防泥饼、通滞排技术

(1) 济南黄河隧道超大直径盾构机面临刀盘结泥饼风险的重大挑战,通过数值模拟、室内试验、理论分析等多种手段研究出一套集"泥饼预防-泥饼识别-泥饼处治"于一体的泥饼综合防治方法,依托此方法实现了防泥饼刀盘的选型,运用盾构结泥饼识别系统实时监测是否产生泥饼,采用优选的分散剂成功消除了黏附和堆积在刀盘和气垫仓中的"泥饼",保障了盾构高效、安全掘进。

(2) 对气垫仓冲刷管路和搅拌器性能进行了优化,在施工过程中采用优化后的气垫仓冲刷方案和搅拌器结构,有效缓解了气垫仓堵塞和搅拌器卡滞问题,极大降低了滞排风险,提高了施工效率。

(3) 为应对泥浆管道堵塞,特制了"空气炮"清堵装置,通过引入压缩空气快速清除管路中淤积的渣土,达到清堵与施工同步进行的目的,缩短了施工工期。

2) 大盾构管片上浮机理与变形控制技术

(1) 大直径泥水盾构在黄河下穿区段的上浮周期约为20h,在接收段管片上浮周期延长2倍。管片上浮量从拱顶至拱底线性递增,单环管片竖向收敛及连续环管片纵向上浮均呈指数发展。环缝错台量自盾尾0.5环~盾尾7环内变化较为剧烈。综合判定,管片上浮、错台最佳控制时机为盾尾注浆10环内,关键控制区域为盾尾1~4环。

(2) 管片足尺试验揭示了大盾构环缝接头剪切变形规律及螺栓应变变化规律,提出了大盾构施工期管片错台控制阈值为12mm。

(3) 大盾构在下坡段、平坡段、下穿黄河段、上坡段掘进期间,管片上浮的关键性控制参数分别为顶部盾尾间隙、注浆压力差、千斤顶推力差;注浆压力差、顶部盾尾间隙、埋径比;刀盘扭矩、刀盘压力、注浆量;埋径比、掘进速度、刀盘扭矩。

(4) 基于现场试验和浆液环向充填模型,融入修正纵向等效连续化刚度理论和双面弹性地基梁理论,首次建立了拖车重量、同步浆液特性、管土相互作用、动静态上浮力、管片形变特征、施工步叠加效应等因素耦合作用下大盾构管片上浮计算模型。从管片上浮预测、空间形变监测、先期预防及过程控制的角度,提出了大盾构隧道管片上浮变形控制技术。

3) 盾构下穿建(构)筑物微扰动施工控制技术

(1) 济南黄河隧道超大直径泥水平衡盾构下穿黄河大堤为重大风险源,采用重浆推进,稳定切口水压,控制盾构刀盘转速和掘进速度等措施,同时加强监测,可有效控制地表沉降。

(2) 根据实测数据,相较于平地段,大堤段在盾尾脱离后沉降速率高,且受扰动影响大;大

堤处地层沉降较为敏感,当深层测点高于隧顶 7m 以上时,深层监测结果与地表监测结果趋于一致。

(3)掘进参数的优化利于大堤的沉降控制,但达到一定数值后效果有限;参数过渡段提前进行参数的改变有利于减小堤顶沉降;建议在盾构穿堤过程中将泥水压力由 300～350kPa 逐渐增至 500～550kPa,参数过渡段可提前变坡点 10～15 环。

(4)邻近大堤对于近接穿越过程中的桩基反应存在一定影响,双线隧道中先行线侧穿后的墩台倾斜度会有所增大,此作用影响存在一定的时效性,在后行线完成近接穿越后逐渐趋于零。

(5)采用钢花管预注浆+隔离桩+高压旋喷桩综合加固措施能较好地抑制盾构掘进土体扰动对于近接桩基的影响,该工程采用的加固体系可有效预防盾构近接穿越过程造成的桩基过量位移。

4)粉质黏土地层废弃泥浆环保处理及资源化关键技术

(1)有机絮凝剂聚丙烯酰胺仅阳离子型聚丙烯酰胺(CPAM)通过絮凝沉降可有效降低泥浆的含水率,添加分子量大于或等于 700 万的 CPAM 后絮凝效果相差不大,上清液的浊度因离子度的不同而有所差异,离子度越大,上清液浊度越小;阴离子型聚丙烯酰胺(APAM)和非离子型聚丙烯酰胺(NPAM)均无法有效降低泥浆的含水率;无机絮凝剂聚合氯化铝(PAC)后,泥浆絮凝沉降较缓慢,泥水分离效果不好。

(2)脱水材料单掺时,仅添加 APAM 能压滤出泥饼,CaO、砂、粉煤灰、$Ca(OH)_2$ 均无法压滤出泥饼。

(3)APAM 与 CaO、砂、粉煤灰、$Ca(OH)_2$ 复掺时,泥饼含水率较 APAM 单掺时均有降低;其中 APAM 与 CaO、砂复掺时泥饼含水率最低,效果较好。

(4)中试试验结果表明脱水一体机可大幅度降低泥饼含水率。

(5)废弃泥浆经过板框处理之后形成的泥饼物理力学性质较差,不能直接用于道路填方工程。在养护时间较短的情况下,石灰改性土的强度不满足规范中对道路填方用土的要求。当养护时间达到 7d 时,改性土性质满足相关规范要求,可以用于道路填方。

5)隧道衬砌结构高精度预制及拼装技术

(1)公轨合建隧道首次采用 π 形预制箱涵同步施工工艺,同步施工箱涵首次采用可调节箱涵,方便交通组织,提高了拼装精度,节省了工期。

(2)管片生产研发了国内第一条 15m 以上的自动化管片生产线,研发了管片抹面机器人、管片 3D 智能检测系统,开展 20 余项技术创新,系统性地研发了超大直径盾构管片生产线设计及生产创新技术。

(3)盾构管片预制及拼装实现了信息化施工。管片预制采用国内领先水平的盾构管片智能化生产管理信息系统,每块管片均有信息芯片,实现了管片预制信息化及可追溯性;通过安装盾构数据监控系统,实现盾构数据实时监控、分析、报警,最终实现了盾构施工信息化管理。

6)超深大盾构工作井基坑施工安全控制技术

(1)系统说明了基坑变形预测的 MSD 理论,阐释说明了该理论的应用条件、基坑的变形机制、变形计算公式以及基坑变形中的能量守恒理论,基坑支撑架设过程中,要合理计算支撑的水平和竖向间距,来减小基坑的变形以达到基坑安全经济、有效合理的目的。

（2）以北岸工作井为背景，通过 Midas-GTS/NX 软件进行数值计算，模拟了考虑渗流和不考虑渗流对基坑开挖时围护结构及周围土体的影响，对土体地表沉降、土体应力、地下连续墙水平位移、地下连续墙竖向位移、地下连续墙应力、基坑底部隆起及渗流流速等方面进行研究。

10.2 技术创新

（1）开发了高黏粒地层超大直径盾构刀盘泥饼防控、滞排清堵及弃浆处理成套技术，构建了粉质黏土地层泥水盾构泥饼防治技术体系，发明了盾构管路快速清堵装置及排渣参量多目标优化防滞排技术，研发了高黏粉粒含量废弃泥浆重力滤水-低压压滤-高压压榨一体化快速泥浆脱水处理方法，实现了夹钙质结核粉质黏土地层超大直径泥水盾构安全、高效掘进。

（2）开发了黄河下游粉质黏土地层施工期管片结构三维空间形变特征及上浮变形控制技术。研发了大盾构施工期管片上浮三维形变高精度监测技术，揭示了粉质黏土地层大盾构隧道管片上浮空间形变特征及环缝力学特性，开发了多因素耦合作用下大盾构管片上浮计算方法和分析系统，构建了粉质黏土地层盾构管片上浮变形控制技术体系。

（3）构建了黄河下游超大直径泥水盾构下穿地上悬河精准控制技术。揭示了高水压超大直径泥水盾构开挖面稳定与地层变形时空规律，提出了超大盾构下穿地上悬河黄河大堤及临堤建（构）筑物的施工控制方法，首次探明了考虑大型盾构吊装、进出洞特性的粉质黏土地层深大基坑施工全过程力学响应规律，开发了基坑开挖动态变形预测方法及智能化实时监测系统，创新了地上悬河承压水地层超大直径泥水盾构干接收施工工法，解决了黄河下游超大直径盾构穿越地上悬河系列技术控制难题。

10.3 展望

（1）探究超深大盾构工作井基坑施工安全控制技术。加强现场试验及室内试验，对优化后 MSD 理论的能量守恒定律进行进一步约束，进一步探讨基坑开挖过程中的动态变形过程。进一步分析渗流理论，细化不同渗流速度对基坑开挖变形的影响机制。

（2）超大直径泥水盾构作为建设大型隧道的关键装备，其在今后的应用将会越来越多，而其超大开挖断面带来的大方量产渣给刀盘适应性、环流系统性能等提出了更高的要求。因此，为杜绝刀盘结泥饼、渣土滞排等问题，刀盘和环流配套设备优化选型、新型分散剂研发将是盾构施工领域研究的重难点。

（3）对于大直径盾构隧道施工期管片上浮预测模型，假定了在浆液未凝固区域，浮力线性递减。这种假定与既往纵向管片上浮预测模型大多采用的假定相同，然而浆液浮力的真实衰减特性仍需进一步开展试验研究，以更为深入地揭示管片上浮机理。

（4）对于盾构下穿大堤沉降控制研究，仅采用数值模拟的方法初步研究了掘进参数对地表沉降的影响，缺乏理论上的依据；此外还有很多方面的问题，如地表-地中沉降分布差异，盾构先后穿越大堤的相互影响，大堤超载下盾构掘进参数合理取值等都还需要进一步探究。对于盾构近接穿越临堤桥梁桩基的施工影响的研究,分析了隔离桩+高压旋喷桩加固+钢花管预注浆加固的综合加固方案的适应性,但仅分析了桩基变形,未对无加固措施下的桩基承载力做进一步分析;此外,在后续研究中还可以进一步探讨施工参数变化对于加固措施应用效果的影响机理。

(5)所研究的絮凝沉降规律未考虑到泥浆黏粒含量、黏度等性质对絮凝剂具体添加量的影响,实际使用中仍需视地层性质的变化及具体泥浆性质通过试验确定。

(6)隧道智能建造技术代表了未来隧道修建技术的发展方向。预制装配式建造方法可在建造理念、设计方法、施工设备以及施工管理水平等方面与现代传感技术、网络技术、自动化技术以及人工智能技术深度融合,其绿色、智能、标准化管理、智能化施工等优势对于促进铁路隧道智能建造技术发展大有裨益。因此构建基于预制装配式建造技术的智能建造技术体系,是隧道智能建造领域的一个重要发展方向。

参考文献

[1] 朱合华,杨林德,桥本正.深基坑工程动态施工反演分析与变形预报[J].岩土工程学报,1998,20(4):33-38.

[2] 朱合华,傅德明.软土深基坑粘弹性动态增量反演分析与变形预测[J].岩土力学,2000(4):381-384.

[3] 熊祚森,黄宏伟,杨林德,等.基坑围护结构系统动态模式反演分析[C]//全国结构工程学术会议,1998.

[4] 黄宏伟,支国华.基坑围护结构系统的性态及其状态变量[J].岩土力学,1997(3):7-12.

[5] 黄宏伟,熊祚森.基坑开挖施工中围护结构动态行为的预报[J].地下空间与工程学报,1999(5):383-388.

[6] 小泉淳.盾构隧道管片设计-从容许应力设计法到极限状态设计法[M].北京:中国建筑工业出版社,2012.

[7] 黄宏伟,熊祚森.深基坑围护结构的动态稳定性数学分析[J].应用基础与工程科学学报,2000,8(1):84-88.

[8] 范益群,刘建航.时空效应理论与软土基坑工程现代设计概念[J].上海市政工程,2000(3):1-5.

[9] LI Z L,LIU D G,WANG M N,et al. Influence of short distance super-large diameter shield tunneling on existing tunnels in sea areas[J]. Iop Conference,2018:128.

[10] HASHIMOTO T,NAGAYA J,KONDA T. Prediction of ground deformation due to shield excavation in clayey soils [J]. Soils and Foundations,2008,39(3):53-61.

[11] MO H H,CHEN J S. Study on inner force and dislocation of segments caused by shield machine attitude[J]. Tunnelling and Underground Space Technology,2008,23(3):281-291.

[12] BLOM C,VAN D,JOVANOVIC P S. Three-dimensional structural analyses of the shield-driven "Green Heart" tunnel of thee high-spaced line South[J]. Tunneling and Underground Space Technology,1999,14(2):217-224.

[13] LIU X Y,YUAN D J. Mechanical analysis of anti-buoyancy safety for a shield tunnel under water in sands[J]. Tunnelling and Underground Space Technology,2015,47:153-161.

[14] 苏昂,王士民,何川,等.复合地层盾构隧道管片施工病害特征及成因分析[J].岩土工程学报,2019,41(04):683-692.

[15] 龚琛杰,阳军生,傅金阳.复合岩层大直径越江盾构隧道管片施工裂损特征及影响因素分析[J].现代隧道技术,2020,57(05):30-42.

[16] 苏昂,王士民,何川,等.复合地层盾构隧道管片施工病害特征及成因分析[J].岩土工程学报,2019,41(04):683-692.

[17] ZHANG D M,CHEN S,WANG R C,et al. Behaviour of a large-diameter shield tunnel through multi-layered strata [J]. Tunnelling and Underground Space Technology,2021,

[18] DO N A, DIAS D. Tunnel lining design in multi-layered grounds[J]. Tunnelling and Underground Space Technology, 2018, 81:103-111.

[19] 曾学艺,梁禹,李科,等. 浅覆大直径越江盾构隧道施工阶段管片上浮分析及控制措施研究[J]. 铁道建筑,2017(5):71-75.

[20] 王伟. 公路隧道复合式衬砌防水层水压力破坏特性及基体缺陷性状研究[D]. 杭州:浙江大学,2006.

[21] WANG J C, SUN L W, LV X J, et al. Numerical research on the waterproof failure mechanism of the sealing gasket of an underwater shield tunnel[C]// Fourth Geo-China International Conference, 2016.

[22] 龚琛杰,阳军生,傅金阳. 复合岩层大直径越江盾构隧道管片施工裂损特征及影响因素分析[J]. 现代隧道技术,2020,57(5):30-42.

[23] KASPER T, MESCHKE G. A 3D finite element simulation model for TBM tunnelling in soft ground[J]. International Journal for Numerical and Analytical Methods in Geomechanics, 2004, 28(14):1441-1460.

[24] 李明宇,余刘成,陈健,等. 粉质黏土中大直径泥水盾构隧道管片上浮及错台现场测试分析[J]. 铁道科学与工程学报,2022,19(6):1705-1715.

[25] 李明宇,余刘成,辛勇慧,等. 一种手持式盾构隧道管片错台量检测装置:202120646658.5[P]. 2021-10-29.

[26] 曾学艺,梁禹,李科,等. 浅覆大直径越江盾构隧道施工阶段管片上浮分析及控制措施研究[J]. 铁道建筑,2017(5):71-75.

[27] 李明宇,吴龙骥,赵世永,等. 盾构管片上浮量变化规律及简化算法研究[J]. 公路,2021,3:337-341.

[28] 张稳军,张琪,张高乐,等. 天津地铁1.2m管片环间榫式接头抗剪性能分析[J]. 地下空间与工程学报,2020,16(4):1040-1047,1061.

[29] 张君,赵林,周佳媚,等. 盾构隧道管片上浮的机制研究[J]. 铁道标准设计,2016,60(10):88-93.

[30] 谢文斌,黄伟东,白云. 软土地层盾构隧道施工期监测分析[J]. 地下空间与工程学报,2015,11(1):190-198.

[31] 赵迪. 苏州软土地层中盾构隧道结构及地层长期沉降规律研究[D]. 北京:北京交通大学,2021.

[32] 郭瑞,何川,苏宗贤,等. 盾构隧道管片接头抗剪力学性能研究[J]. 现代隧道技术. 2011,48(4):72-77.

[33] 李冬梅,陈正杰,杨志豪. 上海长江隧道管片环缝抗剪性能的试验与分析[J]. 地下工程与隧道,2011,1:15-17,52.

[34] 蒋首超,刘仁勇,柳献,等. 矩形盾构管片接头抗剪试验研究[J]. 建筑施工,2015(1):114-117.

[35] 柳献,张维熙,王东方.类矩形盾构隧道纵缝受剪性能试验研究[J].铁道科学与工程学报,2016,13(9):1767-1775.

[36] HOLLMANN F S,THEWES M. Assessment method for clay clogging and disintegration of fines in mechanised tunnelling[J]. Tunnelling & Underground Space Technology,2014,37(13):96-106.

[37] 任露泉.土壤粘附力学[M].北京:机械工业出版社,2011.

[38] LIAO J,BAI K,et al. Flow field characteristics of an agitator system of a large diameter slurry-water shield machine [J]. Journal of Mechanical Science and Technology,2022,35(4):1501-1513.

[39] ZIZKA Z,SCHOESSER B,THEWES M,et al. Slurry shield tunneling: new methodology for simplified prediction of increased pore pressures resulting from slurry infiltration at the tunnel face under cyclic excavation processes[J]. International Journal of Civil Engineering,2019,17(1):113-130.

[40] THEWES M,HOLLMANN F. Assessment of clay soils and clay-rich rock for clogging of TBMs[J]. Tunnelling and Underground Space Technology,2016,57:122-128.

[41] FU J,XIA Y,LAN H,et al. A case study on TBM cutterhead temperature monitoring and mud cake formation discrimination method[J]. Scientific Reports,2021,11(1):19983

[42] 刘国彬,刘金元,徐全庆.基坑开挖引起的土体力学特性变化的试验研究[J].岩石力学与工程学报,2000,19(1):112-116.

[43] 朱瑶宏,张宸,柳献,等.错缝拼装通用环管片环缝抗剪性能试验研究[J].铁道科学与工程学报,2017,14(2):315-324.

[44] 肖时辉,黄海斌,王明年,等.大直径盾构隧道管片纵向连接抗剪刚度分析[J].铁道建筑,2018,58(7):61-64.

[45] 黄旭民,黄林冲,梁禹.施工期同步注浆影响下盾构隧道管片纵向上浮特征分析与应用[J].岩土工程学报,2021,43(9):1700-1707.

[46] YERTUTANOL K,AKGUN H,SOPACI E. Displacement monitoring,displacement verification and stability assessment of the critical sections of the Konak tunnel,İzmir,Turkey[J]. Tunnelling and Underground Space Technology,2020,10:103357.

[47] ZHAO K,WANG Q Z,CHEN W Y,et al. Uplift of immersed tunnel in liquefiable seabed under wave and current propagation[J]. Engineering Geology,2020,278:105828.

[48] TAO X L,SU Y H,ZHU Q Y,et al. Pasternak model-based tunnel segment uplift model of subway shield tunnel during construction[J]. Advances in Civil Engineering,2021:8587602.

[49] CHEN R P,CHEN S,WU H N,et al. Investigation on deformation behavior and failure mechanism of a segmental ring in shield tunnels based on elaborate numerical simulation[J]. Engineering Failure Analysis,2020,117:104960.

[50] WANG H T,LIU P,LI S C,et al. Limit analysis of uplift failure mechanisms for a high-pressure gas storage tunnel in layered Hoek-Brown rock masses[J]. Engineering Failure Analysis,

2022,138:106274.

[51] 黄钟晖,舒瑶,季昌,等.基于等效梁模型的盾构隧道施工期管片上浮影响因素权重分析[J].隧道建设,2016,36(11):1295-1301.

[52] BEZUIJEN A. The influence of grout and bentonite slurry on the process of TBM tunnelling[J]. Geomechanics and Tunnelling,2009,2(3):294-303.

[53] 韦生达,刘丹娜,彭鑫,等.基于灰色理论的砂卵石地层盾构施工参数控制对地表沉降影响分析[J].重庆交通大学学报(自然科学版),2022,41(2):84-94.

[54] 黄明辉,陈乐意.基于灰色关联度的深基坑支护敏感因素分析[J].汕头大学学报(自然科学版),2020,35(1):16-32.

[55] 谢春平,刘大伟,吴显坤,等.基于灰色关联度分析的浙江楠在江苏的适宜引种地评估[J].云南农业大学学报(自然科学),2021,36(2):330-337.

[56] 付艳斌,梅超,卞跃威,等.考虑注浆填充率的大直径盾构管片上浮解析解与应用[J].中国公路学报,2022,35(11):171-179.

[57] 王道远,袁金秀,朱正国,等.水下盾构隧道纵向上浮理论解及工程应用[J].岩土力学,2014,35(11):3079-3085.

[58] 李翔宇,刘国彬,杨潇,等.基于修正纵向等效连续化模型的隧道变形受力研究[J].岩土工程学报,2014,36(4):662-670.

[59] 赵瀚.考虑浆液时效性的盾构隧道施工期上浮机理研究[D].西安:西安科技大学,2019.

[60] 张雨帆.盾构隧道施工期同步注浆引起隧道上浮及管片错台研究[D].成都:西南交通大学,2018.

[61] 李元白.基于双面弹性地基梁模型的衬砌结构环缝处受力分析[D].郑州:郑州大学,2017.